Schneeweiß · Mein Geld soll Leben fördern

Antje Schneeweiß

Mein Geld soll Leben fördern

Hintergrund und Praxis ethischer Geldanlagen

Herausgegeben vom
Institut für Ökonomie und Ökumene SÜDWIND e.V.

Mit einem Vorwort
von Ernst Ulrich von Weizsäcker

Matthias-Grünewald-Verlag · Mainz
Neukirchener Verlag · Neukirchen-Vluyn

Danksagung

SÜDWIND dankt der Stiftung „Evolutionsfonds Apfelbaum" für einen finanziellen Zuschuß für die Erarbeitung dieses Buches. SÜDWIND dankt dem „Ausschuß für entwicklungsbezogene Bildung und Publizistik" (ABP) der Evangelischen Kirche in Deutschland (EKD) für die Unterstützung der Arbeit dieses Instituts.

Viele Menschen haben zum Gelingen dieses Buches beigetragen. Ganz besonders möchten wir Annette Bayer-Damerau, Kornelia Braschoß, Udo Schneck, Bernd Schulte und Andreas Spangemacher danken.

„Alles Eigentum und aller Reichtum müssen in Übereinstimmung mit der Gerechtigkeit und zum Fortschritt der Menschheit verantwortungsvoll verwendet werden. Wirtschaftliche und politische Macht darf nicht als Mittel zur Herrschaft eingesetzt werden, sondern im Dienst wirtschaftlicher Gerechtigkeit und sozialer Ordnung."
Artikel 11 aus der „Allgemeinen Erklärung der Menschenpflichten", den Vereinten Nationen und der Weltöffentlichkeit zur Diskussion vorgelegt vom InterAction Council.

Die Deutsche Bibliothek – CIP-Einheitsaufnahme

Schneeweiß, Antje:
Mein Geld soll Leben fördern : Hintergrund und Praxis ethischer Geldanlagen / Antje Schneeweiß. Hrsg. vom Institut für Ökonomie und Ökumene SÜDWIND e.V. – Mainz : Matthias-Grünewald-Verl. ; Neukirchen-Vluyn : Neukirchener Verl., 1998
  ISBN 3-7867-2062-2 (Matthias-Grünewald-Verl.)
  ISBN 3-7887-1676-2 (Neukirchener Verl.)

© 1998 Matthias-Grünewald-Verlag, Mainz
© 1998 Neukirchener Verlag, Neukirchen-Vluyn
Das Werk einschließlich aller seiner Teile ist urheberrechtlich geschützt. Jede Verwertung außerhalb der engen Grenzen des Urheberrechtsgesetzes ist ohne Zustimmung des Verlags unzulässig und strafbar. Das gilt insbesondere für Vervielfältigungen, Übersetzungen, Mikroverfilmungen und die Einspeicherung und Verarbeitung in elektronischen Systemen.

Umschlag: Kirsch & Buckel Grafik-Design GmbH, Wiesbaden
Satz/DTP: Manfred Werkmeister, Mainz
Druck und Bindung: Weihert-Druck, Darmstadt
ISBN 3-7867-2062-2 (Grünewald-Verlag)
ISBN 3-7887-1676-2 (Neukirchener Verlag)

Inhalt

Vorwort
von Ernst Ulrich von Weizsäcker 11

Vorwort des Herausgebers 12

I. Drei Vorbemerkungen zum Text 15

II. Warum ethische Geldanlagen? 16

   A. Steigende Privatvermögen 16
   B. Die drei klassischen Faktoren der Geldanlage 17
   C. Die Verantwortung der InvestorInnen 18
   D. Festgeld, Sparbuch, Sparbrief 20
      1. Was ist Festgeld? 20
      2. Was geschieht mit Ihrem Festgeld, Ihrer Spareinlage oder Ihrem Sparbriefguthaben? 22
      3. Konsumentenkredite 28
      4. Beispiel: Co-operative Bank 30
   E. Festverzinsliche Wertpapiere 32
      1. Was sind festverzinsliche Wertpapiere? 32
      2. Was geschieht mit Anlegergeldern, die in festverzinslichen Papieren investiert sind? 35
   F. Aktien 43
      1. Was sind Aktien? 43
      2. Die Verantwortung der Aktionäre 47
      3. Ist die Investition in Aktien unmoralisch? 55
   G. Investmentfonds 57
   H. Direktbeteiligungen 59
      1. Die Gesellschaft bürgerlichen Rechts GbR und GbR mbH 60
      2. Die GmbH 61
      3. Die Kommanditgesellschaft (KG) 61
      4. Die Genossenschaft 62
      5. Typischer stiller Gesellschafter 63
      6. Atypischer stiller Gesellschafter 63
      7. Darlehensgeber 64

    8. Das Partiarische Darlehen 64
I. Lebensversicherungen 64

III. Wo fehlt das Geld der InvestorInnen? 68

A. Welche Bereiche sind für eine sozial und ökologisch tragfähige Entwicklung entscheidend? 68
    1. Investitionen für die menschliche Entwicklung 69
    2. Investitionen für Arbeitsplätze und Umweltschutz 70
    3. Investitionen in das Gesundheits- und Pflegesystem 72
B. Wie kann privates Kapital eine zukunftsfähige Entwicklung unterstützen? 73

IV. Die beiden Grundformen der ethischen Geldanlage ... 75

A. Beispiel für eine fördernde ethische Geldanlage: Eine genossenschaftliche Krankenversicherung auf den Philippinen 77
B. Beispiel für eine vermeidende ethische Geldanlage: Filterherstellung bei Memtec Limited 78

V. Die Kriterien der ethischen Geldanlage 80

A. Kleiner Exkurs über das ethisch Gute und Schlechte 80
B. Das Weltethos-Projekt und der konziliare Prozeß als Ausgangspunkt für ethische Investmentkriterien 85
C. Wie werden ethische Kriterien für die Geldanlage ausgewählt? 88
    1. Ethische Investmentkriterien im historischen Überblick .. 89
    2. Einige grundsätzliche Regeln 90
D. Auf der Suche nach dem ethisch guten Unternehmen I 94
    Öko- und Sozialratings 95
E. Auf der Suche nach dem ethischen Unternehmen II – Die Recherche 97
F. Beispiele 100
    1. Der Frankfurt-Hohenheimer Leitfaden 100
    2. Das Ökorating von ökom 103
    3. Analyse der Sozial- und Entwicklungsverträglichkeit am Beispiel von SÜDWIND 106
    4. Ökologische und soziale Firmenanalysen beim Centre Info 108
G. Exkurs: Die Kriterien der Öko-Effizienz-Fonds 109

VI. Was bewirken ethische Geldanlagen? 111

    A. Die Wirkung fördernder ethischer Geldanlagen 111
        1. Aufbau eines alternativen Geldkreislaufs 111
        2. Beispiel: Wohnen und Arbeiten in einer ehemaligen Kaserne 112
        3. Geldanlage als soziales Engagement 113
        4. Wird den konventionellen Finanzmärkten Geld entzogen? 114
    B. Die Wirkung vermeidender ethischer Geldanlagen 115
        1. Die Grenzen der vermeidenden ethischen Geldanlagen .. 115
        2. Soziale und ökologische Themen in den Zentren der Finanzmacht 117
        3. Lobbyarbeit von seiten der Kapitalgeber 118
    C. Die Bedeutung von Beteiligungsfonds 120
        Beispiel: Die Rapunzel AG 121
    D. Exkurs: Der Unterschied zwischen Konsumentenbewegung und ethischem Investment 122

VII. Die Rendite ethischer Geldanlagen 124

    A. Die Rendite von Festgeld, Sparbuch und Sparbrief im Vergleich 124
    B. Die Rendite fördernder ethischer Geldanlagen 126
    C. Die Rendite von Unternehmensbeteiligungen 126
    D. Die Rendite vermeidender ethischer Geldanlagen 127
        1. Renten 127
        2. Aktien und Aktienfonds 128
    E. Empfehlungen an die AnlegerInnen 136
    F. Beispiel: Der Ertrag? – Ein Doppelzentner Weizen! 136

VIII. Wie sicher ist mein Geld? 138

    A. Die ökonomische Sicherheit 138
        1. Festgeld, Sparbuch oder Sparbrief 138
        2. Renten 139
        3. Ökofonds 139
        4. Unternehmensbeteiligungen 141
        5. Anmerkung zu Finanzderivaten 143
        6. Anlegerstreßfaktor 143
    B. Ethische Geldanlagen und Verbraucherschutz 144
        1. Die vielfältigen Möglichkeiten des großen und kleinen Betrugs 145
        2. Wer überprüft die Ethik? 148

IX. Ethische Geldanlagen für institutionelle Investoren ... 151

- A. Kirchen 151
- B. Orden 153
- C. Gemeinnützige Vereine 153
- D. Stiftungen 153
- E. Gewerkschaften 154
- F. Sicherheit ist wichtig, aber nicht alles 154

X. Steuerliche Aspekte (Udo Schneck) 157

- A. Die Einkommenssteuer 157
- B. Die Anlageformen im einzelnen 161
  1. Investmentfonds 161
  2. Spendenfonds 162
  3. Guthaben und Einlagen bei Kreditinstituten 163
  4. Festverzinsliche Wertpapiere mit regelmäßiger Zinszahlung (Anleihen, Obligationen, Schuldverschreibungen) 163
  5. Auf- oder abgezinste Wertpapiere und Wertpapiere mit unregelmäßiger Zinszahlung (Zerobonds oder Nullkuponanleihen, auf- oder abgezinste Sparbriefe) 164
  6. Aktien und andere Anteile (Aktien, GmbH- und Genossenschaftsanteile, Genußscheine und -rechte) 164
  7. Lebensversicherungen 165
  8. Stille Gesellschaft oder partiarisches Darlehen 166
  9. Sonstige Kapitalforderungen 166
  10. Unternehmerische Beteiligungen 166
- C. Exkurs: Gemeinnützige Vereine, Kirchen, Orden und ähnliche Institutionen 167

XI. Konkrete Möglichkeiten ethischer Geldanlagen – ein Überblick 168

- A. Banken 168
  1. Alternative Bank ABS 169
  2. Bank für Kiche und Diakonie e.G. (BKD) 170
  3. Freie Gemeinschaftsbank BCL 171
  4. Bank im Bistum Essen e.G. 172
  5. Bank für Sozialwirtschaft GmbH (BfS) 173
  6. Bank für kleine und mittlere Unternehmen AG (BkmU) . 174

7. Darlehenskasse Münster e.G. 174
8. Darlehenskasse im Erzbistum Paderborn e.G. 175
9. Ev. Darlehens-Genossenschaft e.G. Münster (DGM) 175
10. Evangelische Kreditgenossenschaft e.G. Kassel (EKK) ... 177
11. Evangelische Dalehensgenossenschaft e.G. Kiel 177
12. Gemeinschaftsbank e.G. (GLS) 178
13. Integra Spar- und Kreditgenossenschaft e.G. 179
14. Landeskirchliche Kreditgenossenschaft Sachsen e.G. (LKG) 180
15. LIGA Spar- und Kreditgenossenschaft e.G. Regensburg .. 181
16. Ökobank e.G. 182
17. Pax Bank e.G., Köln 183
18. Spar- und Kreditbank in der Ev. Kirche in Bayern e.G. (SKB) 184
19. Spar- und Kreditbank Evangelisch-Freikirchlicher Gemeinden e.G. 185
20. Spar- und Kreditbank des Bundes Freier evangelischer Gemeinden e.G. 185
21. Steyler Missionssparinstitut St. Augustin GmbH 186
22. UmweltBank AG 187

B. Investmentfonds 188
  1. Credit Suisse Equity Fund (Lux) Eco Efficiency (früher: Oeko Protec) 188
  2. FOCUS GT Umwelttechnologie Fonds 190
  3. HYPO Eco Tech 191
  4. KD Fonds Öko-Invest 192
  5. Luxinvest ÖkoLux 193
  6. Luxinvest SecuraRent 194
  7. OekoSar (Sustainable Development Fund) 196
  8. ÖKOVISION 197
  9. SBC Eco Performance Portefolio – World Equities 199
  10. SUN LIFE ECOLOGICAL PORTFOLIO 200

C. Spendenfonds 201

D. Ethische Lebensversicherungen 202
  1. Vitarent 203
  2. transparente 204
  3. Continentale Lebensversicherung AG 205
  4. Continentale Lebensversicherung AG (Vertrieb: Versiko AG) 206
  5. Mannheimer Lebensversicherung AG 208
  6. oeco capital Lebensversicherung AG 209

7. Skandia Lebensversicherung AG 210
E. Andere Anbieter 211
  1. EDCS – Ökumenische Entwicklungsgenossenschaft 212
  2. EthIK Vermögensverwaltung 213
  3. international-ethic & innovation HerMerlin Incorporation 215
  4. Die Paritätische Geldberatung 216
F. Direktbeteiligungen 217
  1. B.A.U.M. EPAG Environment-Protection AG 217
  2. El Puente GmbH 218
  3. Energiekontor EK GmbH 219
  4. gepa – Fair Trade Beteiligungsgesellschaft 219
  5. Öko-Test-Verlag GmbH & CoKG 220
  6. Rapunzel Naturkost AG 220
  7. SOLVIS Energiesysteme GmbH & CoKG 221
  8. taz, die tageszeitung Verlagsgenossenschaft e.G. 221
  9. WeiberWirtschaft e.G. 222
  10. WRE AG Wasserkraft und Regenerative Energie-
     entwicklung 223
G. Beteiligungsgesellschaften 223
H. Ökologische Sparangebote konventioneller Banken 224
I. Kritische Aktionäre 226
J. Adressen 227
  1. Pensionsstiftungen in der Schweiz mit ethischer
     Ausrichtung 227
  2. FinanzdienstleisterInnen, die sich auf ethische Geld-
     anlagen spezialisiert haben 228
  3. Bundesweit arbeitende Vertriebe 229
  4. Publikationen 229
  5. Institute 231
  6. Organisationen 232

Literaturverzeichnis 233
Sachregister 237

Vorwort

„Geld regiert die Welt" ist ein uralter Spruch. Die seit 1990 sprunghaft beschleunigte Globalisierung hat den Spruch überdeutlich wahr werden lassen.

Die Anlagenfonds, insbesondere die US-amerikanischen Pensionsfonds, haben eine Dynamik entfesselt, die unter dem Schlagwort „Shareholder Value" zur gleichen Zeit mancherorts Arbeitslosigkeit und weltweite Umweltzerstörung induziert. Der Abstand zwischen Arm und Reich vergrößert sich (entgegen allen gegenteiligen Beteuerungen von interessierter Seite). Geldbesitz und hohe Kapitalrendite haben keine automatisch negativen Folgen. Es gibt Formen der ökologischen und ethischen Unternehmensführung, die sogar zu einer noch höheren durchschnittlichen Rendite führen als „normales" Kostenmanagement. Unternehmen zu identifizieren, die das besonders gut schaffen, ist eine Aufgabe von besonders qualifizierten Analysten und Investmentbankern. Auch die Auswahl von Wertpapieren, die es unabhängig von der Rendite mit den Ethikförderungen besonders genau nehmen, ist eine hohe Kunst der Wertpapieranalyse.

„Mein Geld soll Leben fördern" ist eine gute Einführung in dieses relativ neue Feld der Anlageberatung und verdient Weiterverbreitung.

Ernst Ulrich von Weizsäcker

Vorwort des Herausgebers

Endlich gibt es ein Buch, das bei alternativen Geldanlagen Übersicht schafft, Hilfestellung bietet, zum Nachdenken anregt und das Gewissen schärft. Es ist für Menschen geschrieben, die sich fragen, wie sie selbst zu längst fälligen Veränderungen beitragen können. Die Zeit der großen Demonstrationen scheint vorerst vorbei zu sein. Dennoch fehlt es nicht an Menschen, die für eine andere Gestalt unseres individuellen, nationalen und vor allem internationalen Zusammenlebens und für einen anderen Umgang mit unserer Umwelt eintreten. Sie suchen in ihrem Alltag nach Möglichkeiten, etwas gegen ökologische und internationale soziale Mißstände zu unternehmen. Für sie ist dieses Buch geschrieben.

Die Herausgeberin dieses Buches, das Institut für Ökonomie und Ökumene SÜDWIND, wurde 1991 gegründet. Es hat sich zur Aufgabe gemacht, wirtschaftliche Zusammenhänge zu untersuchen und verständlich zu machen (Ökonomie) und zu der gesamten Menschheit in Beziehung zu setzen (Ökumene). Die wissenschaftlichen MitarbeiterInnen des Instituts leitet dabei kein rein wissenschaftliches oder pädagogisches Interesse. Sie sehen sich wirtschaftliche Verhältnisse vielmehr unter dem Blickwinkel der Benachteiligten besonders in den Entwicklungsländern an und versuchen aufzuzeigen, welche Folgen scheinbar normale und für viele selbstverständliche wirtschaftliche Vorgänge im Norden auf das Leben der Menschen im Süden haben. Auf der Grundlage solcher Analysen, die an den gängigen wirtschaftswissenschaftlichen Instituten leider allzuoft unterbleiben, suchen sie nach Ansatzpunkten für Veränderungen in unseren Breiten. Wir nennen dies „interventionsorientierte Recherche".

Beispiele für die Arbeit des Instituts sind die Recherchen zu den Auswirkungen der Vermarktung von Altkleidern aus karitativen und kommerziellen Sammlungen auf die Textilindustrien afrikanischer Länder oder die Untersuchung der Situation der Textilarbeiterinnen in Südostasien, die in den Zulieferbetrieben hiesiger Textilkonzerne arbeiten. Ein weiteres Thema ist die Darstellung der Verschuldungssituation der ärmsten Länder der Erde und die Ausarbeitung und Umsetzung von Schuldenumwandlungen, die den ärmeren Bevölkerungsschichten eine Chance auf Entwicklung geben.

Von Anfang an war „Geld" ein zentrales Thema bei SÜDWIND. Geld wird einerseits für den täglichen Bedarf gebraucht. Andererseits erlangt in unseren Tagen Geld, das Menschen darüber hinaus besitzen und mit Hilfe von

Banken und Finanzdienstleistern anlegen, immer größere Bedeutung. Dieses Geld kann für gute oder schlechte Zwecke verwandt werden. Die Förderung von mehr Gerechtigkeit auf nationaler und internationaler Ebene und von ökologisch zukunftsfähigem Wirtschaften rechnet das Institut zu den guten Zielen.

Auf der anderen Seite fließt Geld oft unhinterfragt – wie Wasser an die tiefste Stelle – stets da hin, wo es sich am meisten vermehrt. Das ist fast zu einem Glaubenssatz geworden, ohne daß ausreichend gesehen wird, daß Renditen aus der Rüstungsproduktion, aus Umweltzerstörung und unterdrückerischen Arbeitsverhältnissen gewonnen werden.

In dem Arbeitsgebiet „ethische Geldanlagen" bemühen wir uns, Zusammenhänge aufzuzeigen und nach Alternativen zu suchen. Diese Alternativen können sehr unterschiedlich sein. AnlegerInnen haben sowohl in finanzieller als auch in ethischer Hinsicht unterschiedliche Prioritäten, die es bei der Entwicklung von zukunftsfähigen Geldanlagen zu berücksichtigen gilt. Institutionelle Anleger sind zudem oft durch Satzungen oder Gesetze gebunden. In der Arbeit bei SÜDWIND versuchen wir deshalb, verschiedene und für möglichst viele AnlegerInnen gangbare Wege hin zu ethisch vertretbaren Geldanlagen zu entwickeln.

Die Autorin und examinierte Philosophin Antje Schneeweiß arbeitet seit Jahren an der Aufstellung von Kriterienkatalogen für ethische Investoren und in der Untersuchung von Unternehmen und Projekten nach ethischen Kriterien. In diesem Buch führt sie praxisnah und verständlich in den Themenkomplex ein.

Wegweiser durch das Buch

Das Buch ist in drei Abschnitte eingeteilt. Zum ersten Abschnitt gehören die Kapitel II und III. Hier wird darüber aufgeklärt, welche ethisch bedenklichen Folgen die gängigen Formen der konventionellen Geldanlage haben können. Es werden zugleich und jene Bereiche aufgezeigt, in denen Geldanlagen Sinnvolles bewirken können. Im zweiten Abschnitt (Kapitel IV bis VIII) wird eingehend auf die Grundfragen ethischer Geldanlagen eingegangen. Die Kriterien und die Wirkung ethischer Geldanlagen sind hier genauso ein Thema wie die Rendite, die Sicherheit und steuerliche Aspekte. In einem weiteren Kapitel wird auf die besondere Situation institutioneller Anleger wie Kirchen, Orden, Gewerkschaften, Stiftungen und Vereine eingegangen.

Den Abschluß des Buches bildet ein umfangreicher Anhang, in dem ein Überblick über die derzeit in den deutschsprachigen Ländern angebotenen alternativen Geldanlagemöglichkeiten vorgestellt und Adressen und Literaturhinweise gegeben werden.

Das Buch eignet sich damit sowohl für ein Studium des Themenbereiches als auch als praktisches Nachschlagewerk und Handbuch.

Dieter Manecke
Vorstandsmitglied bei SÜDWIND

I. Drei Vorbemerkungen zum Text

1. In diesem Buch geht es um „ethische Geldanlagen". Den Herausgebern ist klar, daß damit ein umstrittener Begriff gewählt wurde. Ethik ist in unserem Sprachgebrauch mit umfassenden moralischen Ansprüchen verbunden, außerdem ist Ethik eine wissenschaftliche Disziplin in der Theologie und der Philosophie. Beides scheint zunächst wenig mit Geldanlagen zu tun zu haben. Dennoch haben wir diesen Begriff gewählt. Dies hat vor allem pragmatische Gründe. Die zahlreichen Ansätze, die es im deutschsprachigen Raum gibt, Geld nicht nur unter Rendite-Gesichtspunkten anzulegen, haben ganz unterschiedliche Motive. Einige sind auf Ökologie oder Öko-Effizienz ausgerichtet, andere stellen die Gerechtigkeit gegenüber den Menschen in den Entwicklungsländern und gegenüber Frauen und Minderheiten in den Mittelpunkt, wieder andere berücksichtigen Suchtmittel wie Tabak und Alkohol in ihren Kriterienkatalogen. Will man all diese Ansätze in einem Wort zusammenfassen, und dieses ist für ein Buch, das diese Bewegung als Ganzes beschreiben möchte, wesentlich, reichen Begriffe wie sozialverantwortlich oder ökologisch nicht aus. Hier soll der Begriff „ethisch" themenübergreifend deutlich machen, daß Geldanlagen auf Entscheidungen beruhen, die ethische Relevanz haben. Mit dieser Wahl lehnen wir uns zugleich an den angelsächsischen Begriff des „ethical investment" an.

2. Dieses Buch konzentriert sich auf den Hintergrund und die Praxis ethischer Geldanlagen im deutschsprachigen Raum. Die Entwicklung in anderen Ländern wird mitbehandelt, aber nicht systematisch aufbereitet. Es wird auch nicht ausführlich auf grundsätzliche Kritik am gegenwärtigen Finanzsystem und der Zinsnahme eingegangen, es werden jedoch alternative Anlagemöglichkeiten und ihre Wirkungsmöglichkeiten aufgezeigt. Grundsätzliche Auseinandersetzungen mit den Problemen der derzeitigen Finanzwirtschaft können dem Literaturverzeichnis entnommen werden.

3. In einem Kompromiß zwischen Sprachästhetik und der Berücksichtigung der weiblichen grammatischen Formen haben wir uns dafür entschieden, dort, wo LeserInnen als AnlegerInnen, InvestorInnen oder KundInnen direkt angesprochen werden, dies mit der Verwendung der weiblichen und männlichen Endungen hervorzuheben. Selbstverständlich sind auch in allen anderen Fällen, in denen nur die männliche Form gewählt wurde, sowohl Männer als auch Frauen gemeint.

II. Warum ethische Geldanlagen?

A. Steigende Privatvermögen

In Deutschland waren Ende 1996 private Geldvermögen in Höhe von insgesamt fast 5 Billionen DM angelegt, auf die vor Steuerabzug 213 Mrd. DM an Zinsen und Dividenden ausgezahlt wurden.[1] Diese enorme Summe stellen Privatanleger den Banken, öffentlichen Haushalten und Unternehmen vorübergehend gegen Zinsen oder Gewinnbeteiligung zur Verfügung. Private Geldvermögen sind damit die wichtigste Finanzquelle der Wirtschaft und spielen angesichts der hohen Verschuldung der öffentlichen Haushalte neben den Steuereinnahmen auch eine wichtige Rolle bei der Finanzierung des Staates.

Diese Rolle spielt das private Kapital allerdings längst nicht mehr innerhalb isolierter Volkswirtschaften. Im Zuge der fortschreitenden Öffnung nationaler Finanzmärkte und der damit einhergehenden Entwicklung hin zu einem einzigen globalen Geld- und Kapitalmarkt werden private Gelder zunehmend international angelegt. In den zwölf Monaten vom Juni 1996 bis Mai 1997 flossen aus dem Ausland 35 Mrd. DM an Dividenden, Zinsen und Erträgen aus Investmentfonds vornehmlich an private AnlegerInnen in die Bundesrepublik. Im gleichen Zeitraum wurden über 62 Mrd. DM an Dividenden, Zinserträgen und Erträgen aus Investmentzertifikaten von Deutschland aus an AnlegerInnen im Ausland gezahlt.[2]

Die in diesen Zahlen angedeutete Globalisierung der Finanzmärkte wird aus verschiedenen Gründen mit Sorge beobachtet. Sie bedeutet unter anderem, daß die Nationalbanken einen geringeren Einfluß auf Währung und Zinsniveau in ihren Ländern haben. Vergangene Krisen wie 1995 die Krise um den mexikanischen Peso und 1992 der Austritt Italiens und Großbritanniens aus dem Europäischen Währungssystem sowie die Asien-Krise haben gezeigt, daß die Bewegungen auf den Kapitalmärkten eine Dynamik entwickeln können, gegen die eine Nationalbank auch mit Unterstützung ihrer Partnerorganisationen in anderen Ländern machtlos ist. In der Finanzwelt wird diese Entwicklung oft als ein Fortschritt angesehen. Wenn die Bewegung von Ka-

---

[1] Deutsches Institut für Wirtschaftsforschung: Wochenbericht 31/97, Berlin, 31. 7. 1997.
[2] Quelle: Deutsche Bundesbank: Statistisches Beiheft zum Monatsbericht 3, Zahlungsbilanzstatistik Juli 1997. Diese Zahlen beinhalten laut Auskunft der Deutschen Bundesbank nicht nur, aber überwiegend Zahlungen an Privatpersonen.

pital unabhängig von staatlichen Restriktionen verläuft, könne sie sich allein nach der Logik der Märkte vollziehen und führe zu größerer wirtschaftlicher Effizienz, die, so heißt es, letztlich allen zu Gute komme. Die Freiheit der Kapitalmärkte bringt allerdings zwei gravierende Nachteile mit sich, wie auch von anerkannten Ökonomen wie z.B. dem Nobelpreisträger James Tobin unterstrichen wird. Zum einen ist ein unkontrollierter Finanzmarkt krisenanfälliger. Die Wahrscheinlichkeit eines weltweiten Finanzdesasters, mit weitreichenden Folgen gerade für jene Menschen, die es sich nicht leisten können, auf dem Kapitalmarkt mitzuspielen und mitzugewinnen, steigt. Zum zweiten belegen zahlreiche Studien, u.a. das Buch der US-amerikanischen Ökonomen Cook und Frank: „The-Winner-Take-All Society" (New York 1995), daß freie Märkte, die keinerlei demokratischer Kontrolle unterworfen sind, eine Tendenz entwickeln, den vermögenden Teil der Bevölkerung reicher zu machen und die Benachteiligten ärmer – eine Entwicklung, die zwangsläufig zu sozialen Spannungen führt. Ohne eine überstaatliche Kontrolle der Finanzmärkte, die im Interesse des Wohls der Benachteiligten Rahmenbedingungen setzt und in das Geschehen eingreift, ist ein freier globaler Finanzmarkt für die meisten Menschen nachteilig. Ein in der letzten Zeit immer wieder genannter Vorschlag zur Eindämmung dieser nachteiligen Tendenzen eines globalen Finanzmarktes lautet, alle Devisentransaktionen mit einer Steuer von einem halben Prozent zu belegen. Eine solche, nach ihrem Erfinder, dem Nobelpreisträger James Tobin, benannte Tobin-Steuer würde zu einer größeren Stabilität führen und gleichzeitig Geld für eine Umverteilung zur Verfügung stellen.

B. Die drei klassischen Faktoren der Geldanlage

Hinter der gewaltigen Summe von rund 5 Billionen DM, die die Bundesbürger jährlich im In- und Ausland anlegen, stehen allerdings nicht nur Märkte, sondern auch Menschen, Menschen in den unterschiedlichsten Lebenslagen, mit den unterschiedlichsten Bedürfnissen und Einstellungen zu Geld, die sich entschieden haben, einen Teil der ihnen zur Verfügung stehenden Geldmittel nicht sofort für den Konsum zu verwenden, sondern zu sparen.
Zusammengefaßt werden die Wünsche der GeldanlegerInnen dabei traditionellerweise unter den drei Begriffen Sicherheit, Rendite und Verfügbarkeit. Es sind diese drei Faktoren, die in den allermeisten Fällen die Auswahl einer geeigneten Geldanlage bestimmen. Eine gute Anlageberatung zeichnet sich

nach diesem Verständnis dadurch aus, daß der Anlageberater Sicherheit, Rendite und Verfügbarkeit in ein für den/die KundIn und seine/ihre Situation optimales Verhältnis bringt.
Dies ist nicht leicht, da es keine Anlage gibt, in der alle drei Faktoren zugleich optimal realisiert sind. Eine Anlage, bei der man einen schnellen Zugriff auf seine Ersparnisse hat, wirft in aller Regel weniger Gewinn ab als ein langfristiges Investment. Umgekehrt bringt eine hohe Rendite in der Regel eine reduzierte Sicherheit oder eine geringere Verfügbarkeit des Geldes mit sich. Eine gute Anlageberatung bedeutet demnach konventionellerweise eine dem/der AnlegerIn entsprechende Setzung von Prioritäten in bezug auf diese drei Faktoren.

C. Die Verantwortung der InvestorInnen

Dabei liegt es auf der Hand, daß die Summe von fast 5 Billionen DM privatem Geldvermögen auch eine bedeutende wirtschaftliche Macht darstellt, die sowohl in der Bundesrepublik als auch international die wirtschaftlichen, gesellschaftlichen und ökologischen Verhältnisse beeinflußt. Die Macht der PrivatanlegerInnen ist dabei durchaus vergleichbar mit der der KonsumentInnen. Während der/die KonsumentIn einem Unternehmen sein/ihr Geld im Austausch gegen ein Produkt übergibt, stellen die InvestorInnen Banken, Unternehmen und öffentlichen Haushalten ihr Kapital gegen Zinsen oder eine Beteiligung am Geschäftserfolg zur Verfügung. Banken und Unternehmen, aber auch der Staat sind in ihrer Arbeit darauf angewiesen, dieses Kapital zu möglichst günstigen Bedingungen zu bekommen, und stehen darin untereinander in Konkurrenz. Damit eröffnet sich für die AnlegerInnen die Möglichkeit der politischen Einflußnahme. Genau wie die Macht der VerbraucherInnen in den letzten Jahren dazu beitrug, z.B. umweltfreundlichere Waschmittel und Transfairkaffee in die Regale der Supermärkte zu bringen, so ist es denkbar, daß aufgrund der Nachfrage von AnlegerInnen zunehmend Anlagemöglichkeiten angeboten werden, die sozialen und ökologischen Kriterien entsprechen, während es solche Angebote, die gegen ethische Werte verstoßen, schwerer haben, Kapital zu finden.

Jede Geldanlage hat soziale und ökologische Konsequenzen, und es ist heute vielen AnlegerInnen ein Bedürfnis, über die drei Faktoren Sicherheit, Rendite und Verfügbarkeit hinaus diesen Aspekt in der Wahl ihres Investments miteinzubeziehen. Selbst wenn es die Werbung der großen Banken immer wieder suggeriert: Geld kann nicht arbeiten. Es sind Menschen, die für den

Gewinn auf unserem Konto arbeiten, und ihre Arbeit findet unter mehr oder weniger akzeptablen Umständen und mit mehr oder weniger akzeptablen gesellschaftlichen und ökologischen Folgen statt. Die Folgen aber, die unsere Investitionen auf Bereiche wie Frieden, Ökologie, soziale Gerechtigkeit im nationalen und internationalen Rahmen und auf die Chancen von Frauen haben, spielen in der Anlageberatung und bei den Anlageentscheidungen auf den weltweiten Finanzmärkten derzeit noch kaum eine Rolle. Dies steht im krassen Gegensatz zu der Bedeutung, die diese Themen für die Zukunft aller Menschen haben werden.

Wie die Finanzwelt diese Probleme einschätzt, zeigt sich schon daran, daß es kaum Informationen zu den sozialen und ökologischen Aspekten von Geldanlagen gibt. Die ansonsten an Perfektion grenzenden Informationssysteme der Weltfinanzmärkte liefern zwar innerhalb von Sekunden die aktuellen Kurse einer in New York, London, Frankfurt oder Tokyo gehandelten Aktie oder Anleihe, schweigen aber zu so wichtigen Themen wie Friedenssicherung, Umwelt- und Entwicklungsverträglichkeit.

Doch es gibt eine Reihe von AnlegerInnen, denen es wichtig ist, daß ihr Geld in Bereichen angelegt wird, wo für eine lebenswerte Zukunft gearbeitet wird, und die unbedingt vermeiden möchten, daß mit ihren Einlagen beispielsweise Kriegsgerät, Umweltzerstörung oder Kinderpornographie finanziert werden. Die Motive für diese soziale und ökologische Verantwortung können religiöser oder weltanschaulicher Natur sein. Es kann ihnen aber auch einfach die Einstellung zugrunde liegen, daß Geld für Nutzbringenderes als für die Waffenproduktion oder zur Unterstützung menschenrechtsverachtender Regime verwendet werden sollte.

In der Tat ist gerade die eigene Geldanlage ein geeigneter Anlaß, einmal über die sozialen und ökologischen Folgen seines wirtschaftlichen Handelns nachzudenken, denn jede Geldanlage hat eine lebenswerte Zukunft zum Ziel. Ob sich dieses Ziel verwirklicht, hängt aber nicht allein von der in Zukunft zur Verfügung stehenden Geldmenge ab. Der Zustand der Gesellschaften in den Entwicklungsländern und unserer eigenen Gesellschaft sowie der Zustand unserer Umwelt werden entscheidende Faktoren dafür sein, ob wir die Früchte unseres Sparens tatsächlich genießen können.

Mit dem zunehmenden Auseinanderdriften zwischen Arm und Reich, wie wir es zwischen dem Norden und dem Süden der Welt, aber auch in unserer eigenen Gesellschaft erleben, geht fast zwangsläufig eine Kriminalisierung, Brutalisierung und Verelendung vieler Menschen einher, die die Lebensqualität auch der vermögenden Schichten der reichen Länder beeinträchtigt und immer mehr beeinträchtigen wird. Genauso kann eine noch so umsichtige

Alterssicherung nicht vor den Folgen der fortgesetzten Zerstörung unserer Umwelt schützen, die schon heute Auswirkungen auf unseren Alltag hat. Eine Geldanlage, die einzig private Bedürfnisse berücksichtigt und gesellschaftliche und ökologische Zusammenhänge vollkommen ausblendet, ist so gesehen eine Absurdität. Eine Geldanlage, die die Erhaltung oder Vergrößerung der Lebensqualität zum Ziel hat, hat realistischerweise nur dann Aussichten auf Erfolg, wenn sie Rücksicht auf die Zukunft der nationalen und internationalen Gemeinschaft und der Umwelt nimmt. In diesem Sinne ist es naiv zu glauben, eine Geldanlage sei reine Privatsache.

Auf dem Weg zu den Möglichkeiten einer verantwortlichen Geldanlage sollen zunächst die gängigen Anlageformen im Hinblick auf die klassischen Faktoren Rendite, Sicherheit und Verfügbarkeit beschrieben und Hinweise auf ihre möglichen entwicklungspolitischen, sozialen und ökologischen Folgen gegeben werden.

D. Festgeld, Sparbuch, Sparbrief

1. Was ist Festgeld?

Festgeld, Sparbuch und Sparbief sind die gängigsten Angebote von Banken und Sparkassen für Anlagen im kurzfristigen Bereich, d.h. bis zu einem Jahr, und im mittelfristigen Bereich, d.h. ab einem und bis vier Jahren.

Die Anlageform des *Festgelds* wird meist gewählt, um einen Betrag ab 5.000 DM anzulegen, von dem der/die AnlegerIn annimmt, daß er/sie ihn innerhalb der kommenden Monate ganz oder zum großen Teil benötigen wird. In der Regel bieten Institute eine monatliche (Monatsgeld), dreimonatliche, halbjährliche oder jährliche Laufzeit für Festgeld an.

Das Festgeld ist damit eine Anlage, bei der die risikolose Verfügbarkeit des Geldes den Vorrang hat. Der Zinssatz ist vom jeweiligen Zinsniveau abhängig, das sehr stark von der Geldmarktpolitik der Bundesbank beeinflußt wird. Die Zinsen für Festgeld liegen allerdings in aller Regel unter den Erträgen langfristiger Geldanlagen.

Beim *Sparbuch* wird in der Regel ein Betrag ab 10 DM mit dreimonatiger, einjähriger oder vierjähriger Kündigungsfrist und Verzinsung angelegt. Anders als beim Festgeld können hier also auch geringe Beträge angelegt werden.

Die Verzinsung lehnt sich an das geltende Zinsniveau an, wobei die Zinsen für Sparbücher mit langfristiger Kündigungsfrist höher liegen als die mit dreimonatiger Kündigungsfrist. Für 3-Monats-Spareinlagen vergüten die

Banken allerdings seit vielen Jahren Zinsen, die unterhalb vergleichbarer Festgelder liegen.

Sparbriefe sind eine von Sparkassen und den genossenschaftlich organisierten Banken aufgelegte Anlagemöglichkeit mit zumeist vierjähriger Laufzeit. Der/die KundIn zahlt hier sein/ihr Geld je nach Laufzeit für zwei bis sechs Jahre ein. Für diese Zeit garantiert die Bank die Zahlung eines bestimmten Zinssatzes, der sich bei einigen Varianten während der Laufzeit steigert. Der/die SparerIn kann hierbei über mehrere Jahre nicht über sein/ihr Geld verfügen und erhält dafür einen Zinssatz, der in der Regel über dem des Festgeldes liegt. Bei der Einschätzung der Rendite eines Sparbriefs muß allerdings mitberücksichtigt werden, daß sich das geltende Zinsniveau innerhalb der Laufzeit des Sparbriefs ändern wird. Eine Senkung des Zinsniveaus über die Laufzeit hinweg würde den Sparbrief damit aus Renditegesichtspunkten attraktiver machen. Steigt das Zinsniveau an, kann es sein, daß sich der Zinssatz nicht wesentlich vom Zinssatz für Festgeld unterscheidet.

So kann ein/eine AnlegerIn beispielsweise 5.000 DM in einem über vier Jahre laufenden Sparbrief anlegen, weil der Zinssatz von 4% deutlich über den Zinsen für Festgeld liegt, für das die Sparkasse lediglich 2% zahlt. Nach zwei Jahren hat sich das Zinsniveau aber dahingehend geändert, daß auch auf Monatsgeld 4% Zinsen gezahlt werden. Da der/die AnlegerIn das Geld für vier Jahre festgelegt hat, kann er/sie nicht mehr in eine andere Anlageform wechseln, die ihm/ihr den gleichen Zinssatz bei höherer Verfügbarkeit einräumen würde.

Die als Aktiengesellschaften organisierten Geschäftsbanken bieten in der Regel keine Sparbriefe an, sondern geben statt dessen hauseigene festverzinsliche Wertpapiere mit mittel- oder langfristiger Laufzeit heraus. Diese haben den Charakter einer Anleihe, die im Abschnitt „festverzinsliche Wertpapiere" näher erläutert wird.

Die Sicherheit von Festgeld, Spareinlagen, Sparbriefen und hauseigenen Anleihen ist abhängig von der Bonität der Bank, die rechtlich gesehen die Schuldnerin der EinlagekundInnen ist. In der Bundesrepublik sind Bankeinlagen sehr sicher, da Konkurse von Banken im Vergleich zu anderen Ländern selten sind. Zusätzlich besteht für Sparkassen, Genossenschaftsbanken und Geschäftsbanken jeweils eine getrennte Einlagensicherung. Diese sichert die Rückzahlung der Einlagen auch im Konkursfall ab, soweit es sich nicht um Großeinlagen handelt. Die überwiegende Mehrheit der bundesdeutschen Institute einschließlich der kirchlichen Institute und der Alternativbanken Ökobank und GLS-Gemeinschaftsbank ist an einen der drei Einlagensicherungsfonds angeschlossen. Im Zweifelsfall sollte nachgefragt werden.

2. Was geschieht mit Ihrem Festgeld, Ihrer Spareinlage oder Ihrem Sparbriefguthaben?

Alle Gelder, die Banken von ihren KundInnen erhalten, sei es in Form von Festgeldern, Spareinlagen oder Sparbriefen, bilden für diese eine Einheit, d.h., sie werden nicht nach KundInnen getrennt verwaltet. Für die Bank sind es Verbindlichkeiten, die sie entsprechend der Absprache ab dem Zeitpunkt der Anlage verzinsen muß und die in ihrer Gesamtheit den Aktivposten wie z.B. den vergebenen Krediten gegenübergestellt werden. Da der tatsächliche Verbleib der Gelder bei der Bank regelmäßig länger als die vereinbarten Laufzeiten ist, rechnet die Bank in ihrer Kalkulation damit, daß ein Teil der Einlagen nicht zum vorgesehenen Zeitpunkt abgerufen wird, und verplant ihn entsprechend längerfristig. Die Bank betrachtet die von ihren KundInnen erhaltenen Gelder als Gesamteinlagen und stellt diese ihren gesamten ausgegebenen Krediten gegenüber. Somit ist das vom/von der einzelnen KundIn erhaltene Geld nicht einem einzelnen Kredit zuzuordnen.

Trotz dieser Intransparenz bei der Weiterverwendung der Einlage des/der einzelnen gibt es Anhaltspunkte dafür, wohin die Gesamtsumme der von KundInnen angelegten Gelder weitergegeben wird.

Zunächst gibt es für die Verwendung eines Teils dieser Gelder gesetzliche Vorschriften. Jede Bank muß eine gewisse Summe ihrer Einlagen als sogenannte „Mindestreserve" unverzinst bei der jeweilig zuständigen Landeszentralbank, also der auf Länderebene angesiedelten Filiale der Bundesbank, hinterlegen. Diese Mindestreserve soll zum einen die Liquidität der Bank gewährleisten; zum anderen ist sie ein Instrument der Geldmengenpolitik der Bundesbank, die je nach wirtschaftlicher Lage festlegt, wieviel Prozent der kurz- und mittelfristigen Einlagen bei den Zentralbanken hinterlegt werden müssen, und so die gesamte zur Verfügung stehende Geldmenge steuert. Für Festgelder, die länger als 30 Tage angelegt sind, liegt die Höchstgrenze für die Mindestreserve bei 20% der bei einer Bank verwalteten Einlagen, wobei in der Regel eher eine Quote von 10% gilt und in den Jahren 1996 und 97 sogar nur 1,5 bis 2% dieser Gelder bei der Bundesbank „geparkt" waren. Dieses Geld wird von der Bundesbank für ihre Geldmarktpolitik verwendet, d.h., sie leiht diese Gelder z.B. an Banken aus und reguliert über die Konditionen, die sie mit diesen Bundesbankdarlehen verbindet, die im Umlauf befindliche Geldmenge.

Für die verbleibenden Gelder gilt, daß kurz- und mittelfristig eingelegtes Geld zu ca. 90% kurz- und mittelfristig weiterverliehen wird. Die restlichen 10% legt die Bank zusammen mit dem ihr über mehr als vier Jahre anver-

trauten Geld langfristig an und nutzt die höheren Zinsen für die Deckung der Verwaltungskosten und für den eigenen Gewinn.
Die Banken entscheiden unter Beachtung von Grundsätzen, die für alle Institute gleichermaßen gelten, eigenständig über die Verwendung der ihnen anvertrauten Gelder. Hierfür steht ihnen eine Reihe von Möglichkeiten offen. Zum einen leihen sie das Geld an die eigenen KreditkundInnen aus. Zum anderen verleihen die Institute einen evtl. bestehenden Überschuß an Einlagen über den bankeninternen Geldmarkt an andere Banken, bei denen gerade ein Bedarf an Geld für Kredite besteht, als Tages-, Wochen- oder Monatsgeld weiter. Zum dritten tätigen Banken mit den Einlagen ihrer KundInnen Beteiligungs-, Wertpapier- und Devisengeschäfte verschiedenster Art. In der Öffentlichkeit bekannt sind hier vor allem das Aktienengagement und die Firmenbeteiligungen, die von bundesdeutschen Banken u.a. auch mit Kundengeldern getätigt werden und über die sie ein beträchtliches Machtvolumen gegenüber Industrieunternehmen und letztlich über Arbeitsplätze angehäuft haben.
Wozu kurz-, mittel- und langfristige Einlagen verwendet werden, läßt sich im Fall der Weitergabe an hauseigene Kreditnehmer dann annäherungsweise ablesen, wenn eine Bank ein eingeschränktes Kundensegment bedient. Kirchliche Banken vergeben z.B. Kredite nur an kirchliche Institutionen und deren Mitarbeiter. Kredite werden hier also z.B. für den Bau und die Renovierung kirchlich getragener Altenheime und Krankenhäuser oder für den Bau und die Instandhaltung von Kirchen und kirchlichen Gebäuden verwendet. Die Bank für Sozialwirtschaft hat sich auf das Segment der Träger der freien Wohlfahrtspflege wie Caritas und Diakonie und der gemeinnütziger Vereine spezialisiert und vergibt nur innerhalb dieses Spektrums Kredite. Geld, das nicht für die eigene Kreditvergabe benötigt wird, geben diese genossenschaftlich organisierten Institute an ihre genossenschaftliche Zentralbank weiter, die das Geld zum größten Teil ihren Mitgliedsbanken, also vor allem den Volks- und Raiffeisenbanken, für größere Kreditengagements zu Verfügung stellt. Diese Kreditvergabe unterliegt allerdings keinerlei ethischen Kriterien, so daß auf diesem Weg auch Einlagen aus genossenschaftlich organisierten, kirchlichen Instituten in zweifelhafte Projekte wie z.B. die Finanzierung einer von Tierschützern kritisierten Legebatterie fließen können.
Anders ist dies bei den Alternativbanken wie der Ökobank und der GLS-Gemeinschaftsbank, die sich an ein ökologisch und sozial engagiertes Publikum wenden und in diesem Bereich Kredite vergeben. Denn diese Institute haben sich über die Bedienung eines bestimmten Kundensegments dazu verpflich-

tet, bei *allen* Geldgeschäften ethische Ausschlußkriterien zu beachten. Sie achten darauf, daß bei der Weitergabe der Kundengelder im Kredit- und im Wertpapiergeschäft kein Geld an Rüstungsunternehmen, menschenrechtsverachtende Regime und in die Atomenergie fließt.

Bei allen anderen Banken und Sparkassen gibt es keine Hinweise auf eine konkrete Zielgruppe im Kreditkundenbereich, und auch die Spur des Geldes, das über den bankeninternen Geldmarkt weiterverliehen wird, verläuft hier im Sande.

Anhaltspunkte über die Kreditvergabe der Großbanken, Raiffeisenbanken und Sparkassen an Industriekunden im Inland ergeben sich nur aus den von der Deutschen Bundesbank herausgegebenen Berichten zu „Kredite und Einlagen", die anteilsmäßig aufzeigen, in welche Bereiche Bankkredite fließen.

Kurzfristige und mittelfristige Kredite mit einer Laufzeit von bis zu vier Jahren werden danach primär an Unternehmen und Selbständige vergeben, an zweiter Stelle stehen öffentliche Haushalte (Siehe Abschnitt Staatsanleihen, S. 36), an dritter Privathaushalte. Die Kredite dienen den Unternehmen zur Lagerfinanzierung, Produktionsfinanzierung und Absatzfinanzierung. Sie ermöglichen es einem Unternehmen, wirtschaftliche Chancen, die sich etwa durch eine Lagererweiterung oder durch Verbesserungen in der Produktion eröffnen, spontan zu nutzen. Besonders im Auslandsgeschäft werden durch den Einsatz von Krediten bestimmte wirtschaftliche Chancen erst möglich oder in ihrer technischen Durchführung wesentlich erleichtert.

Betrachtet man die Kreditvergabe nach Wirtschaftssparten, so ergibt sich für August 1997 folgendes Bild:

Während langfristige Kredite an Unternehmen und Selbständige zu einem Großteil an Wohnungsunternehmen, in das Grundstückswesen, den Kfz-Handel und in die Datenverarbeitung gingen, flossen kurz- und mittelfristige Kredite rund zur Hälfte an das Gewerbe einschließlich des Baugewerbes und in den Kfz-Handel. Im kurz- und mittelfristigen Bereich waren die größten Kreditnehmer innerhalb des verarbeitenden Gewerbes der Maschinen- und Fahrzeugbau einschließlich der Büromaschinen und der Elektrotechnik, das Holz- und Papiergewerbe sowie die Metallerzeugung. Im langfristigen Bereich folgen den Holz- und Papierunternehmen die Nahrungsmittelhersteller einschließlich der Tabakindustrie.[3]

In all diesen Bereichen werden u.a. auch Güter hergestellt und vertrieben, die aus ethischer Sicht problematisch sind. Metallunternehmen können Lie-

---

[3] Deutsche Bundesbank: Statistisches Beiheft zum Monatsbericht 1, Bankenstatistik August 1997.

feranten von Rüstungsunternehmen sein, in der Elektrotechnik werden speziell für das Militär konzipierte Komponenten gebaut, und die tabakverarbeitende Industrie trägt nicht nur zu einer Schädigung der Gesundheit bei, sondern hat auch Anteil an der Zerstörung der Böden in Entwicklungsländern. Und da der allergrößte Teil der bei Banken in Sparbüchern, Sparbriefen und als Festgeld angelegten Mittel keinerlei ethischer Kontrolle bei der Weitervergabe unterliegt, fließen hohe Summen unhinterfragt auch in die problematischen Teile dieser Industrien.

Um es ins Extrem zu führen: Die Gelder privater KundInnen dienen auch zur Finanzierung der Produktion von Antipersonenminen, von Militär-Lkws, die für die Türkei bestimmt sind und dort für die Zerstörung kurdischer Dörfer eingesetzt werden, und sie dienen der Finanzierung der neuen Werbekampagne eines Zigarettenherstellers.

In der Publikation der Deutschen Bundesbank „Kredite und Einlagen" werden lediglich die inländischen Kreditkunden aus der Industrie erfaßt. Größere Banken sind jedoch zunehmend auch im Ausland tätig und vergeben dort Kredite an Staaten, Unternehmen und Institutionen. Besonders in den achtziger Jahren wurden von seiten deutscher Banken Kredite in Milliardenhöhe an Entwicklungsländer vergeben. Dies geschah zumeist ohne jede Rücksicht darauf, ob dieses Geld der Entwicklung des Landes diente oder nur einem diktatorischen Regime die Macht sicherte und einer Regierungsclique einen extravaganten Lebensstil ermöglichte. Die Probleme, die sich aus der Rückzahlung dieser Kredite heute für die Entwicklungsländer ergeben, werden im Zusammenhang mit dem Thema „Staatsanleihen" beschrieben.

Banken verwenden Kundeneinlagen jedoch nicht nur für die Kreditvergabe. Von einem Teil der Gelder kaufen sie Anteile an Industrieunternehmen. Dieser Anteilsbesitz wird für einige Beteiligungen an Industrieunternehmen dokumentiert, wenn er 5% des Grundkapitals des Unternehmens übersteigt. Beteiligungen von mehr als 20% am Grundkapital müssen lückenlos offengelegt werden.

Aus den Jahresberichten einer Bank lassen sich so die wichtigsten Industriebeteiligungen derselben entnehmen, und es läßt sich damit auch erkennen, ob Kundengelder über Beteiligungen in ethisch problematische Industriebereiche fließen.

Ein Blick auf die Beteiligungslisten der deutschen Großbanken zeigt, daß dies der Fall ist. So hält z.B. die Deutsche Bank 23,12%[4] des Kapitals der

---

[4] Deutsche Bank: Verzeichnis des Anteilsbesitzes 1996.

Daimler Benz AG, die wiederum über ihre Tochtergesellschaft Deutsche Aerospace Landminen herstellt[5], und ist indirekt über eine 16,5%ige Beteiligung an der Metallgesellschaft an der Dynamit Nobel AG beteiligt, die ebenfalls im Landminengeschäft tätig ist.[6] Der viertgrößte Riese in der deutschen Bankenlandschaft, die Dresdner Bank, ist über eine 14,6%ige[7] Beteiligung an der Metallgesellschaft ebenfalls indirekt mit dem Minengeschäft verbunden.

Problematisch ist außerdem, daß Banken über ihre vielfältigen Industriebeteiligungen und durch die von ihren Depotkunden überschriebenen Aktienstimmrechte über große Einflußmöglichkeiten auf Industrieunternehmen verfügen. Beispiele in der Vergangenheit zeigen, daß dieser Einfluß nicht immer zum Wohl der Unternehmen und ihrer Mitarbeiter ausgeübt wurde.

Beispiel: Finanzierung des „Drei-Schluchten-Staudamms" in China

Da kurz- und mittelfristige Kredite vielfach als Exportkredite zur Vorfinanzierung von Aufträgen aus Übersee eingesetzt werden, werden sie von Anlagen- und Maschinenbauern auch für die Durchführung von ökologisch und sozial umstrittenen Mammutprojekten in menschenrechtsverachtenden Diktaturen eingesetzt.

Beispielsweise begannen Ende 1994 in China die ersten Arbeiten für den Bau des größten Staudamms der Welt. Der Yangtze, der zweitgrößte Fluß des Landes, soll mit einer 2335 Meter langen Mauer gestaut werden. Ein mit dem Damm verbundenes Kraftwerk soll ab 2009 insgesamt 85 Milliarden kWh Strom erzeugen, ein Neuntel des derzeitigen Stromverbrauchs in China. Außerdem erhofft man sich von seiten der Regierung eine Erleichterung für die Schiffahrt und eine Eindämmung des periodischen Hochwassers.

Zahlreiche Studien unterschiedlichster Experten warnen jedoch eindringlich vor den unübersehbaren ökologischen und sozialen Folgen und Gefahren

---

[5] „Die weltweit führenden Minen-Hersteller kommen aus den EU-Staaten", in: FR, 23. Juni1997: „Einsatzbereit in Minuten – Aktiviert in Sekunden – Parm 2 tötet in Millisekunden" lautet der Daimler Werbeslogan für das neueste Produkt aus dem TDW-Werk in Schrobshausen (Deutsche Aerospace o.J.). Auf kritische Nachfragen hin bestreiten Werksvertreter – wider firmeneigene Werbeprospekte (Deutsche Aerospace 1994) – seit geraumer Zeit, daß es sich bei der Parm um eine Mine handeln würde."

[6] „Die weltweit führenden Minen-Hersteller kommen aus den EU-Staaten", in: FR, 23. Juni 1997: „Man kann davon ausgehen, daß Dynamit Nobel (D) die DM-31 mittlerweile in Lizenz produziert, da die Mine in Werbeanzeigen zum Verkauf angeboten wird (Wehrtechnik1992)".

[7] Geschäftsbericht der Dresdner Bank 1996.

dieses Mammutprojekts. Offizielle Stellen in China gehen davon aus, daß 1,3 Millionen Menschen für den Staudamm umgesiedelt werden müssen. Dies bedeutet, daß die Bevölkerung aus dem sehr fruchtbaren Yangtze-Tal in wesentlich ärmere Regionen mit kargen Böden ziehen muß. Schon jetzt bereitet sich die chinesische Polizei auf die Unterdrückung der zu erwartenden Proteste der Bevölkerung vor, denn trotz der Repressionen in China formiert sich der Widerstand der Bauern gegen das Vorhaben.

Außerdem gilt das Projekt als riskant, denn es liegt in einer Region, in der Erdbeben vorkommen. Offizielle Stellen geben den Damm zwar als erdbebensicher aus. Es gibt aber Beispiele von angeblich erdbebensicheren Staudämmen in China, die dann doch einem Beben nicht standhielten. Im Falle eines Bruchs des Yangtze-Staudamms würden mehrere Millionen Menschen von einer Flutkatastrophe heimgesucht.

Abgesehen von diesen gravierenden sozialen Folgen und Gefahren, macht das Projekt auch ökologisch wenig Sinn. Zwar ist die Stromerzeugung mit Wasserkraft umweltfreundlicher als die Verfeuerung von Kohle, wie sie in China derzeit im großen Stil betrieben wird, diesem Vorteil steht aber die Vernichtung von großen Flächen sehr fruchtbaren Ackerbodens gegenüber, ein Verlust, der nur durch den massiven Einsatz von Kunstdünger mit entsprechenden ökologischen Folgen ausgeglichen werden kann. Wesentlich sinnvoller wäre in jeder Hinsicht eine dezentrale Lösung, bei der an den Oberläufen des Flusses kleine Kraftwerke entstehen würden.

Die chinesische Regierung setzt den Bau des Staudamms trotz der vielseitigen Gefahren und Nachteile gegen den Willen der Bevölkerung durch und sucht internationale Partner für die Finanzierung und die technische Umsetzung. Das Projekt wird nach derzeitigen Schätzungen 75 Milliarden US-Dollar kosten, was Mitte 1996 den gesamten chinesischen Devisenreserven entsprach.

Die US-amerikanische Export-Importbank erteilte der chinesischen Regierung bereits eine Absage, auch die Weltbank hält sich bei der Finanzierung zurück. Neben menschenrechtlichen und ökologischen Bedenken ist man hier wohl auch von der finanziellen Machbarkeit nicht überzeugt. Anders sieht es in der Bundesrepublik aus. Eine Reihe von Unternehmen wie die Liebherr Holding GmbH, Voith Hydro und die Siemens AG bewarben sich um Aufträge für das Projekt und stellten entsprechende Kreditanträge bei Banken für die Vorfinanzierung von Kränen, Turbinen und Generatoren. Die Banken verlangen allerdings im Fall eines derart riskanten Auslandsengagements, daß die Kredite über eine staatlich garantierte Kreditversicherung der Hermes AG abgesichert sind. Diese Kreditversicherung wird dann wirksam, wenn die Firmen die Kredite an ihre Bank nicht zurückzahlen können; weil ihre chinesischen Auftraggeber für die erbrachten Leistungen und Güter nicht zahlen. In diesem Fall übernimmt der bundesdeutsche Staat den Kredit und tritt gegenüber dem chinesischen Staat als Gläubiger auf. Da die Bundesregierung für Aufträge aus dem Yangtze-Projekt Bürgschaften vergibt und deutsche Unternehmen wie z.b. Siemens bereits den Zuschlag für die Lieferung von Generatoren und Turbinen von der chinesischen Regierung erhalten haben, werden hierzulande Millionen von DM als Kredit für dieses Projekt vergeben werden. Als vorfinanzierende Kreditinstitute wurden bisher die Dresdner Bank, die Commerzbank und das zentrale Institut der Volks- und Raiffeisenbanken, die DG-Bank, genannt.[8] Falls es zum Kreditausfall kommt, fließen auch Steuergelder in dieses Projekt. (Informationen von WEED – Weltwirtschaft, Ökologie & Entwicklung e.V., Bonn)

3. Konsumentenkredite

Nicht nur Industriekredite, sondern auch Kredite, die Banken an Privatkunden vergeben, können sozial nachteilige Folgen haben. Sie stellen insgesamt betrachtet allerdings einen wesentlich geringeren Anteil am Gesamtkreditaufkommen dar. Den 135.000 DM Vermögen, die statistisch ein bundesdeutscher Privathaushalt durchschnittlich auf seinem Konto sammelt, stehen pro Haushalt rund 10.000 DM Schulden aus Konsumkrediten gegenüber. Da nur etwa ein Drittel aller deutschen Haushalte verschuldet ist, bedeutet dies für dieses Drittel eine durchschnittliche Schuldenlast von über 30.000 DM.[9] Die Schulden werden in Form von Ratenkrediten, Überziehungskrediten und über die Verwendung von Kreditkarten in Anspruch genommen. Kreditkarten sind hier, obwohl sie die teuerste Form des Kredits darstellen, im Vormarsch.

70% aller Konsumentenkredite dienen dem Autokauf. Aber auch die mit der Gründung des ersten eigenen Hausstands entstehenden Kosten werden oft über Kredite finanziert und sind bei der ersten Kreditaufnahme das häufigste Motiv.

Hier sind weniger die mit Hilfe des Kredits erworbenen Gegenstände problematisch als vielmehr die sozialen Folgen, die eine ohne die notwendige Umsicht vollzogene Kreditvergabe an Privathaushalte haben kann. Nicht selten kommt es in Folge der Aufnahme eines privaten Kredits zur Überschul-

---

[8] Frankfurter Rundschau vom 25. September 1997.
[9] Der neue Schuldenreport, Berlin 1995, 10.

dung des Haushalts. Ausgelöst wird diese Situation, in der die Betroffenen einem wachsenden und zunehmend unüberblickbaren Schuldenberg gegenüberstehen, meist durch Arbeitslosigkeit, Krankheit oder durch den unvorhergesehenen Rückgang von Aufträgen bei Selbständigen. Das Institut für Finanzdienstleistungen in Hamburg schätzt, daß in der Bundesrepublik 1,5 bis 2,5 Millionen Haushalte überschuldet sind.[10]
An dieser Situation tragen besonders solche Institute Mitverantwortung, die auf der einen Seite mit einer ganzen Palette von Maßnahmen Konsumkreditkunden anwerben, sie jedoch unzureichend über Konditionen und Risiken informieren. Wenn ein/eine KundIn in Schwierigkeiten gekommen ist und zwei Raten hintereinander nicht bezahlen kann, kündigen viele Institute den Kredit und leiten ein Mahnverfahren ein. Der/die KundIn sieht sich dann gezwungen, den gesamten Betrag kurzfristig zurückzuzahlen oder in Verhandlungen mit der Bank zu treten, um einen neuen Rückzahlungsplan zu vereinbaren. Da er/sie sich ohnehin in einer finanziell schwierigen Lage befindet, können diese Rückzahlungsforderungen der Bank leicht dazu führen, daß ein neuer Kredit aufgenommen wird. Kommt es hier wieder zu Problemen, so beginnt ein Teufelskreis, bei dem sich die Kreditkonditionen bis hin zu Wucherzinsen privater Geldverleiher verschlechtern.
Andere Institute lassen schon vor Abschluß eines Konsumkredites mehr Sorgfalt walten und arbeiten nach dem Ausbleiben zweier Monatsraten mit dem/der KundIn zusammen eine gangbare Lösung aus.
Da ein Teil der mit Methoden wie Kreditkündigung und Gehaltspfändungen eingetriebenen Zinsen auf den Konten der Festgeldkunden der Bank landet, ist es für verantwortliche BankkundInnen wichtig zu wissen, wie das Institut mit seinen privaten KreditkundInnen umgeht.
Diese grobe Aufzählung zeigt die Vielzahl der Möglichkeiten einer Bank, mit dem Geld ihrer KundInnen zu wirtschaften. Sie zeigt auch, daß sich in jedem der beschriebenen Bereiche die Frage der Ethik stellt. Da eine Bank die Gelder ihrer KundInnen aber pauschal verwaltet und bestimmte Typen von Kundeneinlagen nur schwer mit einer bestimmten Verwendung durch die Bank verbunden werden können, müssen ethische Maßstäbe innerhalb einer Bank auch pauschal gelten.
Will ein/e KundIn sicher sein, daß mit seinem/ihrem Festgeld oder seiner/ihrer Spareinlage verantwortlich gewirtschaftet wird, dann müssen für alle Aktivgeschäfte der Bank, seien es Kredite, Wertpapieranlagen, Industriebeteiligungen oder Devisengeschäfte, ethische Kriterien aufgestellt und umge-

---

[10] Der neue Schuldenreport, Berlin 1995, 22.

setzt werden. Nur so ist es möglich, die Geldflüsse einer Bank sozial- und umweltverantwortlich umzuleiten.

Herkömmliche Banken oder Sparkassen lehnen allerdings diesen Gedanken einer umfassenden ethischen Verantwortung in ihren Geschäften strikt ab und weisen in der Regel alle Schuld von sich, wenn ihre unbekümmerte Praxis zu skandalösen Zuständen führt.

Einige Banken beginnen zwar zaghaft, in die Bonitätsprüfung von Firmenkreditkunden auch ökologische Kriterien mit einzubeziehen. Diese Kriterien beschränken sich allerdings in aller Regel auf die Frage nach Altlasten auf zu beleihende Grundstücke. Auch die von den bundesdeutschen Großbanken unterzeichnete Banken-Erklärung innerhalb des Umweltprogramms der Vereinten Nationen läßt ein deutliches Engagement vermissen. „Die Unterzeichner erwarten von ihren Kunden, daß sie die geltenden lokalen, nationalen und internationalen Umweltauflagen erfüllen", heißt es dort lapidar, womit die Ausnutzung der im Süden oft weicheren Umweltgesetzgebung sogar noch legitimiert wird. Eine Kontrolle dieser sowieso schon sehr schwachen Richtlinien findet nicht statt.

Bankgeschäfte, so heißt es meist von seiten deutscher Großbanken, wenn ihre Vertreter mit den oben dargestellten Zusammenhängen konfrontiert werden, haben nichts mit sozialer Verantwortung zu tun, und sie lehnen ethische Erwägungen in ihrem Geschäft oft rigoros ab. Das Beispiel der britischen Co-operative Bank zeigt jedoch, daß viele BankkundInnen mit dieser künstlichen Trennung von Geldgeschäft und Ethik nicht übereinstimmen und daß ethische Momente in der Geschäftspolitik einer Bank auch weit über das spezielle Kundensegment alternativer Banken hinaus nachgefragt werden.

4. Beispiel: Co-operative Bank

Die Co-operative Bank wurde 1872 im Zuge der britischen Genossenschaftsbewegung gegründet und entwickelte sich zusammen mit einer wachsenden Zahl von Ein- und Verkaufsgenossenschaften zu einer innovativen Bank mit 130 Filialen, 1,5 Mio. PrivatkundInnen und einer Bilanzsumme von rund 7 Milliarden DM. Institutionelle Kunden der Bank sind vor allem Kommunen und Wohltätigkeitsorganisationen.

1990/92 führte die Bank 18 Monate lang eine Reihe von Marktstudien zum Thema „Ethik und Bankgeschäfte" durch. Neben Gesprächen in kleinen Gruppen zufällig ausgewählter Co-operative-BankkundInnen und NichtkundInnen wurde ein Fragebogen an 30.000 KundInnen versandt, um ihre ethischen Präferenzen kennenzulernen. 84% der Befragten begrüßten danach die Idee der Co-operative Bank, eine Strategie der sozialen Verantwortung umzusetzen. Menschenrechte, Waffen, die Ausbeutung von Tieren, Umweltzerstörung, Pelzhandel und die Herstellung von Tabakerzeugnissen waren dabei die sechs am häufigsten genannten Ausschlußkriterien. Die Bank nahm alle diese Punkte in ihren Kriterienkatalog für die Kreditvergabe auf.

Die kooperativen Ethikleitsätze

Nach umfassender Beratung mit ihren KundInnen darüber, wohin ihr Geld investiert werden sollte und wohin nicht, vertritt die Bank folgende Position:

Sie wird nicht in Regierungen oder Organisationen investieren oder mit ihnen Bankgeschäfte tätigen, die den menschlichen Geist unterdrücken, die Menschenrechte mißachten oder Folterinstrumente herstellen.

Sie wird die Herstellung oder den Verkauf von Waffen in Länder mit Unterdrückungsregime nicht finanzieren oder ermöglichen.

Sie wird aktiv Geschäfte mit Organisationen tätigen und fördern, die das Konzept des „fairen Handels" fördern, d.h. eines Handels, der das Wohlergehen und die Interessen lokaler Gemeinschaften in aller Welt berücksichtigt.

Sie wird Geschäftskunden dazu ermutigen, eine aktive Umweltpolitik zu betreiben, und wird in Unternehmen und Organisationen investieren, die eine wiederholte Schädigung der Umwelt vermeiden.

Sie wird aktiv nach Personen, Unternehmen und nicht-kommerziellen Organisationen suchen, die eine vergleichbare ethische Einstellung haben.

Sie wird Lieferanten begrüßen, deren Aktivitäten mit ihren eigenen ethischen Leitsätzen übereinstimmen.

Sie wird weder mit ihrem eigenen Geld noch mit dem Geld ihrer KundInnen gegen das Pfund spekulieren. Sie glaubt, daß es unangemessen für eine britische Bank ist, mit Einlagen von britischen KundInnen und auf Kosten des britischen Steuerzahlers gegen die britische Währung und die britische Wirtschaft zu spekulieren.

Sie wird versuchen sicherzustellen, daß ihre Finanzdienstleistungen nicht für die Geldwäsche, für den Drogenhandel oder die Steuerhinterziehung benutzt werden, indem sie ihr Überwachungs- und Kontrollprogramm weiter anwendet und entwickelt.

Sie wird ihre Finanzdienstleistungen nicht den Herstellern von Tabakerzeugnissen zur Verfügung stellen.

Sie wird nicht in Unternehmen investieren, die sich an Tierversuchen für kosmetische Zwecke beteiligen.

Sie wird keine Person und kein Unternehmen unterstützen, das Massentierhaltung anwendet.

Sie wird keine Geschäfte mit Pelzfarmen oder anderen Organisationen eingehen, die in der Pelzproduktion tätig sind.

Sie wird keine Organisation unterstützen, die sich an blutigen Sportarten beteiligt, bei denen Tiere oder Vögel dazu eingesetzt werden, sich gegenseitig zu fangen, zu bekämpfen oder zu töten, wie zum Beispiel bei der Fuchsjagd oder der Hasenjagd.

Zusätzlich mag es Anlässe geben, zu denen die Bank Entscheidungen zu bestimmten, ethisch relevanten Angelegenheiten trifft, die nicht in diesen Leitsätzen enthalten sind.

„Als Bank bemühen wir uns, verantwortliches Mitglied unserer Gesellschaft zu sein, und dies muß auch Auswirkungen darauf haben, mit wem wir Geschäfte machen", erklärte der Geschäftsführer Terry Thomas anläßlich der Einführung der ethischen Richtlinien in die Geschäftspolitik im Mai 1992.

Mit dieser Ansicht steht die Co-operative Bank zwar unter ihren Kollegen in Großbritannien weitgehend allein. Zahlreiche KundInnen gaben der Co-operative Bank jedoch ihre Zustimmung und ihr Geld. Innerhalb von zwei Jahren verzeichnete die Bank einen Zuwachs an Kontoeröffnungen von knapp 20%. Darunter war eine Reihe neuer Konten von Wohltätigkeitsorganisationen, die ihre teilweise beträchtlichen Beträge lieber einer Bank anvertrauen wollten, bei der ihr Geld nicht gegen ihre gesellschaftspolitischen Ziele arbeitet.

In der Bundesrepublik hat sich bisher allerdings keine der großen Banken, auch nicht die mit der Co-operative Bank vergleichbaren Raiffeisenbanken oder Sparkassen, zu einem solchen Schritt durchgerungen. Für die Festgeld- und Spareinlagen sind deshalb nach wie vor nur die Ökobank und die GLS-Gemeinschaftsbank oder eine der anderen kleineren Banken mit einem speziellen Kundensegment die einzigen Alternativen.

Eine offensive Nachfrage nach ethischen Kriterien bzw. ein Umschichten der Gelder auf Institute, die diese bereits umsetzen, würde Banken dazu zwingen, ethische Kriterien bei ihrer Kreditvergabe zu berücksichtigen.

E. Festverzinsliche Wertpapiere

1. Was sind festverzinsliche Wertpapiere?

Neben Festgeld, Sparbuch und Sparbriefanlagen bieten Banken festverzinsliche Wertpapiere zum Kauf an, die auch Anleihen, Obligationen oder Rentenpapiere genannt werden. Hier legt der/die AnlegerIn in der Regel einen

Betrag ab 10.000 DM, bei einigen Instituten bereits ab 100 DM über eine Zeit von einem Jahr bis zu 30 Jahren an. Er/sie erhält dafür in der Regel jährliche Zinszahlungen und am Ende der Laufzeit sein/ihr gesamtes eingezahltes Kapital zurück. Ein Unterschied zu den zuvor beschriebenen Geldanlagen liegt zunächst darin, daß die Laufzeiten festverzinslicher Papiere wesentlich länger sind. Es gibt aber noch einen weiteren, wesentlichen Unterschied. Anders als Sparbriefe, Festgelder oder Sparbucheinlagen verbriefen Anleihen, soweit es sich um hauseigene Papiere handelt, keine Schuld gegenüber der Bank. Der Schuldner eines festverzinslichen Wertpapiers ist vielmehr der Emittent, d.h. ein Staat, ein Unternehmen oder eine Bank, die das Wertpapier herausgegeben haben und denen das Geld der AnlegerInnen zufließt. Die Bank ist hier abgesehen von hauseigenen Papieren lediglich als Vermittlerin zwischen dem große Mengen an Kapital benötigenden Emittenten und dem/der AnlegerIn tätig. Dazu teilt die Bank den mehrere Millionen oder Milliarden DM hohen Betrag des Schuldners in Stücke von 10.000 DM und verkauft diese gegen Gebühren an ihre KundInnen.
Anders als bei Festgeld, Sparbuch und Sparbrief hängt auch die Sicherheit eines Rentenpapiers daher nicht von der Bank, sondern von dem Emittenten des Papiers ab.
Die Rendite eines Rentenpapiers ist bedingt durch den Zinssatz, die Laufzeit des Papiers und die Sicherheit des Emittenten. Hier gilt in aller Regel: Je länger die Laufzeit eines Papiers, desto höher ist der Zinssatz, denn, so könnte man hinzufügen, desto länger verzichtet der/die AnlegerIn darauf, das eingezahlte Kapital jederzeit in voller Höhe mit Sicherheit zu seiner/ihrer Verfügung zu haben. Der Zinssatz eines Papiers ist zudem eng mit der Sicherheit des Emittenten verknüpft. Denn je verläßlicher der Emittent im Hinblick auf die pünktliche und vollständige Zahlung von Zinsen und Kapital eingestuft wird, desto niedriger liegt der Zinssatz, zu dem er eine Anleihe herausgeben kann. Unsichere Emittenten müssen also für das geliehene Geld mehr bezahlen. Hinweise auf die Sicherheit eines Emittenten geben die beiden US-amerikanischen Finanzratingagenturen Standard & Poors und Moodys, die Institutionen, Staaten und Unternehmen im Hinblick auf ihre Zahlungsfähigkeit einstufen und Noten vergeben, die von der Bestnote „AAA" über „AA", „A", „BBB" etc. bis zur schlechtesten bei Standard & Poors: „D", welche ein Hinweis auf drohende Zahlungsunfähigkeit ist, reichen.
Die Verfügbarkeit über Geld, das in Anleihen investiert ist, hängt primär von der Laufzeit der Anleihe ab, denn der Kauf einer Anleihe beinhaltet das vom Schuldner gegebene Versprechen, die geliehene Summe erst zu einem

bestimmten Zeitpunkt in voller Höhe zurückzuzahlen. Es gibt allerdings eine Möglichkeit, über Gelder, die in Anleihen investiert sind, vor Ende der Laufzeit zu verfügen. Rentenpapiere werden täglich am Rentenmarkt an der Börse gehandelt. Prinzipiell ist es also jederzeit möglich, eine Anleihe über die Börse zu veräußern, so sich dort ein/e KäuferIn findet, der/die an der Anleihe Interesse hat. Ein solches Interesse kann man allerdings bei Anleihen von Emittenten, die regelmäßig große Summen auf dem Kapitalmarkt aufnehmen, wie z.b. bei Staaten oder Eisenbahngesellschaften, voraussetzen.

Der vorzeitige Verkauf einer Anleihe hat allerdings Auswirkungen auf die Rendite. Falls nämlich der Zinssatz der Anleihe beim Kauf niedriger ist als das Zinsniveau beim Verkauf der Anleihe über die Börse, erhält der/die VerkäuferIn nicht 100% seines Kapitals zurück, sondern eine geringere Summe, um die vergleichsweise niedrigen Zinsen des Papiers zu kompensieren. Umgekehrt ist es, wenn das allgemeine Zinsniveau zwischen Kaufs- und Verkaufstag gesunken ist. Da der Emittent in den kommenden Jahren weiterhin den höheren Zinssatz auszahlen wird, erhält der/die VerkäuferIn mehr als 100% der Anlagesumme von dem/der KäuferIn. Dies bedeutet für die Verfügbarkeit von in Anleihen investiertem Geld, daß jede Verfügung vor dem offiziellen Rückzahlungstermin sowohl mit Gewinn als auch mit Verlust verbunden sein kann.

Ein weiterer Faktor, der den Verkauf der Anleihe noch während der Laufzeit beeinflußt, ist die Bonität. Diese kann sich während der Laufzeit ändern, und das vergebene Rating kann sich damit verschlechtern. Sinkt aber die Bonität des Emittenten, so ist der/die KäuferIn an der Börse ebenfalls nicht mehr bereit, die volle Höhe des Kapitals zu zahlen, denn der Zinssatz des Papiers müßte unter den geänderten Voraussetzungen eigentlich höher sein, als er tatsächlich ist. Und da der einmal mit dem Emittenten vereinbarte Zinssatz nicht verändert werden kann, wird bei einem vorzeitigen Verkauf das Papier mit einem Abschlag gekauft. Umgekehrtes gilt bei einer Verbesserung der Bonität.

Es soll nun noch kurz auf drei Sonderformen der klassischen Anleihe, so wie sie hier beschrieben wurde, eingegangen werden.

Optionsanleihen: Optionsanleihen werden nur von börsennotierten Aktiengesellschaften herausgegeben. Ihr Kauf beinhaltet das Recht, von einem bestimmten Zeitpunkt an, während der Laufzeit der Anleihe, ab einer bestimmten Summe Aktien des Unternehmens zu einem bestimmten, zuvor festgelegten Preis zu beziehen. Anders als bei der Wandelanleihe bleiben danach die Optionsanleihe mit ihren Zinszahlungen und die Rückzahlung des Kapitals am Ende der Laufzeit bestehen. Steigt der Wert der Aktien über den festgesetzten Preis, dann hat der/die AnlegerIn die Möglichkeit, durch den Kauf der Aktien und den sofort anschließenden Verkauf zum aktuellen, höheren Preis einen Gewinn zu erzielen. Sollte der Kurs der Aktie fallen, dann hat er/sie nach wie vor die Sicherheit, daß das Unternehmen die vereinbarten Zinsen und zum Ende der Laufzeit das volle Kapital zurückzahlt. Optionsanleihen haben allerdings einen wesentlich geringeren Zinssatz, als ihn eine herkömmliche Anleihe bei gleichem Rating und gleicher Laufzeit hätte.

Wandelanleihen: Für die Wandelanleihe gilt weitgehend das gleiche wie für die Optionsanleihe, nur daß hier nicht ein Recht auf den Kauf von Aktien, sondern das Recht auf den Umtausch der Anleihe in Aktien des Unternehmens verbrieft ist. Entschließt sich ein/e AnleihebesitzerIn zum Umtausch in Aktien, dann erlischt damit das Anrecht auf Zinszahlungen und Rückzahlung des Kapitals auf die Anleihe. Der/die BesitzerIn ist dann nicht mehr GläubigerIn der Gesellschaft, sondern AktionärIn.

Beide Anlageformen verbinden den Vorteil der Sicherheit eines Rentenpapiers mit dem Vorteil der Chance auf hohe Kursgewinne von Aktien.

Anleihen mit variabler Verzinsung, auch „Floating Rate Notes" genannt. Bei dieser Variante der festverzinslichen Papiere paßt sich der Zinssatz jedes Vierteljahr an den Geldmarktsatz an. Dies bedeutet, daß der/die AnlegerIn, will er/sie das Papier vor Ende der Laufzeit veräußern, auch an der Börse sein/ihr volles Kapital zurückerhält, denn der/die KäuferIn wird immer ein Papier mit dem aktuellen Zinssatz erwerben. Diese Form der Geldanlage empfiehlt sich besonders für Gelder, die kurzfristig wieder zur Verfügung stehen sollen.

2. Was geschieht mit Anlegergeldern, die in festverzinslichen Papieren investiert sind?

Oben wurde bereits dargestellt, daß die Gelder aus dem Verkauf von festverzinslichen Wertpapieren nicht der Bank, bei der der/die AnlegerIn sie erwirbt, zur Verfügung stehen, sondern dem Emittenten des Papiers. Um die sozialen und ökologischen Folgen einer solchen Anlage einschätzen zu können, müssen also die Aktivitäten der Emittenten betrachtet werden.

Grundsätzlich bedeutet dies, daß bei Anleihen die Verwendung der Gelder transparenter ist als beim Festgeld oder bei Spareinlagen und sie sich von daher auch aus Gründen der sozialen Verantwortung als eine Alternative zum Festgeld anbieten.

Die Emittenten von Rentenpapieren sind sehr unterschiedlich, lassen sich aber grob in vier Gruppen einteilen. Zum einen nutzen Staaten, Bundesstaaten und Kommunen das Instrument der Anleihe, um ihre Ausgaben zu bestreiten, und zum zweiten bedienen sich Institutionen wie die Weltbank oder der Europarat, aber auch staatlich betriebene Eisenbahnen dieses Instrumentes zur Finanzierung ihrer Projekte. Für die Rückzahlung des Kapitals und der Zinsen bürgt in diesem letzten Fall ein Staat oder eine Staatengemeinschaft. In sehr geringem Maße geben auch Unternehmen Rentenpapiere heraus, um so die für größere Investitionen notwendige Menge an Kapital zur Verfügung zu haben. Die weitaus größten Emittenten von festverzinslichen Wertpapieren sind aber Banken. Ihre Wertpapiere werden jedoch zu 2/5 von anderen Banken erworben. Mit den verbleibenden 3/5 finanzieren sie vor allem anstehende Kreditvorhaben. In besonders hohem Maße tun dies Hypothekenbanken. Diese haben sich auf die Finanzierung von Immobilien spezialisiert und verleihen gegen die Eintragung ihres Namens im Grundbuch des entsprechenden Objekts Geld an KäuferInnen von Gebäuden und Grundstücken. Dies bedeutet, daß sie Inhaber einer großen Zahl von durch Grund und Boden besicherten Schuldtiteln sind. Diese Schuldtitel dienen, wenn die Hypothekenbank ihrerseits Geld am Kapitalmarkt aufnimmt, als Sicherheiten. Die mit Grundschuldtiteln besicherten festverzinslichen Wertpapiere werden Pfandbriefe genannt. Sie gelten als sehr sicher und sind besonders bei Lebensversicherern beliebt.

Es soll nun an Hand von Beispielen von Staatsanleihen sowie von festverzinslichen Papieren öffentlicher Institutionen gezeigt werden, welche ethischen Implikationen diese Investitionen haben können.

a) Staatsanleihen

Das Gros des in festverzinslichen Papieren angelegten privaten Kapitals, besonders das von KleinanlegerInnen, fließt in die Papiere des Bundes und der Länder, da diese als besonders sicher gelten. Wie bei anderen Emittenten auch, werden die aus öffentlichen Anleihen dem Staat zufließenden Gelder nicht zweckgebunden ausgegeben, sondern gemäß dem Haushaltsplan auf die Ressorts verteilt. Für eine Einschätzung dieser Geldanlage muß deshalb der gesamte Haushalt des Bundes bzw. des entsprechenden Landes berücksichtigt werden. Die Nettokreditaufnahme des Bundes betrug 1996 17,2% der gesamten Ausgaben. Im Bundeshaushalt wird rund ein Drittel der Gelder für die Sozialversicherungen, Kindergeld, Erziehungsgeld etc. veranschlagt. Weitere wesentliche Posten sind die Finanzierung der deutschen Einheit, des Straßen- und Schienenverkehrs sowie die Militärausgaben, wobei letztere 1996 immerhin 10,7% des Haushalts betrugen. 7,5% der Haushaltsmittel wurden für die Wirtschaftsförderung ausgegeben, darunter insgesamt 1.211,8 Mio. DM für die Steinkohleförderung.

Der Bundeshaushalt 1996 (Gesamtübersicht)
(Quelle: Bundesministerium für Finanzen)

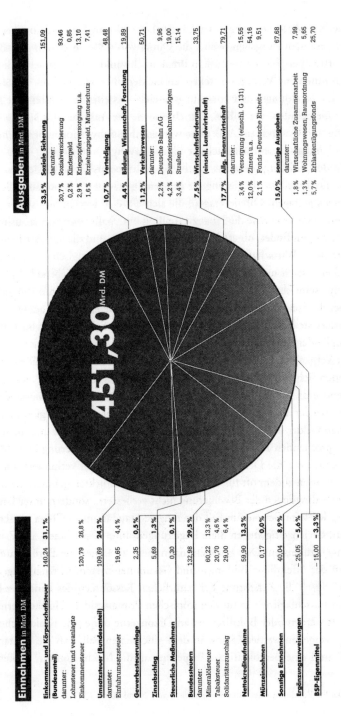

Einnahmen in Mrd. DM

Einkommen- und Körperschaftsteuer	140,24	**31,1 %**
(Bundesanteil)		
darunter:		
Lohnsteuer und veranlagte		
Einkommensteuer	120,79	26,8 %
Umsatzsteuer (Bundesanteil)	109,69	**24,3 %**
darunter:		
Einfuhrumsatzsteuer	19,65	4,4 %
Gewerbesteuerumlage	2,35	**0,5 %**
Zinsabschlag	5,69	**1,3 %**
Steuerliche Maßnahmen	0,30	**0,1 %**
Bundessteuern	132,98	**29,5 %**
darunter:		
Mineralölsteuer	60,22	13,3 %
Tabaksteuer	20,70	4,6 %
Solidaritätszuschlag	29,00	6,4 %
Nettokreditaufnahme	59,90	**13,3 %**
Münzeinnahmen	0,17	**0,0 %**
Sonstige Einnahmen	40,04	**8,9 %**
Ergänzungszuweisungen	−25,05	**−5,6 %**
BSP-Eigenmittel	−15,00	**−3,3 %**

Ausgaben in Mrd. DM

33,5 %	**Soziale Sicherung**	151,09
	darunter:	
20,7 %	Sozialversicherung	93,46
0,2 %	Kindergeld	0,85
2,9 %	Kriegsopferversorgung u.a.	13,10
1,6 %	Erziehungsgeld, Mutterschutz	7,41
10,7 %	**Verteidigung**	48,48
4,4 %	**Bildung, Wissenschaft, Forschung**	19,89
11,2 %	**Verkehrswesen**	50,71
	darunter:	
2,2 %	Deutsche Bahn AG	9,96
4,2 %	Bundeseisenbahnvermögen	19,00
3,4 %	Straßen	15,14
7,5 %	**Wirtschaftsförderung**	33,75
	(einschl. Landwirtschaft)	
17,7 %	**Allg. Finanzwirtschaft**	79,71
	darunter:	
3,4 %	Versorgung (einschl. G 131)	15,55
12,0 %	Zinsen u.a.	54,16
2,1 %	Fonds »Deutsche Einheit«	9,51
15,0 %	**sonstige Ausgaben**	67,68
	darunter:	
1,8 %	Wirtschaftliche Zusammenarbeit	7,99
1,3 %	Wohnungswesen, Raumordnung	5,65
5,7 %	Erblastentilgungsfonds	25,70

Abweichungen in den Summen
durch Runden der Zahlen

Die Nettokreditaufnahme der Länder lag 1996 im Durchschnitt bei 8,2% der gesamten Ausgaben, wobei die Quote von 4,9% in Bayern und Baden-Württemberg bis hin zu 23% in Bremen schwankt.[11] Die Länder decken mit den ihnen zur Verfügung stehenden Geldern überwiegend die im öffentlichen Ausbildungs- und Forschungsbereich entstehenden Kosten, die Arbeit der Gemeinden, die Polizei, Gerichte sowie die Ausgaben für soziale Sicherung und Gesundheit. Außerdem werden über Subventionen bestimmte, für das Land als wesentlich erachtete Industriezweige unterstützt.

Mit den Anlegergeldern aus staatlichen Anleiheemissionen werden damit die von der jeweiligen Regierung für notwendig erachteten Kosten des Gemeinwesens getragen. Offene Fragen, die sich ein/e AnlegerIn hier stellen kann, sind, inwieweit er/sie die Finanzverteilung innerhalb eines Staatshaushalts als gerecht empfindet, ob er/sie die Militärausgaben und die von der Regierung betriebene Wirtschaftsförderung als ökologisch, ökonomisch und sozial sinnvoll einschätzt und inwieweit die von der Regierung betriebene Politik überhaupt seine/ihre Zustimmung in dem Maße findet, daß ein/e BürgerIn ihr über die Steuerzahlungen hinaus sein/ihr Geld anvertrauen möchte.

Anders stellt sich die Situation beim Kauf von Schuldtiteln von Entwicklungländern dar. Diktaturen wie China, Nigeria und Indonesien legten in der Vergangenheit öffentliche Anleihen in Milliardenhöhe auf. Diese Papiere finden sich heute u.a. in zahlreichen „Emerging Market Fonds", also Investmentfonds, die ihren Schwerpunkt auf Papieren aus Entwicklungsländern legen, wieder. Die aus diesen Anleihen an die entsprechende Regierung geflossenen Gelder unterliegen keinerlei demokratischer Kontrolle und dienen den entsprechenden Regierungen unter anderem zur Finanzierung ihres Militärapparats, der die Demokratisierung des Landes brutal verhindert. Die Gelder werden zudem oft für den Bau von Prestigeobjekten genutzt, die die Lebensbedingungen der Bevölkerung nicht verbessern, sondern unter Umständen, wie zum Beispiel im Fall des Yangtze-Staudamms in China, verschlechtern. Gleichzeitig stehen diese Regierungen unter dem Zwang, die Zinszahlungen zu leisten. Dies geschieht dann meist zu Lasten der Bevölkerung, indem das öffentliche Bildungs- und Gesundheitssystem vernachlässigt wird, und durch die Zerstörung der natürlichen Ressourcen des Landes, z.B. indem Einschlaglizenzen für den tropischen Primärwald an Holzkonzerne verkauft werden oder Bohrlizenzen an Ölkonzerne ohne jede ökologische Auflage vergeben werden. Selbst in dem glücklichen Fall, daß die Diktatur zu Fall und eine demokratische Regierung an die Macht kommt, wirken sich

---

[11] Quelle: Bundesministerium der Finanzen, Bonn, Stand 20. 6. 1997.

diese über öffentliche Anleihen aufgenommenen Schulden extrem entwicklungshemmend aus, denn die neue Regierung muß weiterhin die von dem ehemaligen Diktator aufgenommenen Schulden an die meist aus dem Norden stammenden AnlegerInnen zurückzahlen. Stoppt das Land diese Zahlungen aus diesen Anleihen, so hat es auf Jahre hinaus keine Chance, sich über diesen Weg zu erschwinglichen Konditionen Finanzierungsmittel zu beschaffen. Die Finanzratingagenturen Standard & Poors und Moodys werden das Rating eines solchen Landes über Jahre hinweg herabsetzen, und die reichen, auf Sicherheit bedachten AnlegerInnen des Nordens werden keine Anleihen dieses Landes erwerben, es sei denn, es bezahlt hohe Zinsen.

Neben den Diktaturen sind es vor allem diejenigen der hochverschuldeten Länder, die gleichzeitig zu den ärmsten Ländern der Welt zählen, deren Schuldendienst aus Verpflichtungen gegenüber Banken, Regierungen, der Weltbank und eben auch privaten AnleihebesitzerInnen sich entwicklungshemmend auswirkt. Aus diesen Ländern fließen hohe Zins- und Tilgungszahlungen an den Norden. Im Jahr 1995 zahlten die Entwicklungsländer insgesamt 225 Mrd. US-Dollar an Zins und Tilgung an die Gläubigerländer. Das Land Uganda beispielsweise, das jetzt nach langen Jahren der Diktatur den Weg zu einer friedlichen Entwicklung aufgenommen hat, zahlte allein im Jahr 1995 pro Kopf der Bevölkerung 17 US-Dollar an die Gläubiger im Norden, während nur 3 US-Dollar pro Kopf für das öffentliche Gesundheitswesen ausgegeben werden konnten, so daß die Kindersterblichkeit bei mehr als 20% liegt.

Auch hier gilt, daß diese Regierungen sich gezwungen sehen, besonders jene Titel, die sich in privaten Händen befinden, zu bedienen, um sich diese Finanzierungsquelle für spätere Jahre zu erhalten.

b) Öffentliche Institutionen

Es gibt zahlreiche nationale und internationale Institutionen, die über Anleihen Gelder für ihre Aufgaben akquirieren. Innerhalb eines Staates stellen diese Organisationen für sozial- und wirtschaftspolitische Ziele Geld zu vergleichsweise günstigen Bedingungen zur Verfügung. Diese günstigen Bedingungen können die Organisationen deshalb gewähren, weil sie mit einer staatlichen Bürgschaft im Rücken Geld auf den Kapitalmärkten aufnehmen. Die hohe Bonität des bürgenden Staats sorgt für günstige Konditionen, die dann bei der Vergabe der Förderkredite weitergegeben werden. So können z.B. Sozialbauwohnungen, Kläranlagen und Existenzgründungsprogramme günstig finanziert werden. In Deutschland sind solche Organisationen die Kreditanstalt für Wiederaufbau (KfW) und die Deutsche Ausgleichsbank. In

Österreich ist nach diesem Muster der „Umweltfonds der Republik" ins Leben gerufen worden, der Kredite für Umweltschutzvorhaben vergibt. Das Instrument der staatlichen Bürgschaft wird in Ländern, die ihre Eisenbahngesellschaft unter staatlicher Regie führen, auch für die Finanzierung der Bahn angewandt, und dort gibt es entsprechende Bahnanleihen.

Auf europäischer Ebene vergeben der Europarat und die Europäische Gemeinschaft Anleihen. Aber auch die weltweit operierenden Institutionen wie die Weltbank bedienen sich regelmäßig des Instruments der Wertpapieremission, um ihre Aufgaben zu finanzieren. In diesen Fällen steht dann nicht ein einzelner Staat, sondern eine Staatengemeinschaft als Bürge im Hintergrund.

Für alle diese Papiere gilt wie für Staatsanleihen, daß sie selten im Hinblick auf ein einziges Projekt aufgelegt werden, sondern daß mit dem Geld allgemein die laufende Arbeit und die Projekte unterhalten werden. Die meisten dieser Institutionen haben allerdings einen gemeinschafts- oder ökologiebezogenen Zweck in ihren Statuten festgeschrieben. Prinzipiell finden sich deshalb in ihrem Umfeld am ehesten Papiere, die den Ansprüchen sozial und ökologisch orientierter InvestorInnen gerecht werden. Aber auch hier muß geprüft werden. So werden z.B. über die Kreditanstalt für Wiederaufbau auch fragwürdige Projekte wie der Yangtze-Staudamm mitfinanziert. Eine Einschätzung der Aktivitäten anhand von Rechenschafts- und Presseberichten ist unumgänglich.

(1) Beispiel: Der soziale Entwicklungsfonds des Europarats
Während sich die europäische Gemeinschaft (EU) auf die ökonomische Integration Europas konzentriert, hat der 1949 gegründete Europarat die Aufgabe der politischen, sozialen, rechtlichen und kulturellen Zusammenarbeit innerhalb Europas. 1956 gründete der Europarat den „Europäischen Flüchtlingsfonds", der nach dem Zweiten Weltkrieg zunächst die Aufgabe hatte, finanzielle Mittel für die Reintegration der Kriegsflüchtlinge bereitzustellen. Schon in den sechziger Jahren beteiligte sich der Fonds auch an der Finanzierung anderer sozialer Projekte, ein Trend, der sich in den siebziger und achtziger Jahren verstärkte und schließlich 1993 zur Umbenennung des Fonds in „Sozialer Entwicklungsfonds des Europarats" führte. Diesem Fonds gehören 26 europäische Mitgliedsländer an, u.a. auch Norwegen und die Schweiz. Nach der Öffnung des Ostblocks sind heute mit Bulgarien, Slowenien, Litauen, Rumänien und Kroatien bereits fünf osteuropäische Staaten Mitglied.

Die Finanzierung von provisorischen und dauerhaften Unterkünften für Menschen, die aufgrund politischer Umstände oder infolge von Naturkatastrophen oder ökologischen Katastrophen ihre Heimat verlassen mußten, gehört nach wie vor zu den Aufgaben des Fonds. So wurde z.B. ein zinsloses Förderdarlehen an Slowenien vergeben, das für die Aufnahme der Flüchtlinge aus dem benachbarten Jugoslawien verwendet wurde. Weitere Aufgaben sind die Finanzierung von Projekten zur Schaffung von Arbeitsplätzen, der soziale Wohnungsbau, der Ausbau des Erziehungs- und Gesundheitssystems, die Finanzierung von Strukturen zur Verringerung der Umweltbelastung wie z.B. der Bau von Kläranlagen sowie die Schaffung einer Infrastruktur für die Versorgung mit Trinkwasser, Elektrizität, Gas und Straßen.

Der Fonds gibt regelmäßig Anleihen heraus und gibt das aufgenommene Geld gegen eine geringe Gebühr an die Projektträger weiter. Die Anleihen sind dabei relativ niedrig verzinst, da meist die Mitgliedsstaaten für die Rückzahlung bürgen und somit eine hohe Sicherheit gegeben ist. Der Fonds gibt diese günstigen Konditionen an die entsprechenden Projektträger weiter. Die Gebühr war zunächst nur für die Deckung der administrativen Kosten gedacht. Es zeigte sich jedoch, daß der Fonds einen Überschuß erzielte, der seit 1970 für die Ausgabe von Sozialdarlehen zu 1% Zinsen verwendet wird. Ein 1993 installierter Sonderfonds vergibt in Notfällen sogar zinslose Kredite. Der größte Teil der Gelder geht an Projekte in südeuropäischen Mitgliedsländern. Hier sind an erster Stelle die Türkei, Italien und Griechenland zu nennen. Finanziert werden hier Krankenhäuser in ländlichen Gebieten, Sozialbauwohnungen und Bewässerungssysteme für die Landwirtschaft. Zunehmend werden zur Schaffung von Arbeitsplätzen auch Kredite an kleine und mittlere Unternehmen vergeben. Die Mittelverwendung und die Projektentwicklung wird regelmäßig überprüft. Der Projektträger ist für alle Abweichungen von der ursprünglichen Planung rechenschaftspflichtig.

Etwas problematisch ist allerdings, daß der Europarat und damit indirekt auch der Fonds zwar einerseits ein Bekenntnis zu demokratischen Prinzipien und zur Achtung der Menschenrechte zur Aufnahmebedingung macht, daß auf der anderen Seite aber in den letzten Jahren gerade an die Türkei die höchsten Summen für den Ausbau der ländlichen Infrastruktur und des Erziehungs- und Gesundheitssystems vergeben wurden. Entsprechenden Berichten von Amnesty International ist zu entnehmen, daß Strafgefangene in der Türkei routinemäßig gefoltert werden. Außerdem wird die kurdische Minderheit wiederholt brutalen Verfolgungen ausgesetzt. Nach Auskunft des Fonds ist ihm ein grundsätzlicher Ausschluß eines Mitgliedsstaates von der Kreditvergabe allerdings gar nicht möglich. Er kann laut Statut nur jeden einzelnen Projektvorschlag auf seine Vereinbarkeit mit den Konventionen des Europarats hin überprüfen und daraufhin über die Kreditvergabe entscheiden.

c) Unternehmen

Die Auflage eines Rentenpapiers wird von Unternehmen seltener als ein Instrument der Finanzierung anstehender Investitionen verwendet, da es teurer als andere Finanzierungsmöglichkeiten wie z.B. eine Aktienemission ist. Es sind eher große und sehr große, international operierende Unternehmen, die regelmäßig zu diesem Mittel greifen, weil sich aus ihrer Geschäftstätigkeit wiederholt ein großer Finanzbedarf ergibt. Dazu gehören z.B. Erdölgesellschaften, die für die Erschließung neuer Ölfelder sehr große Summen benötigen, Automobilunternehmen und Kraftwerksbauer. Angesichts dieses Angebots ist es im Bereich der Industrieanleihen schwer, Werte zu finden, die von Unternehmen aus zukunftsweisenden Branchen stammen. Hier ist nur zu wünschen, daß jene heute noch kleinen Unternehmen, die im Bereich der regenerativen Energiequellen tätig sind, in Zukunft in eine Größe hineinwachsen, die es ermöglicht, hohe Summen auf den Kapitalmärkten aufzunehmen.

d) Pfandbriefe

Pfandbriefe werden von Hypothekenbanken herausgegeben. Es sind festverzinsliche Wertpapiere, die zu 100% durch Grundpfandrechte besichert sind. Ihnen liegt also eine Hypothekenschuld zugrunde, die im Falle der Zahlungsunfähigkeit des Schuldners die volle Rückzahlung des Kapitals garantiert.

Die ethische Bewertung dieser Form der Geldanlage hängt davon ab, welche Immobilien das Institut vornehmlich beleiht. Grundsätzlich können über Hypotheken alle erdenklichen Immobilien, von der für den ökologischen Landbau genutzten Agrarfläche bis zu einem Militärflughafen im Irak, beliehen werden. Da Hypothekenbanken die Pfandbriefe selbstverständlich nicht speziellen Objekten zuordnen, muß hier erst das Kundensegment, auf das sich eine Hypothekenbank spezialisiert hat, identifiziert werden, ehe eine Aussage über die ethische Qualität der ausgegebenen Pfandbriefe gemacht werden kann. Es gibt Hypothekenbanken, die vor allem im Bereich der privaten Immobilien tätig sind und durch die Vergabe von Krediten vor allem den Kauf von Wohneigentum finanzieren. Andere arbeiten vermehrt im gewerblichen Bereich und vergeben im großen Umfang Hypothekenkredite für Industriebauten und Bürogebäude im In- und Ausland. Hier können auch militärisch relevante Gebäude dazugehören. *Bei Rentenpapieren kann der/die*

AnlegerIn zwischen Panzern und Krankenhäusern entscheiden – ohne daß die Rendite geschmälert wird.
Die Mittelverwendung der aus einer Rentenemission stammenden Gelder reicht also von der Finanzierung des Unterdrückungsapparats eines Diktators bis zur Finanzierung von Krankenhäusern und Klärwerken. Angesichts dieser im Hinblick auf das Wohlergehen von Mensch und Umwelt entscheidenden Unterschiede ist es verwunderlich, daß heute sowohl von seiten privater als auch von seiten institutioneller AnlegerInnen wie etwa Kirchen, Umweltorganisationen und Pensionskassen kaum nach sinnvollen Anlagemöglichkeiten gesucht wird. Dies steht im krassen Gegensatz zum sonst zu beobachtenden Trend hin zu einem Verbraucherverhalten, bei dem sich Kaufentscheidungen zunehmend an den ökologischen und sozialen Auswirkungen bei der Herstellung und beim Handel der eingekauften Produkte orientieren. Die Überprüfung der „Ethik" eines Rentenpapiers ist dabei anders als bei der Festgeldanlage gut möglich, da jeder Emittent bei Herausgabe der Anleihe einen Emissionsprospekt veröffentlichen muß, in dem er sich vorstellt, und außerdem zumeist in jährlich erscheinenden Geschäftsberichten oder Haushaltsberichten über seine Aktivitäten informiert.
Die gleichgültige Haltung der AnlegerInnen ist besonders im Bereich von Anleihen um so unverständlicher, als die Wahl etwa einer Europaratanleihe keinerlei finanzielle Einbußen mit sich bringt. Alle hier erwähnten Anleihen unterliegen gleichermaßen den harten Gesetzen des internationalen Kapitalmarkts. Das bedeutet, daß sie bei gleicher Sicherheit, Laufzeit und Währung auch die gleiche Rendite erzielen. Nur eine Veränderung eines der Parameter: Sicherheit, Laufzeit oder Währung, nicht aber, ob Krankenhäuser oder Panzer damit finanziert werden, beeinflußt die Rendite dieser Anleihen.
Es gilt, beim Kauf einer Anleihe als ethischer Geldanlage allerdings eines zu bedenken: Mit diesem Kauf ist keinerlei Einflußnahme auf die Politik der Institution, des Staates oder des Unternehmens verbunden. Der Anspruch des/der BesitzerIn ist auf den Erhalt von Zinsen und Tilgung beschränkt. Dies ist bei Aktien anders.

F. Aktien

1. Was sind Aktien?

Während der/die BesitzerIn einer Anleihe einem Unternehmen sein Kapital leiht, stellt der/die AktionärIn sein/ihr Geld dem Unternehmen zur Verfügung, um von den Gewinnen zu profitieren. Im Gegensatz zu einer Anleihe verbrieft eine Aktie also keine Schuld, sondern die Teilhabe an einem Unternehmen. Dies hat Auswirkungen auf alle drei Faktoren: die Sicherheit, die Rendite und die Verfügbarkeit. Die Sicherheit einer Aktienanlage ist aus zwei Gründen prinzipiell geringer als die Anlage in ein festverzinsliches Papier. Zum einen werden, wie wir bei den Ratings von Anleihen gesehen haben, Unternehmen, bei denen die Möglichkeit eines Konkurses immer gegeben ist, in aller Regel als unsicherer eingestuft als Industriestaaten, die ihre Zahlungsfähigkeit, so wird angenommen, immer über die Steuereinnahmen erhalten können. Zum anderen werden im Falle eines Konkurses die Besitzer von Anleihen eines Unternehmens, die ja eine Schuld verbriefen, vorrangig vor den Aktionären behandelt. Aktionäre haben sich mit dem Kauf der Aktie an einem unternehmerischen Risiko beteiligt und rangieren deshalb bei den Zahlungen aus der Konkursmasse hinter den Ansprüchen der Mitarbeiter und der Gläubiger und gehen daher meist leer aus.

Die Rendite aus Aktien setzt sich aus zwei Faktoren zusammen. Zum einen erhält der/die AktionärIn eine Dividende, also einen jährlich aus dem Unternehmensgewinn ausgeschütteten Gewinnanteil auf seinen Aktienbesitz. Zum zweiten profitiert er/sie beim Verkauf des Papiers am bei positiven Gewinnaussichten steigenden Aktienkurs. Beides hängt vom Gewinn des Unternehmens ab und ist damit nicht in dem Maße voraussehbar wie die Rendite einer Anleihe. Ist der Jahresgewinn gering oder gibt es sogar einen Verlust, kann die Dividende herabgesetzt werden oder auch einmal ganz ausfallen. Möglich ist auch, daß der Kurs sinkt, weil das Unternehmen in wirtschaftlichen Schwierigkeiten steckt oder weil ein Großteil der AktionärInnen erkennt, daß die erwarteten Gewinne sich nicht in die Realität umsetzen lassen und der Aktienkurs gemessen an den tatsächlichen Gewinnsteigerungen zu hoch ist.

Welchen Anteil die Dividende und welchen die Kurssteigerung an der Rendite eines Aktienengagements ausmacht, ist dabei von Unternehmen zu Unternehmen verschieden. Tendentiell macht die Dividende bei Großunternehmen einen höheren Anteil an der Rendite der AktionärInnen aus als dies bei kleineren und mittleren Unternehmen der Fall ist. Denn bei Großunternehmen ist die Wahrscheinlichkeit, daß der Gewinn sich innerhalb eines Jahres vervielfacht und der Kurs dementsprechend steigt, gering. Bei jungen, innovativen Unternehmen ist eine Vervielfachung der Gewinne eher möglich. Diese Unternehmen benötigen allerdings den erwirtschafteten Gewinn dringend für Investitionen, die eine Voraussetzung für weiteres Wachstum sind, und tendieren deshalb dazu, mit dem Hinweis auf zu erwartende Kurssteigerungen nur eine geringe Dividende auszuschütten. Junge Unternehmen

in den USA schütten sogar oft über Jahre hinaus überhaupt keine Dividende aus.
Allerdings liegt auch bei Großunternehmen mit hohen Dividendenzahlungen die jährlich ausgeschüttete Dividende unter der Umlaufrendite, also unter dem durchschnittlichen Gewinn, den man in dem gleichen Jahr mit einer Anleihe bekommen hätte. Dies, verbunden mit den zahlreichen Unsicherheiten der Aktienanlage, weist darauf hin, daß es vor allem die erwarteten Kurssteigerungen sind, die den Kauf einer Aktie gegenüber anderen Anlageformen attraktiv macht. Diese Kurssteigerungen können in der Tat eine Höhe erreichen, wie sie bei keiner der bisher beschriebenen Anlageformen zu erreichen ist. Kurssteigerungen von 100% innerhalb weniger Jahre sind auch bei größeren Aktiengesellschaften keine Seltenheit. So stieg die Bayer-Aktie von April 1993 bis Mai 1996 von 257,50 DM auf 511,50 DM, was annähernd einer Verdoppelung innerhalb von drei Jahren entspricht. Besonders spektakulär können diese Kurssteigerungen bei kleinen erfolgreich arbeitenden Pionierunternehmen sein. So stieg z.B. der Kurs der Aktie von Tomra Systems, einem Unternehmen, das Geräte zur Rücknahme von Pfandflaschen herstellt, von 100 US-Dollar Ende 1993 auf 1700 US-Dollar Mitte 1997, eine Versiebzehnfachung innerhalb von dreieinhalb Jahren. Solche Kurssteigerungen verlaufen allerdings nie geradlinig. Phasen starker Steigerungen wechseln sich mit Kursstürzen, einem allmählichen Absinken oder Ansteigen des Kurses ab. Ziel des/der AktionärIn ist es deshalb immer, zu einem möglichst niedrigen Kurs zu kaufen und dann zu verkaufen, wenn abzusehen ist, daß der Kurs nicht weiter steigen wird.
Trotz der vielen Risiken, die mit einem Aktienkauf verbunden sind, weisen Langzeitübersichten für Aktien eine Rendite von durchschnittlich 10% aus. Diese Übersichten gehen allerdings in der Regel über mehrere Jahrzehnte und enthalten den Aufschwung der Industrienationen nach dem Zweiten Weltkrieg.
Die Verfügbarkeit von Geld, das in Aktien investiert ist, steht in engem Zusammenhang mit der Rendite. Prinzipiell können Aktien, die täglich an der Börse gehandelt werden, auch täglich verkauft werden. Probleme gibt es nur bei Werten, die wenig gehandelt werden, weil z.B. 80–90% des Kapitals in Familienbesitz sind oder weil die Aktiengesellschaft sehr klein ist und es überhaupt nur wenige Aktien gibt. Hier kann sich der Kauf oder der Verkauf eines Papiers durchaus ein paar Tage oder Wochen hinziehen.
Abgesehen von diesen Ausnahmen, ist die Verfügbarkeit von Geldern, die in Aktien investiert sind, theoretisch sehr hoch, denn die Papiere können börsentäglich veräußert werden. In der Praxis ist es aber so, daß vor einem Ver-

kauf eine ganze Reihe von Faktoren bedacht werden muß, da mit dem Zeitpunkt des Verkaufs auch die Rendite entschieden wird. Welche Kursentwicklung läßt der vorausgegangene Kursverlauf erwarten? Welche Gewinnaussichten hat das Unternehmen? Sind die Prognosen realistisch? Oder falls die Aktie seit dem Kauf gefallen ist, muß überlegt werden, welche Chancen bestehen, daß sich der Kurs wieder erholt. Persönliche Gründe für den Verkauf von Aktien sind bei der Verfolgung einer erfolgreichen Anlagestrategie sehr hinderlich. Wenn z.B. eine Autoreparatur ansteht und deshalb Aktien verkauft werden müssen, kann es sein, daß man sich gerade am Beginn einer länger andauernden Aufwärtsphase von den Papieren trennen muß. Schlimmer ist es noch, wenn man mit Verlust verkaufen muß. Um den richtigen Zeitpunkt für den Verkauf einer Aktie zu finden, bedarf es Geduld. Es können durchaus Wochen, Monate oder gar Jahre vergehen, ehe ein Verkauf angeraten scheint.

Dies zeigt, daß in der Praxis trotz täglicher Verfügbarkeit ein Aktienengagement alles andere als ein Tagesgeld ist. In der Regel werden fünf bis zehn Jahre oder mehr Wartezeit benötigt, wenn man eine hohe Rendite erreichen möchte. Wichtiger noch als dieser Zeitrahmen ist jedoch, daß das in Aktien investierte Geld kein Notgroschen ist, sondern Geld, auf das man auch bei unvorhergesehenen Zwischenfällen verzichten kann.

Dies macht deutlich, daß die am Kapitalmarkt geltende Regel, daß hohe Gewinne nur dann möglich sind, wenn ein entsprechend hohes Risiko eingegangen wird, eine gewisse soziale Ungerechtigkeit in sich birgt. Nur der/die AnlegerIn nämlich, der/die finanziell so gut gestellt ist, daß sie Risiken eingehen kann, ohne seine/ihre Existenz zu gefährden, kann in risikoreiche und potentiell hochrentierliche Anlagen investieren. KleinanlegerInnen werden sich hingegen für eine sicherere Geldanlage mit weniger hohen Gewinnchancen entscheiden müssen.

Wichtig ist zu wissen, daß nicht alle Aktiengesellschaften an der Börse gehandelt werden. Eine Reihe von Unternehmen, die in der Rechtsform der AG firmieren, ist nicht an einer Börse notiert. Dies kann unterschiedliche Gründe haben. Es kann sein, daß die Aktien in Familienbesitz sind und keinem breiteren Publikum zugänglich gemacht werden sollen. Es kann auch sein, daß es sich um ein junges Unternehmen handelt, das die hohen Kosten, die mit einem Gang an die Börse verbunden sind, scheut. In einigen Fällen werden diese Papiere dann über private Wertpapiermakler gehandelt.

Im Bereich ethischer Geldanlagen gibt es einige nicht-börsennotierte Aktiengesellschaften, wie z.B. die Rapunzel AG (siehe Portrait in Kapitel VI C), und es gibt Finanzdienstleister, die sich auf den Handel von nicht-börsennotierten „grünen" Aktien spezialisiert haben (siehe Anhang im Abschnitt „Finanzdienstleister"). Für nicht-börsennotierte Aktiengesellschaften gilt ansonsten das gleiche wie für börsennotierte Unternehmen.

2. Die Verantwortung der Aktionäre

Um eine Aktienanlage im Hinblick auf ihre Sozial-, Umwelt- und Entwicklungsverträglichkeit zu bewerten, müssen drei Aspekte berücksichtigt werden. Eine Rolle spielt hier einmal der Fluß der Gewinne von dem Unternehmen an die AktionärInnen, zum zweiten der Fluß des Geldes aus einem Aktienkauf und zum dritten das Mitspracherecht der AktionärInnen auf den Jahresversammlungen der Aktiengesellschaften.

Es liegt zunächst auf der Hand, daß die Gewinne, die durch ein Aktienengagement entstehen, direkt den Aktivitäten des entsprechenden Unternehmens zugeordnet werden können. Gehen die Geschäfte einer Aktiengesellschaft gut, so profitiert der/die AktionärIn direkt über die Ausschüttung hoher Dividenden und indirekt über Kurssteigerungen davon. Ein Unternehmen, das, wie z.B. Dole Food, Plantagen mit Südfrüchten in Mittelamerika bewirtschaftet und dort massiv Pestizide einsetzt, um eine möglichst hohe Ernte zu sichern, damit aber schwere gesundheitliche Schäden der Arbeiter und die Vergiftung der Böden und des Trinkwassers in Kauf nimmt, erwirtschaftet seine Gewinne, die letztlich die Gewinne der AktionärInnen sind, mit massiven sozialen und ökologischen Schädigungen. Auf der anderen Seite trägt z.B. das geothermische Energie erzeugende Unternehmen Magma Power dazu bei, daß ein gewisser, wenn auch geringer Prozentsatz des in Kalifornien verbrauchten Stroms aus einer emissionsarmen, regenerativen Energieform stammt. Hier ist der Kursgewinn also auf die erfolgreiche Produktion und Vermarktung von umweltfreundlichem Strom zurückzuführen. Die Gewinne der AktionärInnen stammen also direkt aus den mehr oder weniger zu begrüßenden wirtschaftlichen Aktivitäten eines Unternehmens.

Schwieriger wird es allerdings, wenn man umgekehrt die Frage stellt, inwieweit ein über die Börse getätigter Aktienkauf eine finanzielle Unterstützung des Unternehmens darstellt. Verfolgt man nämlich den Geldfluß infolge eines Aktienkaufs, so zeigt sich, daß der Preis für die Aktie an den/die VerkäuferIn des Papiers gezahlt wird und damit nicht an das Unternehmen selbst fließt. Bei den täglich an den Börsen der Welt getätigten Transaktionen geschieht meist nichts anderes, als daß Anteile an Unternehmen ihre/n BesitzerIn wechseln. Die Unternehmen selbst sind davon zunächst einmal nicht betroffen.

Der Verzicht auf den Kauf von Aktien von Unternehmen mit ethisch fragwürdigen Praktiken bedeutet also nicht, daß diesen direkt weniger Geld zur Verfügung steht, und der Kauf von Aktien sozial verantwortlicher Unternehmen bedeutet ebensowenig, daß diese nun direkt mehr Geld für ihre ethisch zu befürwortenden Investitionen haben. Es bedeutet nur die Teilhabe oder Nichtteilhabe des/der BesitzerIn am Unternehmenserfolg oder -mißerfolg.

Trotzdem ist das Management von Aktiengesellschaften daran interessiert, daß seine Aktie an der Börse als eine attraktive, gewinnträchtige Geldanlage gilt und der Kurs stabil bleibt. Die Aktienbörse dient dem Unternehmen nämlich tatsächlich zur Beschaffung von Kapital. In dieser Funktion ist die Börse allerdings nur dann direkt tätig, wenn ein junges Unternehmen sich entscheidet, das breite Publikum an der Entwicklung des Unternehmens zu beteiligen, indem es zum ersten Mal Aktien herausgibt (Neuemission), oder wenn eine bereits alteingesessene Aktiengesellschaft für die Finanzierung weiterer Investitionen neue, zusätzliche Aktien herausgibt (Kapitalerhöhung). Im Fall der Neuemission oder der Kapitalerhöhung fließen die Gelder aus dem Verkauf der neuen Aktien direkt dem Unternehmen zu. Erst wenn die Erstkäufer ihre Anteile weiterverkaufen, tritt der oben beschriebene Effekt ein. Es werden dann Aktien gehandelt, ohne daß dabei Geld an das Unternehmen selbst fließt.

Für das Unternehmen sind diese Einnahmen aus Aktienemissionen sehr wertvolles Kapital, da hier anders als bei der Kreditaufnahme oder der Anleiheemission keine Zinsen bezahlt werden müssen, sondern lediglich, so der Geschäftsverlauf es erlaubt, eine Gewinnbeteiligung in Form der Dividende. Selbst wenn solche Neuemissionen und Kapitalerhöhungen innerhalb der Menge der Börsentransaktionen nur einen geringen Teil ausmachen, so liegt aus der Sicht der Unternehmen der Sinn der Börse in eben dieser Möglichkeit der Kapitalbeschaffung. Um sich auch in Zukunft möglichst viel Kapital auf diese Weise beschaffen zu können, ist ein Unternehmen daran interessiert, für das Börsenpublikum attraktiv zu sein und zu bleiben, denn je höher der Kurs eines Unternehmens, desto höher kann der Preis für die neu ausgegebenen Aktien angesetzt werden und desto mehr Geld fließt dem Unternehmen zu. Die Möglichkeiten eines Unternehmens zu weiterem Wachstums sind demnach eng mit dem Kursverlauf der Aktie verbunden.

Ein weiterer Grund für das Interesse der Leitung eines Unternehmens an einer positiven Kursentwicklung ergibt sich aus der Beziehung zwischen AktionärInnen und Management. Genau genommen sind die AktionärInnen die BesitzerInnen eines Unternehmens, und das Management hat lediglich die Aufgabe, diesen Besitz im Interesse der EigentümerInnen zu verwalten.

Das Management ist den AktionärInnen rechenschaftspflichtig, wenn es Geschäfte tätigt, die das Unternehmen schädigen und dann zu Kursstürzen führen. Ein von der Unternehmensleitung zu verantwortender Kurseinbruch kann, besonders in Ländern mit einer strengen Gesetzgebung wie den USA, im Extremfall sogar zu personellen und rechtlichen Konsequenzen führen. Die Sorge um einen positiven Kursverlauf gehört damit eigentlich zu den vorrangigen Aufgaben des Managements, auch wenn es in der Praxis sein kann, daß das Management eines Unternehmens eigene Interessen verfolgt, die sich nicht mit denen der AktionärInnen decken, wie z.B. Machtzuwachs durch eine Vergrößerung des Unternehmens.

Um eine gute Kursentwicklung tatsächlich zum ureigensten Interesse des Managements zu machen, sind in den USA deshalb oft die Vorstandsgehälter an die Kursentwicklung gekoppelt.

Der Vorstand einer Aktiengesellschaft wird also aus mehreren Gründen einen massiven Kurseinbruch, sei es durch Mißmanagement oder sei es dadurch, daß AktionärInnen ihre Papiere massiv verkaufen, weil das Unternehmen sozial und ökologisch unverantwortlich handelt, zu verhindern suchen. Genauso würde der Vorstand einen Ethikbonus im Kurs anstreben, wenn dies aufgrund des Anlegerverhaltens ein realistisches Ziel wäre. Falls die Mehrheit der AktienkäuferInnen ethische Kriterien bei der Aktienanlage berücksichtigen würde, wäre die Firmenleitung gezwungen, diesen Maßstäben in der Unternehmensführung gerecht zu werden, da auch ein durch ethische Motive begründeter Kursverlauf die vitalen Interessen eines Unternehmens trifft.

Abgesehen von der Möglichkeit, über den Kauf und Verkauf von Aktien indirekt Einfluß auf die Politik von Firmen zu nehmen, besteht bei Aktienanlagen im Unterschied zu allen anderen bisher besprochenen Anlageformen die Möglichkeit, auch direkt auf die Unternehmenspolitik einzuwirken.

Als AktionärIn, der/die das geschäftliche Risiko des Unternehmens mitträgt, hat man prinzipiell ein Recht darauf, über die Firmenpolitik mitzubestimmen, denn ein/e AktienbesizterIn ist ein Mitglied der Aktiengesellschaft. Dieses Recht übt der/die AktionärIn auf der Jahreshauptversammlung einer Aktiengesellschaft aus, wobei sich sein/ihr Stimmrecht nach den Nennbeträgen der Aktien bemißt, d.h. je mehr Aktien er/sie besitzt, um so mehr Einfluß kann man geltend machen. Für bundesdeutsche Aktiengesellschaften bedeutet dies, daß die Hauptversammlung in jedem Fall über die Verwendung des Bilanzgewinns und die Entlastung von Vorstand und Aufsichtsrat beschließt. Es können außerdem Anträge an die Geschäftsführung gestellt, und in Redebeiträgen kann Stellung zu bestimmten Aspekten der Geschäftstätigkeit genommen werden. Besitzt man ein Aktienpaket von mindestens 20.000 Aktien (also 1.000.000 DM bei einem Nennwert von 50 DM pro Aktie), so hat man auch ein Recht darauf, Tagesordnungspunkte aufzustellen. Außerdem wählen die Aktionäre den Aufsichtsrat, der die Aufgabe hat, den mit der Geschäftsführung betrauten Vorstand zu kontrollieren. Für einen einfachen Beschluß genügt eine einfache Mehrheit, also 50% der Stimmen, für Satzungsänderungen (z.B. Kapitalerhöhungen, d.h. die Ausgabe neuer Aktien) ist eine qualifizierte Mehrheit von 75% der Stimmen erforderlich. Man spricht deshalb auch von der Sperrminorität, wenn ein/e AktionärIn über 25% des Grundkapitals als Aktien hält und damit Satzungsänderungen verhindern kann.

In der Hauptversammlung wird deutlich, wie sehr die AktionärInnen in ihrer Gesamtheit die Verantwortung für die Folgen der Aktivitäten des Unternehmens haben und diese mit ihrer Kapitalmacht auch beeinflussen können. Diese Möglichkeit der direkten Beeinflussung einer Unternehmensführung wird in der Bundesrepublik jedoch wenig genutzt. Dies liegt vor allem daran, daß KleinanlegerInnen sich meist gleichgültig gegenüber der Geschäftspolitik ihrer Aktiengesellschaft verhalten und oft von dem in Deutschland möglichen Angebot Gebrauch machen, ihre Stimme auf der Jahreshauptversammlung an ihre Bank zu übertragen. Sie tun dies, um sich nicht mehr als nötig mit ihrer Geldanlage befassen zu müssen, und weil sie davon ausgehen, daß die Bank den nötigen Sachverstand für die richtigen Entscheidungen hat. Die Banken, die auf diese Weise mit einer erheblichen Macht bis hin zu zahlreichen Sitzen in Aufsichtsräten ausgestattet sind, nutzen diese Macht allerdings leider nicht für die Umsetzung sozialer und ökologischer Ziele.

Ein erster wichtiger Schritt, um eine Aktienanlage zu einer sozial verantwortlichen Geldanlage zu machen, ist deshalb, daß der/die AnlegerIn sein/ihr Stimmrecht nicht der Bank übergibt, sondern dies entweder selbst wahrnimmt, oder, noch wirkungsvoller, seine Stimmrechte der Vereinigung der kritischen Aktionärinnen und Aktionäre überträgt. Für rund dreißig Aktiengesellschaften (u.a. Bayer, Hoechst, BASF, Deutsche Bank, Dresdner Bank, Schering, RWE, Thyssen, Daimler-Benz und Siemens) haben sich in der Bundesrepublik AktionärInnen zusammengeschlossen, die mit ihrer Stimme auf Hauptversammlungen das oft rücksichtslose Geschäftsgebaren dieser Gesellschaften anprangern und eine entwicklungsverträgliche, sozialverantwortliche und naturverträgliche Geschäftspolitik fordern. Sie verurteilen den Export von Militärgütern an Regierungen, die die Menschenrechte mißachten, monieren den unzureichenden Gesundheits- und Umweltschutz in hiesigen Werken und in Fabriken in Entwicklungsländern, kritisieren den Bau von

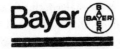

**Bayer AG
Leverkusen**

Zu unserer
ordentlichen Hauptversammlung
am Donnerstag, den 25. April 1996,

hat die Coordination gegen BAYER-Gefahren e.V. in Vollmacht gemäß § 122 Abs. 2 AktG verlangt, folgende Gegenstände zur Beschlußfassung bekanntzumachen:

8. § 2 (2) der Satzung wird wie folgt ergänzt:
„Das Unternehmen anerkennt seine Verantwortung für alle Aktivitäten der I.G. Farbenindustrie AG und zahlt allen ehemaligen ZwangsarbeiterInnen und Häftlingen der I.G. Farbenindustrie AG eine lebenslange Rente in Höhe von 4000 DM monatlich."

9. § 2 der Satzung wird wie folgt ergänzt:
„(3) Ziel der Unternehmensführung ist der Umweltschutz. Daher werden keine gesundheitsgefährdende und umweltschädigende Produkte vertrieben, sichere Produktionsmethoden gewählt, ein geringer Energieverbrauch angestrebt und Abfallmengen gering gehalten. Entstehender Abfall wird sicher entsorgt, eine Verschmutzung von Wasser, Luft und Boden darf nicht erfolgen."

10. § 2 der Satzung wird wie folgt ergänzt:
„(4) Die Unternehmensführung verzichtet auf Technologien mit unabsehbaren Risiken. Daher verzichtet sie auf gentechnische Forschung und gentechnisch hergestellte Produkte."

11. § 2 der Satzung wird wie folgt ergänzt:
„(5) Frauen werden gleichberechtigt an allen Entscheidungsprozessen beteiligt. Das Management, der Vorstand und der Aufsichtsrat werden paritätisch besetzt."

12. § 2 der Satzung wird wie folgt ergänzt:
„(6) Alle Personen, die durch Produkte oder Produktionsmethoden des Unternehmens geschädigt werden, werden finanziell entschädigt. Hierfür wird ein Fonds gegründet, in den das Unternehmen 25% des jährlichen Gewinns einlegt. Über die Vergabe von Entschädigungsgeldern entscheidet eine unabhängige Kommission, in die Vertreter von Parteien, Bürgerinitiativen, der Belegschaft und wissenschaftlichen Einrichtungen entsandt werden."

13. § 2 der Satzung wird wie folgt ergänzt:
„(7) Das Unternehmen verzichtet auf die Durchführung von Tierversuchen."

Nr. 59 — Seite 3406

Sonnabend, den 23. März 1996

14. § 13 der Satzung wird wie folgt ergänzt:
„(5) Eine Erweiterung der Tagesordnung kann von jedem Aktionär beantragt werden."

15. § 15 der Satzung wird wie folgt ergänzt:
„(4) Das ‚Depotstimmrecht' ist bei den Wahlen im Rahmen der Hauptversammlung des Unternehmens nicht zulässig. Jede/r AktionärIn kann nur persönlich eigene Aktien in der Hauptversammlung vertreten. Insbesondere die Vertretung von Stimmrechten durch Banken ist ausgeschlossen. Bei den Wahlen sind nur solche Stimmen zu berücksichtigen, die von den Besitzern vertreten werden."

16. § 17 der Satzung wird wie folgt ergänzt:
„(3) Die ordentliche Hauptversammlung findet jeweils an einem Samstag statt."

17. § 19 der Satzung wird wie folgt geändert:
„Die Bekanntmachungen der Gesellschaft erfolgen durch den Bundesanzeiger, die ‚Frankfurter Rundschau', die ‚tageszeitung' und ‚Stichwort BAYER'."

18. Die Satzung wird um folgenden § 20 ergänzt:
„§ 20 Mitteilung von Beschlußanträgen und Tagesordnungserweiterungen der Aktionärinnen und Aktionäre nach § 122 des Aktiengesetzes
Beschlußanträge von AktionärInnen nach § 122 AktG sind in vollem Wortlaut bekanntzumachen. Der Vorstand darf den Sinn der Anträge nicht verfälschen und ohne Einvernehmen mit dem Antragsteller keine Kürzungen oder Änderungen des Wortlauts vornehmen. Begründungen zu Anträgen von AktionärInnen nach § 122 AktG sind in den Gesellschaftsblättern nach § 19 der Satzung bekanntzumachen und in den Mitteilungen an die Aktionärinnen und Aktionäre nach § 125 AktG abzudrucken."

19. Dem Vorstand wird das Mißtrauen ausgesprochen.

Vorstand und Aufsichtsrat schlagen vor, bei diesen Gegenständen zur Beschlußfassung mit „Nein" zu stimmen.

Leverkusen, den 20. März 1996
**Der Vorstand der
Bayer Aktiengesellschaft**
Dr. Schneider   Loehr

unsinnigen Großprojekten, die erhebliche soziale und ökologische Gefahren bergen, und machen so deutlich, daß ein Teil der KapitalgeberInnen nicht mit der Geschäftspolitik des Vorstands einverstanden ist. Ihr Auftreten stört seit den achtziger Jahren mit großer Regelmäßigkeit das friedliche Bild der Jahreshauptversammlungen.

Abgesehen davon, daß die kritischen Aktionärinnen und Aktionäre deutlich am Image der Großkonzerne kratzen, haben sie einige Achtungserfolge erzielt. Auf den Hauptversammlungen der Unternehmen Bayer, Merck und RWE beantragten sie, den Umweltschutz und die Produkthaftung als zentrale Unternehmensziele in die Satzungen aufzunehmen, ein Vorschlag, für den immerhin 3–5% des Kapitals stimmten. 1996 ermöglichte die Übertragung der Stimmrechte größerer Aktienpakete eines Erben sogar, daß die Tagesordnungen der Jahreshauptversammlungen der Bayer AG, Deutsche Bank und Merck um eine ganze Reihe von kritischen Punkten ergänzt werden mußten.

Mit ihrer Arbeit zielen die kritischen Aktionärinnen und Aktionäre auf jene Großunternehmen, die zusammengenommen den allergrößten Teil des in bundesrepublikanischen Unternehmen investierten Aktienkapitals auf sich ziehen. Aktienkauf in Deutschland, sei es in Form privater Vermögensverwaltung oder als Kauf von Investmentfondsanteilen, bedeutet in aller Regel, in eines dieser Unternehmen investiert zu haben, denen die kritischen Aktionärinnen und Aktionäre nachweisen können, daß sie gravierende gesundheitliche Schäden an MitarbeiterInnen und KonsumentInnen hierzulande und in den Entwicklungsländern in Kauf nehmen oder eine oft bedenkenlose Zerstörung der Umwelt zu verantworten haben.

> **Bayer AG**
>
> AnlegerInnen haben rund 57 Mrd. DM in die Bayer AG investiert. Ca. 65% davon stammen von institutionellen Anlegern, also von Investmentfonds, Pensionsfonds, Banken und Versicherungen. Der Anteil der institutionellen Anleger bei Bayer ist damit über die Jahre stetig gestiegen. 47% des gesamten Kapitals stammen aus dem Ausland.[12] Das Kapital der Bayer AG ist breit gestreut, Großanleger, die allein einen Einfluß auf die Geschäftsführung nehmen könnten, gibt es nicht. Wegen des hohen Anteils an institutionellen Anlegern und der breiten Streuung des Kapitals ist dabei vielen AnlegerInnen gar nicht bewußt, daß sie von den Gewinnen des Chemieriesen profitieren. Denn wäh-

---

[12] Diese Zahlen entstammen einer Untersuchung über die Anzahl und die Struktur der Bayer-Aktionäre zum 1. November 1993, die das Unternehmen selbst durchführte.

rend der Name Bayer AG auf den Depotlisten von PrivatanlegerInnen und in den halbjährlich von den Investmentfonds herausgegebenen Inventarlisten erscheint und so eine Investition in die Bayer-Aktie noch nachvollziehbar ist, bleibt unbekannt, wohin Versicherungsprämien oder Gelder von Pensionsfonds fließen.

Da die Bayer-Aktie bei deutschen Anlageprofis als ein lukratives und sicheres Investment gilt, ist damit zu rechnen, daß so manche Mark auch kritischer GeldanlegerInnen auf diesem Weg bei dem Chemieriesen landet.

Grund genug, einmal nachzufragen, womit Bayer seine Gewinne erwirtschaftet.

Das Unternehmen ist auf den Gebieten Kunststoffe, Chemie, Pharmazie, Pflanzenschutz und Photographie (Agfa) tätig. Wichtigste Umsatzträger sind dabei der Chemie- und der Pharmabereich. Die Chemiebranche umfaßt die Herstellung von Polyurethanen, Lackrohstoffen und Kunststoffen. In der Pharmabranche werden rezeptpflichtige und rezeptfreie Medikamente sowie Diagnostika hergestellt. Eine weltmarktbeherrschende Rolle hat Bayer mit seinen Produkten aus der Sparte „Landwirtschaft", denn das Unternehmen ist der weltweit größte Hersteller von Insektiziden und der zweitgrößte Anbieter von Fungiziden.

Aufgrund seiner Produktpalette und seines Geschäftsgebarens ist Bayer in den vergangenen Jahrzehnten wiederholt in die Kritik unterschiedlicher Gruppen von Betroffenen und deren Unterstützern gekommen.

Grundsätzlich ist aus ökologischer Sicht zu kritisieren, daß 70% der Produktion bei Bayer der Chlorchemie zuzurechnen sind. Damit basiert die Produktion des Unternehmens auf einer Chemikalie, die in der Produktion energieaufwendig, in der Verarbeitung und im Transport gefährlich, in der Anwendung oft gesundheitsschädlich ist und in der Entsorgung die Emission von Dioxinen verursachen kann. Umweltschutzorganisationen wie Greenpeace raten deshalb zu einem Ausstieg aus der Chlorchemie und fordern von den Chemieunternehmen, daß sie engagiert zu Alternativen, die es in vielen Bereichen bereits gibt, forschen.

Bayer antwortet auf diese grundsätzliche Kritik mit einem verstärkten Werbeaufwand für seine Produkte. Eine schrittweise Umstellung auf einen umweltfreundlicheren Grundstoff ist noch nicht einmal in Ansätzen zu erkennen. Neben diesen grundsätzlichen Bedenken an den Bayer-Produkten war der Konzern in den letzten Jahren immer wieder in Skandale verwickelt, die deutlich machen, daß das Unternehmen mehrfach fahrlässig mit der Gesundheit der Mitarbeiter und der Anwender seiner Produkte umging.

• Dem Konzern konnte Anfang der neunziger Jahre nachgewiesen werden, daß es in der damaligen Tochtergesellschaft von Bayer in Südafrika, Chrom Chemicals, zu schweren Gesundheitsschäden bei den Arbeitern kam, weil

es dort keinerlei Schutz vor den hochgiftigen Chromstäuben im Werk gab.[13]
- Immer wieder ins Zwielicht geraten ist Bayer, zusammen mit anderen Chemiekonzernen, weil Anwender von Pflanzenschutzmitteln von Bayer aufgrund unzureichender Warnung vor den Gesundheitsschäden schwer erkrankten.[14]
- Es ist ein Fall bekannt, in dem Bayer für ein Insektenbekämpfungsmittel in Mittelamerika den von der WHO als hochgiftig eingestuften Stoff Dichlovors einsetzt, während das Präparat gleichen Namens in Deutschland diesen Stoff nicht enthält.[15]
- In Japan verkaufte der Konzern, neben anderen Unternehmen, unbehandelte Präparate für Bluterkranke, was zur Folge hatte, daß sich dort zwischen 1983 und 1985 2.000 Menschen mit dem HI-Virus infizierten. Bayer hatte damals die unbehandelten Medikamente verstärkt in Japan verkauft, weil in anderen Ländern wie z.B. den USA unbehandelte Präparate nicht mehr zum Verkauf zugelassen waren.[16]

Die Arbeit der kritischen AktionärInnen zeigt, daß eine Aktienanlage als politisches Instrument genutzt werden kann, indem man auf Mißstände aufmerksam macht und auf Veränderungen hinarbeitet.

Dies ist auch der Grund, warum die Anlage in Aktien besonders in den USA, wo die Börsenaufsichtsbehörde streng auf die Einhaltung der Aktionärsrechte achtet und wo viele Wohltätigkeitsorganisationen, Pensionsfonds und Kirchengemeinschaften ihre Gelder in Aktien anlegen, als Instrument der gesellschaftlichen Veränderung eingesetzt wird. Diese institutionellen Anleger begannen, in den siebziger Jahren mit nicht unbedeutenden Aktienpaketen ihren Einfluß auf den Jahreshauptversammlungen der Aktiengesellschaft geltend zu machen, und forderten z.B., daß die Unternehmen keine Geschäfte mit dem Apartheidregime in Südafrika mehr tätigten.

Es zeigte sich, daß diese Forderungen der kritischen AktionärInnen, eingebettet in die alle Bevölkerungsgruppen umfassende Anti-Apartheid-Bewegung, ein wichtiges Element in dem zuletzt erfolgreichen Kampf gegen die Apartheid war.

---

[13] Coordination gegen BAYER-Gefahren e.V.: Chrom am Kap, Köln, 1993.
[14] Coordination gegen BAYER-Gefahren e.V.: Stichwort BAYER Extra 3/95.
[15] Coordination gegen BAYER-Gefahren e.V.: Stichwort BAYER Extra 5/96.
[16] taz, 9./10. März 1996.

3. Ist die Investition in Aktien unmoralisch?

Zuletzt soll noch auf einen oft vorgebrachten grundsätzlichen Einwand gegen den Kauf von Aktien eingegangen werden. Gerade in der Bundesrepublik haben Aktien als Geldanlage keinen guten Ruf. Sind Aktiengeschäfte nicht reine Spekulation? Ist die Börse nicht eine Bühne für Hasardeure, die auf das schnelle Geld aus sind, und ist sie nicht eher mit einem Kasino vergleichbar als mit einem Markt, auf dem kühl über die wirtschaftlichen Aussichten von Unternehmen nachgedacht wird? Ist es nicht per se unmoralisch, sich durch den Kauf von Aktien in diese Gesellschaft zu begeben? Solche und ähnliche Fragen schwingen oft in der prinzipiellen Skepsis gegenüber Aktien mit.

Dieser Eindruck vom Börsengeschehen ist nicht von der Hand zu weisen. Es werden hektisch Käufe und Verkäufe getätigt, mit Begründungen, die oft irrational scheinen und deren einzige Motivation das schnelle Geld ist.

Dieses Bild muß jedoch etwas relativiert werden, denn die im Hintergrund tätigen professionellen Anleger wie Vermögensverwalter, Fondsmanager oder Vesicherungen geben wenig auf den schnellen Gewinn, sie versuchen vielmehr, durch eine umsichtige Anlagestrategie und gute Information, zu der oft auch regelmäßige Besuche bei Unternehmen gehören, langfristig hohe Gewinne zu erzielen. Diese Gewinne beruhen dann mehr auf den Ergebnissen der Aktiengesellschaften und weniger auf Gerüchten.

Außerdem hat vom christlichen, jüdischen und islamischen Moralverständnis her betrachtet ein Aktienengagement sogar einen klaren ethischen Vorteil vor dem Kauf von Anleihen. Im Alten Testament findet sich an mehreren Stellen ein ausdrückliches Verbot der Zinsnahme. Im Buch Levitikus, im Bundesbuch und im Deuteronomium wird der Zins im Zusammenhang sozialpolitischer Erwägungen als ein Grund für Verarmung und Verelendung genannt und verboten. „Wenn dein Bruder neben dir verarmt und nicht mehr bestehen kann, so sollst du dich seiner annehmen wie eines Fremdlings und Beisassen, daß er neben dir leben könne; und du sollst nicht Zinsen von ihm nehmen noch Aufschlag, sondern sollst dich vor deinem Gott fürchten, daß dein Bruder neben dir leben könne. Denn du sollst ihm dein Geld nicht auf Zinsen leihen noch Speise geben gegen Aufschlag", heißt es etwa in Levitikus, Kapitel 25, Verse 35ff. Bereits im 4. Jahrhundert v. Chr. hatte Aristoteles im ersten Buch seiner Schrift „Politik" den Zins als eine unnatürliche Form des Wirtschaftens verurteilt. Beide Traditionen, die christliche und die der antiken Philosophie, wurden im Mittelalter von Thomas von Aquin aufgenommen und bekräftigt. Die Zinsnahme untereinander war damit Muslimen, Christen und Juden lange Zeit verboten. Heute noch gibt es spezielle Anlageangebote für Muslime, die die Zinsnahme vollständig ausschließen.

Ein vergleichbares Verbot von Beteiligungen an Unternehmungen findet sich hingegen nicht in den Schriften, obwohl es schon damals besonders im Bereich des Außenhandels durchaus so etwas wie Kapitalbeteiligungen gab. Dies ist durchaus schlüssig, denn bei Unternehmensbeteiligungen trägt der/die AnlegerIn das unternehmerische Risiko mit. Er/sie wird nur dann für das Zur-Verfügung-Stellen von Kapital entlohnt, wenn das Unternehmen erfolgreich ist. Wird es ein Mißerfolg, erleidet er/sie den gleichen Verlust wie der Unternehmer, eine Konsequenz, die dem Gerechtigkeitsempfinden der jüdischen und antiken Schriften entsprach.

Ganz anders ist es bei Krediten. Sie müssen unabhängig von der Situation des Schuldners zurückgezahlt werden. Der Kapitalgeber kann sich so bereichern, während der Schuldner über Zins- und Tilgungszahlungen zugrunde geht. Selbstverständlich muß man sich davor hüten, Aussagen der (hebräischen) Bibel oder des Koran fundamentalistisch zu lesen, ohne den jeweiligen gesellschaftlichen und geschichtlichen Kontext zu berücksichtigen. In unserem Zusammenhang muß gesehen werden, daß innerhalb damaliger Produktionsverhältnisse der Zins eine andere Bedeutung hatte als in einer modernen kapitalistischen Marktwirtschaft. Daraus ist jedoch nicht der Schluß zu ziehen, das Zinsverbot in Koran und Bibel sei nun bedeutungslos, weil auf einen anderen Kontext bezogen. Der im Zinsverbot dokumentierte kritische Impuls ist vielmehr umgekehrt dazu geeignet, einen fatalen Grundmechanismus unseres kapitalistischen Wirtschaftssystems prinzipiell in Frage zu stellen. Hierzu sei auf Duchrow, Ulrich, Alternativen zur kapitalistischen Weltwirtschaft (s. Literaturverzeichnis) verwiesen.

Ein wohl überlegter Aktienkauf mit ethischen Restriktionen wäre mit der christlichen Tradition also eher zu vereinbaren als eine Festgeldanlage oder der Kauf von Bundesschatzbriefen.

Dies scheint allerdings den Verwaltern kirchlicher Gelder nicht bewußt zu sein, denn bevorzugtes Anlageinstrument gerade der Kirchen sind sichere, festverzinsliche Anlagen. Anlagen in Aktiengesellschaften oder Beteiligungen an Unternehmen werden weniger getätigt, und ethische Richtlinien werden selten ausgewiesen.

G. Investmentfonds

Die Idee des Investmentfonds wurde Ende des letzten Jahrhunderts in England entwickelt. Damals war es nur vermögenden Anlegern möglich, ihr Kapital auf eine Vielzahl von Aktiengesellschaften zu verteilen und so das Verlustrisiko zu verringern. Denn selbst wenn eine dieser Gesellschaften bankrott ging oder Verluste machte, verlor der Investor dabei nie sein gesamtes Kapital und konnte den Verlust meist durch die positive Kursentwicklung anderer Investments wieder ausgleichen. Eine solche Streuung des Vermögens war jedoch Anlegern mit nur wenigen hundert Pfund nicht möglich.

Mit Investmentfonds wurde dann für KleinanlegerInnen eine Möglichkeit geschaffen, ohne das Risiko des Totalverlusts an dem chancenreichen Aktiengeschäft teilzunehmen. In diesen Fonds werden die kleinen Beträge vieler AnlegerInnen zusammengenommen und dann von einem Fondsmanagement breit gestreut angelegt. Die AnlegerInnen besitzen also Anteilscheine an einem ganzen Pool von Wertpapieren, wobei der Wert dieser Anteilscheine vom durchschnittlichen Wert aller in diesem Pool enthaltenen Aktien abhängig ist. Auf diese Weise hat der/die AnlegerIn seinen/ihren vergleichsweise kleinen Betrag auf eine Vielzahl von Aktien gestreut. Neben der Risikostreuung, die sich daraus ergibt, hat der/die AnlegerIn dabei den Vorteil, daß professionelle Manager sich tagtäglich um eine möglichst gewinnträchtige Anlage bemühten, eine Mühe, die sich die entsprechenden Kapitalanlagegesellschaften der Banken allerdings gut bezahlen lassen.

Heute bieten Banken, Vermögensverwalter und Kapitalanlagegesellschaften in aller Welt unzählige Investmentfonds an, die alle nach diesem Prinzip der Risikostreuung arbeiten. Diese Fonds beschränken sich heutzutage allerdings nicht nur auf die Investition in Aktien. Es gibt Investmentfonds zu allen nur erdenklichen Investitionsobjekten, angefangen bei Containerschiffen über Immobilien, GmbH-Beteiligungen, Anleihen bis hin zu Kinofilmen. Nach wie vor spielen Aktienfonds allerdings eine prominente Rolle bei den Fondsangeboten der Banken. Hier ist man heute aber geneigt, sich angesichts der unzähligen Aktiengesellschaften, die an den Börsen der Welt gehandelt werden, auf ein bestimmtes Segment zu spezialisieren. Banken bieten deshalb z.B. Fonds an, in die nur deutsche Aktiengesellschaften gekauft werden oder nur US-amerikanische, oder sie kaufen weltweit Anteile an Unternehmen, die in der Strom- und Wasserversorgung tätig sind usw. Zunehmend werden auch Emerging Market Fonds angeboten, die ihre Investitionen gezielt in Entwicklungsländern oder in Osteuropa tätigen.

Die Sicherheit und die Rendite einer Anlage in einem Investmentfonds ist abhängig vom Segment, in dem ein Fonds anlegt. Es gibt sehr sichere Fonds, die z.B. nur in erstklassigen Staatspapieren anlegen, und Fonds mit einem hohen Risikopotential, die z.B. nur in GmbH-Anteile, in Vietnam oder in Kleinunternehmen in Indien anlegen. Entsprechend breit ist bei Fonds die Auswahl von einer risikoreichen bis zu einer sicheren Anlage. Prinzipiell gilt, daß auch hier ein hohes Risikopotential mit hohen Gewinnchancen einhergeht, während die sichere Anlage immer bedeutet, daß in aller Regel keine überdurchschnittlichen Gewinne erzielt werden.

Außerdem gilt, daß die Anlage in einem Fonds immer sicherer ist als der Kauf eines einzelnen Titels aus dem entsprechenden Segment. Andererseits muß aber auch beachtet werden, daß die Begrenzung des Risikos durch Streuung des Kapitals auch mit einer Begrenzung der Gewinnchancen einhergeht. Denn, genauso wie sich durch die Streuung des Kapitals der schlechte Kursverlauf einer im Fonds enthaltenen Aktie durch andere Gewinne relativiert, relativiert sich auch die Vervielfachung des Kurses einer Aktie im Fonds durch den mäßigen Verlauf anderer Titel. So unwahrscheinlich es ist, nur verlustbringende Unternehmen zu kaufen, so unwahrscheinlich ist es eben auch, nur überdurchschnittlich gut laufende Titel zu erwischen.

Im Hinblick auf die Liquidität gilt, daß Fondsanteile prinzipiell täglich verkauft werden können. Es muß jedoch darauf geachtet werden, daß beim Kauf und zum Teil auch beim Verkauf der Investmentfondsanteile Gebühren bezahlt werden müssen, die sich erst nach einer gewissen Zeit amortisieren. Außerdem wechseln je nach Art des Fonds auch hier Phasen des Gewinns mit Phasen des Verlusts ab, und es wäre fatal, die Anteile mit Verlust verkaufen zu müssen.

Für alle Fonds gilt, daß ein Anlageausschuß regelmäßig über die zukünftige Investitionsstrategie berät und daß halbjährlich Rechenschaftsberichte an die InvestorInnen geschickt werden, in denen alle zum Stichtag enthaltenen Titel sowie alle im letzten halben Jahr an- und verkaufte Positionen aufgelistet sind. Damit ist die Anlage in Investmentfonds eine vergleichsweise transparente Geldanlage.

Ein Blick in die Halbjahresberichte bundesdeutscher und luxemburgischer Investmentfonds zeigt allerdings, daß bei den allermeisten Fonds die Frage nach der Natur-, Entwicklungs- und Sozialverträglichkeit einer Investition nicht gestellt wird. Auswahlprinzip ist hier lediglich die Gewinnerwartung. So finden sich in den Fonds zahlreiche Aktien und Anleihen, deren Emittenten in keiner Weise zu einer zukunftsfähigen Entwicklung beitragen, sondern dieser zum Teil sogar vehement entgegenwirken. Besonders auffällig ist dies bei den „Emerging Market Fonds". So begrüßenswert es prinzipiell ist, daß privates Kapital aus dem Norden in diesen Ländern investiert wird, so muß gerade in diesem Fall darauf geachtet werden, unter welchen Umständen hier gewirtschaftet wird oder werden muß. Ausgeschlossen werden sollte dabei aus den oben genannten Gründen die Investition in Anleihen überschuldeter Staaten und diktatorischer Regime sowie in Wirtschaftsunternehmen, die die rücksichtslose Ausbeutung der menschlichen und natürlichen Ressourcen dieser Länder betreiben.

Das Instrument des Investmentfonds wird jedoch, vor allem in den angelsächsischen Ländern, aber inzwischen auch auf dem europäischen Festland, dazu verwandt, Geld nach ethischen Kriterien anzulegen. Da über Fonds Geld gezielt in bestimmten Unternehmen angelegt wird und dem/der InvestorIn darüber Rechenschaft abgelegt werden muß, wo sein/ihr Geld investiert ist, bieten Fonds die Möglichkeit, daß Investitionen nach Kriterien des sozial-, natur-, und entwicklungsverträglichen Wirtschaftens ausgewählt werden. Besonders interessant ist dabei die Möglichkeit, über Fonds Beteiligungen an kleineren, etwa als GmbH & Co. KGs organisierten Gesellschaften zu investieren und so jungen, innovativen Unternehmen Kapital zukommen zu lassen.

H. Direktbeteiligungen

Neben dem Kauf von börsennotierten Aktien oder Anteilen an Aktienfonds gibt es eine Reihe weiterer Möglichkeiten, sich an Unternehmen zu beteiligen. Da diese Formen der Beteiligung nicht über eine Börse vermittelt werden, nennt man sie zusammenfassend „Direktbeteiligungen". Sie sind in aller Regel damit verbunden, daß sie nicht börsentäglich veräußert werden können, sondern das Kapital zumeist über Jahre gebunden bleibt. Die Liquidität ist also gering, und der/dem KapitalgeberIn ist dringend anzuraten, sich vor dem Engagement über die vertraglich festgelegten Kündigungsmöglichkeiten zu informieren. Die Sicherheit von Direktbeteiligungen hängt sehr stark von der Art des Projektes ab, besonders junge, innovative Unternehmen rangieren jedoch eher am unteren Ende der Sicherheitsskala. Wie bei börsennotierten Aktien beruht der Reiz dieser Anlagen also vor allem auf der Aussicht auf überdurchschnittliche Gewinne, die möglich sind, wenn dem Unternehmen auf Dauer ein einschlagender Erfolg beschieden ist. Um keine bösen Überraschungen zu erleben, ist es allerdings dringend angeraten,

sich ein Bild über die Erfolgschancen des Vorhabens und die unternehmerischen Qualitäten des Managements zu machen. Im Bereich der ethischen Geldanlagen spielen Direktinvestitionen eine bedeutende Rolle, weil sie eine direkte Förderung von ökologisch und sozial wichtigen Initiativen bewirken können, die sich ihr Kapital nicht über die Börse beschaffen können.
Im folgenden sollen die gängigsten Varianten kurz beschrieben werden.

1. Die Gesellschaft bürgerlichen Rechts GbR und GbR mbH

Die Rechtsform der GbR ist die loseste aller Gesellschaftsformen. Sie entsteht durch Abschluß eines Gesellschaftsvertrages, in dem sich die GesellschafterInnen gegenseitig verpflichten, die Erreichung eines gemeinsamen Zweckes zu fördern. Der Gesellschaftsvertrag bedarf keiner Form, d.h. er kann auch mündlich geschlossen werden, was natürlich nachteilig ist, da im Streitfall keine verbindliche Grundlage vorhanden ist. Für ihre Gründung bedarf es keines Mindeststammkapitals, keiner Eintragung ins Handelsregister, und es besteht auch keine Pflicht zum Erstellen einer Bilanz, was bedeutet, daß sich die finanzielle Situation einer GbR nur schwer bzw. gar nicht einschätzen läßt. Der Vorteil dieser Rechtsform liegt für die Initiatoren darin, daß die Gründungs- und Verwaltungskosten sehr gering sind. Für die GesellschafterInnen ergibt sich allerdings ein gravierender Nachteil: Die Haftung beschränkt sich bei einer GbR nicht auf das Gesellschaftsvermögen, sondern greift darüber hinaus auch auf das Privatvermögen der GesellschafterInnen zu. Da diese immer gesamtschuldnerisch haften, können sich Gläubiger an eine/n beliebige/n GesellschafterIn mit ihrer gesamten Forderung halten. Diese Haftung des Privatvermögens kann durch den Zusatz „mit beschränkter Haftung" (mbH) weitgehend ausgeschlossen werden. Dies ist jedoch keine vom Gesetzgeber anerkannte Rechtsform, und die Haftung kann im Außenverhältnis nur durch Einzelvertrag beschränkt werden. Ist dies nicht oder nur unzureichend geschehen, so ist es möglich, daß auch hier GesellschafterInnen mit ihrem Privatvermögen haften. GesellschafterInnen einer GbR sind im Verhältnis ihrer Einlage zum Gesamtkapital an den Gewinnen und Verlusten der Gesellschaft beteiligt. Da der/die GesellschafterIn die Möglichkeit hat, sein zu versteuerndes Einkommen um die ihm im Zusammenhang mit seiner Beteiligung entstandenen Verluste zu senken, ergeben sich hier besonders für GesellschafterInnen mit einem hohen persönlichen Steuersatz interessante Steuersparmöglichkeiten. Diese „Verlustzuweisung" ist meistens in den Aufbaujahren eines Projekts realisiert.

2. Die GmbH

Zur Gründung einer GmbH ist mindestens ein/e GesellschafterIn (sog.: Ein-Mann-GmbH) sowie ein Stammkapital von mindestens 50.000 DM nötig. Bei Errichtung der GmbH muß mindestens die Hälfte dieser Summe einbezahlt worden sein. Ein Gesellschaftsvertrag muß abgeschlossen werden, dieser bedarf der notariellen Beurkundung. Das Unternehmen muß im Handelsregister eingetragen werden und muß einen Jahresabschluß aufstellen. Für große und mittelgroße Gesellschaften ist eine externe Abschlußprüfung vorgesehen. Die Mindesthöhe einer Stammeinlage beträgt 500 DM, möglich sind hierbei auch Sacheinlagen (z.B. Grundstücke, Vorräte, Patente, Forderungen oder ein bestehendes Unternehmen). Die Größe der übernommenen Stammeinlage im Verhältnis zum Stammkapital drückt den Umfang der Beteiligung aus. Geschäftsanteile dürfen nur durch in notarieller Form geschlossenen Vertrag abgetreten werden, was zusätzlichen Aufwand und Kosten bedeutet und was sogar durch den Gesellschaftsvertrag ausgeschlossen werden kann. Den Gläubigern haftet nur das Gesellschaftsvermögen, eine persönliche Haftung der GesellschafterInnen ist ausgeschlossen. Der den GesellschafterInnen eingeräumte Gewinnanspruch richtet sich nach dem Verhältnis der Geschäftsanteile, es kann aber auch Abweichendes vereinbart werden. Bei der Beteiligung an einer GmbH besteht nicht die Möglichkeit, über Verlustzuweisungen Steuern zu sparen. Eine Ausnahme ist, wenn man sich in Form eines atypischen stillen Gesellschafters an einer GmbH beteiligt.

3. Die Kommanditgesellschaft (KG)

Eine Kommanditgesellschaft besteht einerseits aus Komplementären, die für Gesellschaftsschulden auch mit ihrem Privatvermögen haften und in aller Regel die Geschäftsführung übernehmen, und andererseits aus Kommanditisten, bei denen die Haftung auf ihre Einlage begrenzt ist und die nicht an der Geschäftsführung teilhaben, sie sind primär Anleger. Auch hier können Sachen (oder ganze Unternehmen), Rechte oder Dienstleistungen als Einlage eingebracht werden. Die Haftung wird auf eine Haftungssumme, die der Einlage entspricht oder bei Sachen vereinbart wird, beschränkt. Bei Beteiligungsangeboten wird in aller Regel die Beteiligung als Kommanditist angeboten. Auch bei der KG bedarf es der Eintragung in das Handelsregister. Wirksam wird die Haftungsbeschränkung des Kommanditisten erst mit dieser Eintragung. Es besteht die Pflicht zum Erstellen eines Jahresabschlusses.

Eine spezielle Form der Kommanditgesellschaft ist die *GmbH & Co. KG*. Hier ist der Komplementär, also der geschäftsführende und haftende Teil der KG selbst eine Gesellschaft in der Rechtsform einer GmbH, die Geschäftsführung der KG übernimmt meistens der Geschäftsführer der GmbH. Es werden hier alle beteiligten Personen vom Risiko der unbeschränkten persönlichen Haftung befreit. Die GmbH haftet zwar zunächst einmal unbeschränkt für die Verbindlichkeiten der KG, die Gläubiger dürfen sich jedoch nur an das Gesellschaftsvermögen der GmbH halten. Für die Kommanditisten ist die Haftung sowieso beschränkt. Das Kapital wird von den Kommanditisten eingebracht.

Verlustzuweisungen sind für die Komplementäre sowohl bei der KG als auch bei der GmbH & Co. KG bis zur Höhe ihrer Beteiligung möglich.

4. Die Genossenschaft

Die Genossenschaft ist ein wirtschaftlicher Verein mit mindestens sieben Mitgliedern. Eine neu gegründete Genossenschaft muß in das Genossenschaftsregister eingetragen werden und unterliegt einer Reihe von gesetzlichen Auflagen wie z.b. der Führung und Veröffentlichung jährlicher Bilanzen. Den Gläubigern haftet nur das Genossenschaftsvermögen. Zweck einer Genossenschaft ist nicht die Erwirtschaftung eines möglichst hohen Gewinns, sondern die Förderung der Mitglieder. Man beteiligt sich an einer Genossenschaft, indem man Mitglied wird. Von anderen Gesellschaftsformen unterscheidet sie sich vor allem durch die großen Mitspracherechte, die sie ihren Mitgliedern einräumen muß. Auf der Generalversammlung, dem höchsten Organ, hat, im Gegensatz zu anderen Gesellschaftsformen, jede/r Genosse/in eine Stimme. Die Mehrheit errechnet sich also nach Köpfen und nicht nach dem Umfang der kapitalmäßigen Beteiligung.

Aufgrund der demokratischen Struktur und der Solidarität unter den Mitgliedern, die in der Rechtsform der Genossenschaft angelegt sind, wurde diese Rechtsform von vielen basisdemokratischen Initiativen wie z.B. der Ökobank, der GLS-Gemeinschaftsbank, der EDCS, aber auch der links-alternativen Tageszeitung „die tageszeitung" (taz) oder der in Berlin ansässigen Frauengenossenschaft „Weiberwirtschaft" gewählt und hat sich für diese Projekte auch bewährt. Für kleine Initiativen ist es allerdings ein Nachteil, daß es bei der Gründung und Führung einer Genossenschaft viele Vorschriften zu beachten gibt, die Aufwand und Kosten verursachen. Verlustzuweisungen sind nicht möglich.

5. Typischer stiller Gesellschafter

Bei der stillen Gesellschaft beteiligt sich der stille Gesellschafter am Gewerbe des tätigen Gesellschafters bzw. des Geschäftsinhabers mit einer Vermögenseinlage in der Weise, daß die Einlage in das Vermögen des tätigen Gesellschafters übergeht und der stille Gesellschafter am Gewinn des Unternehmens teilnimmt. Wenn nichts anderes vereinbart wird, ist der Stille auch am Verlust beteiligt, welcher direkt von seinem Kapitalkonto abgebucht wird. Es entsteht keine Gesamthandsgemeinschaft, und daher haftet der stille Gesellschafter auch nicht für Geschäftsschulden. Der stille Gesellschafter entwickelt keine Außenbeziehungen und nimmt nicht am Geschäftsverkehr teil. Er taucht auch nicht im Handelsregister auf. Für beide Seiten liegt hier der Vorteil darin, daß sie keinerlei Publizitätspflichten unterliegen. Prinzipiell gibt es die stille Gesellschaft bei allen Gesellschaftsformen. Eine stille Teilhabe ist mit keinerlei Kontroll- oder Mitbestimmungsrechten verbunden. Ein stiller Gesellschafter kann aber eine Kopie des Jahresabschlusses verlangen und muß dessen Richtigkeit durch die Einsicht in die Bücher prüfen dürfen. Der Vertrag ist in der Regel auf unbestimmte Zeit geschlossen. Der Verkauf einer stillen Beteiligung bedarf der Zustimmung aller Mitgesellschafter. Eine stille Beteiligung sollte immer schriftlich festgehalten und bei größeren Beträgen durch einen Notar beurkundet werden. Da ein stiller Beteiligter nicht am Unternehmen im eigentlichen Sinne beteiligt ist, besteht bei dieser Variante auch nicht die Möglichkeit steuerlicher Verlustzuweisungen.

6. Atypischer stiller Gesellschafter

Wenn dem stillen Gesellschafter im Gesellschaftsvertrag weitgehende Rechte und Befugnisse eingeräumt werden, spricht man von einer atypischen stillen Gesellschaft. Während der typische stille Gesellschafter an Gewinn und Verlust beteiligt ist, partizipiert der atypische stille Gesellschafter darüber hinaus an Wachstum und Minderung der stillen Reserven und des Firmenwertes. Er kann an der Geschäftsführung beteiligt werden, und es ist sogar möglich, daß diese ihm vollständig übertragen wird. Der Wert der Einlage steigt oder fällt im Verhältnis zum Wert des gesamten Unternehmens. Da es sich hier um eine Art Mitunternehmer handelt, besteht im Gegensatz zum stillen Gesellschafter die Möglichkeit der steuerlichen Verlustzuweisung.
Grundsätzlich ist es bei allen diesen Formen der Unternehmensbeteiligungen möglich, die Einlage wegen grob fahrlässigen Verhaltens der Geschäftsführung fristlos zu kündigen.

7. Darlehensgeber

Neben der direkten Beteiligung ist es auch möglich, Geld in Form eines Darlehens an ein Projekt zu verleihen. Ein Darlehensgeber ist nicht an den Gewinnen und Verlusten des Unternehmens beteiligt, sondern stellt lediglich sein Kapital gegen (meistens gleichbleibende) Zinsen zur Verfügung. Man hat keinerlei Kontroll- und Mitbestimmungsrechte gegenüber der Geschäftsführung. Es gibt meist auch keine Möglichkeit, den Darlehensvertrag vor Vertragsablauf einseitig zu kündigen. Die Zinsen für das Darlehen dürfen dem Darlehensgeber gegenüber nicht garantiert werden, denn dies dürfen nur Banken. Es wird jedoch ein Zinssatz vereinbart, der, wenn es die geschäftliche Entwicklung ermöglicht, jährlich ausgeschüttet wird, jedoch unabhängig von der Höhe der Gewinne ist, was bedeuten kann, daß in späteren Phasen der Geschäftstätigkeit eine vergleichsweise magere Zinszahlung gewährt wird. Es gibt keine Sicherheit für die Rückzahlung eines solchen Privatdarlehens im Falle des Konkurses, da das Geld wie echtes Eigenkapital des Unternehmens behandelt wird. Für ein junges Unternehmen ist deshalb ein solches Privatdarlehen sehr wertvoll, weil es in Kreditverhandlungen mit Banken als zusätzliche Sicherheit akzeptiert wird. Eine Verlustzuweisung ist nicht möglich.

8. Das Partiarische Darlehen

Von einem Darlehen unterscheidet sich das Partiarische Darlehen darin, daß der Darlehensgeber zusätzlich zu den ihm gezahlten Zinsen in der Gewinnphase des Projekts an den Erträgen beteiligt wird. Es wird ein vergleichsweise niedriger Zinssatz von z.B. 4% vereinbart. Überschreiten die Gewinne des Projekts eine vorher vereinbarte Schwelle, so wird zusätzlich zu den Zinsen eine Gewinnbeteiligung ausgeschüttet. Ansonsten gelten die gleichen Merkmale wie für das Darlehen.

I. Lebensversicherungen

Lebensversicherungen sind ein weit verbreitetes Instrument der Geldanlage. Sie dienen hauptsächlich dazu, zusätzlich zu den Ansprüchen aus der gesetzlichen Rentenkasse eine Einkommensquelle für das Alter anzusparen. Für Selbständige stellen Lebensversicherungen sogar häufig die wichtigste Alterssicherung dar. Außerdem sichern sie die finanzielle Existenz einer Familie im Fall des Todes des Haupterwerbstätigen ab. Sie gehören damit zu den langfristigen Geldanlagen mit einem besonderen Akzent auf Sicherheit. In oft über Jahrzehnte reichenden Sparverträgen wird in monatlichen oder jährlichen Versicherungsbeiträgen Geld angespart, das meist ab dem sechzigsten oder fünfundsechzigsten Lebensjahr zuzüglich einer Verzinsung dem/der Versicherten zur Verfügung steht. Die Versicherungsgesellschaft garantiert dabei eine angesichts der langen Laufzeit meist recht niedrige Mindestverzinsung der Beiträge. Sie ist aber bestrebt, über eine rentable Anlage der Gelder eine deutlich über dieser Mindestverzinsung liegende Rendite für ihre Versicherten zu erwirtschaften.

Man unterscheidet mehrere Varianten der Lebensversicherung. Zum einen werden Kapitallebensversicherungen auf den Todes- und Erlebensfall angeboten. Hier spart der/die Versicherte bis zu dem vereinbarten Auszahlungstermin in festgelegten Raten Geld an und erhält dann das Kapital plus Verzinsung zurück. Falls der/die Versicherte vor dem vereinbarten Auszahlungstermin sterben sollte, erhalten die Hinterbliebenen eine zuvor vereinbarte Summe von der Versicherung. Dieser Risikoanteil der Lebensversicherung ist besonders für Familien, in denen ein Elternteil Alleinverdiener ist, wichtig und dient dazu, finanzielle Not von den Hinterbliebenen abzuwenden.

Eine solche Familiensituation, in der eine Kapitallebensversicherung mit Risikoanteil geeignet oder gar notwendig ist, ist aber für viele Menschen nicht gegeben. Aus den verschiedensten Gründen kann es sein, daß ein früher Tod keine finanzielle Not für die Angehörigen bedeuten würde. Da der Risikoanteil einer Kapitallebensversicherung auf den Todes- und Erlebensfall mit zusätzlichen Kosten verbunden ist, läge in diesem Fall der Abschluß einer privaten Rentenversicherung zur Alterssicherung näher. Hierbei werden die Beiträge angespart und am Ende der Laufzeit zuzüglich der Zinsen entweder in einem Betrag ausgezahlt, oder es wird vereinbart, daß dem/der Versicherten lebenslänglich monatliche oder jährliche Zahlungen in einer bestimmten Höhe ausgezahlt werden. Verstirbt der/die Versicherte vor dem Fälligwerden der Versicherungssumme, wird in der Regel die angesparte Summe zuzüglich einer geringen Verzinsung an die Hinterbliebenen ausgezahlt. Verstirbt der/die Versicherte jedoch in den ersten Jahren nach Vertragsabschluß, so ist die Rückzahlung wesentlich geringer als die Auszahlungen bei einer Risikolebensversicherung. Es gibt allerdings auch Verträge, bei denen das Geld im Todesfall bei der Versicherung verbleibt.

Eine reine Risikolebensversicherung ohne die Komponente der Alterssicherung wird dann erforderlich, wenn ein hoher Privatkredit z.B. für den Kauf einer Immobilie aufgenommen wird. Die Bank sichert damit die Rückzahlung des Kredites auch im Fall des frühen Todes des/der KreditkundIn ab.

Aber auch in anderen Situationen kann es ratsam sein, lediglich eine Risikolebensversicherung für den Todesfall abzuschließen. So kann es sein, daß das Alter z.B. aufgrund einer erwarteten Erbschaft gesichert ist. Bis zum Antritt dieser Erbschaft wäre der plötzliche Tod des Hauptverdieners der Familie aber mit finanziellen Nachteilen oder familiären Abhängigkeiten verbunden. Hier wäre es in Erwägung zu ziehen, die Angehörigen lediglich für den Fall eines frühen Todes abzusichern und nur eine Risikolebensversicherung abzuschließen.

Die Risikolebensversicherung und die private Rentenversicherung sind die zwei Grundformen der privaten Alterssicherung. Versicherungsgesellschaften bieten darüber hinaus verschiedene Kombinationsformen und Ergänzungen an. So kann z.B. der Risikoanteil einer Lebensversicherung um eine Berufsunfähigkeitsversicherung ergänzt werden, womit dann nicht nur der Erwerbsausfall aufgrund eines frühen Ablebens, sondern auch eine durch Unfall oder Krankheit bedingte Berufsunfähigkeit abgesichert ist.

Wie werden die über 9 Mrd. DM Prämienvolumen[17], die zur Zeit von Lebensversicherungen in Deutschland verwaltet werden, angelegt?

Die Beitragszahlungen der Versicherten werden auf dreierlei Weise verwendet. Mit einem Teil werden die Kosten wie z.B. die Provision des Vermittlers bezahlt, mit einem weiteren Teil werden Rückstellungen für den Fall des frühen Todes des Versicherten gebildet, und ein dritter Teil fließt in den sogenannten Deckungsstock. Aus diesem werden durch den Kauf von Wertpapieren die gegenüber dem/der KundIn garantierte Mindestverzinsung erwirtschaftet, ebenso werden auch ein Teil der von dem/der KundIn bezahlten Kosten sowie die Rückstellungen für den Todesfall angelegt.

Die in diesen drei Bereichen erwirtschafteten Gewinne werden „Überschüsse" genannt. Mit der Anlage der Überschüsse versucht die Versicherungsgesellschaft, über die garantierte Verzinsung des Kapitals hinaus eine möglichst hohe Rendite für ihre KundInnen zu erzielen.

Für Risikoanteil, Deckungsstock und Überschüsse gelten eine Reihe gesetzlicher Vorschriften, in denen festgelegt wird, in welche Art von Wertpapieren und zu welchem Prozentsatz in bestimmte Arten von Wertpapieren angelegt werden darf. Dabei sind die Vorschriften für den Deckungsstock etwas strenger als für die Überschüsse. So dürfen z.B. lediglich 5% des Deckungsstocks, doch 20% der Überschüsse außerhalb der europäischen Gemeinschaft angelegt werden. Für den Deckungsstock und für die Überschüsse gilt, daß u.a. in Staatsanleihen, Pfandbriefe, Aktien, Unternehmenskredi-

---

[17] Gesamtverband der deutschen Versicherungswirtschaft, Bonn.

te, Bankkredite, Grundstücke und Investmentfonds investiert werden darf. 2,5% des im Deckungsstock und in den Überschüssen verwalteten Vermögens darf in nicht-börsennotierte Wertpapiere, also z.B. in Anteile einer GmbH investiert werden.
Der Anlagekatalog zulässiger Anlagearten für den Deckungsstock von Lebensversicherungen ist allerdings erst seit 1994 im Zuge der Anpassung an die in der EU geltenden Richtlinien so breit. Vor 1994 gab es wesentlich stärkere Beschränkungen, und in der Praxis ist es heute nach wie vor die Ausnahme, daß Lebensversicherungen die Sparbeiträge der Versicherten in Aktien anlegen. Die Gelder aus dem Deckungsstock fließen immer noch vor allem in inländische Staatspapiere und Pfandbriefe, also Papiere, die entweder durch einen Immobilienwert oder vom Bund, einem Bundesstaat oder einer Kommune besichert sind. Sie sind damit in Papiere mit höchstmöglicher Sicherheit investiert. Die Überschüsse werden allerdings auch jetzt schon in riskantere und renditeträchtigere Anlageformen wie z.B. Aktien oder Investmentfonds angelegt.
Eine Sonderform der Kapitallebensversicherung mit Risikoanteil stellt die sogenannte fondsgebundene Lebensversicherung dar. Hier werden die Beitragszahlungen nach Abzug der Kosten in Investmentfonds investiert und am Ende der Laufzeit zuzüglich der Gewinne, die in den Fonds erwirtschaftet wurden, ausgezahlt. Bei dieser Variante gibt es allerdings keine garantierte Mindestverzinsung. Die Auszahlungssumme hängt ganz vom Erfolg oder Mißerfolg der Investmentfonds ab. Durch den Verkauf von Fondsanteilen entstehen zudem zusätzliche Kosten.
Aus dem Verlauf einer Lebensversicherung ergibt sich, daß in den ersten Jahren der Laufzeit die im Deckungsstock angelegten Gelder den überwiegenden Teil ausmachen. Erst wenn hier nennenswerte Gewinne entstehen, gibt es auch Überschüsse zu verwalten. Gegen Ende der Laufzeit einer über zwanzig oder dreißig Jahre laufenden Lebensversicherung können die Überschüsse dem im Deckungsstock verwalteten Volumen gleichkommen oder ihn sogar übertreffen.
Für die Anlagen aus Lebensversicherungen ergeben sich damit die ethischen Probleme, die oben zu den konventionellen Wertpapieranlagen erörtert worden sind. Für sie treffen dabei vor allem die im Zusammenhang mit Pfandbriefen, Staatspapieren sowie Papieren öffentlicher Institutionen wie der Kreditanstalt für Wiederaufbau aufgezeigten Probleme zu. Für die Überschüsse und für fondsgebundene Lebensversicherungen ist zusätzlich die am Beispiel der Bayer AG aufgezeigte Problematik großer international agierender Konzerne relevant.

III. Wo fehlt das Geld der InvestorInnen?

Ein bedeutender Teil der fünf Billionen DM Geldvermögen, die AnlegerInnen hierzulande investieren, fließt in Bereiche, in denen sozialer und ökologischer Schaden angerichtet wird. Dies ist für sich genommen ein sehr unbefriedigender Zustand, der oft in deutlichem Mißverhältnis zu den Überzeugungen und dem Engagement der AnlegerInnen steht.
Der Schaden, den diese Gelder bei ökologisch und sozial verantwortungsloser Verwendung anrichten, ist allerdings nur ein Aspekt. Hinzu kommt, daß auf der anderen Seite die Gelder von AnlegerInnen dringend für sinnvolle Investitionen benötigt werden. Während auf der einen Seite Kredite für sozial unverantwortliche Projekte wie z.B. den Bau des Drei-Schluchten-Staudamms in China vergeben werden, fehlt auf der anderen Seite Kapital für sinnvolle Projekte. Die Auseinandersetzung um die Folgen privater Geldanlagen muß deshalb über die Beschreibung von Negativbeispielen hinausgehen und sich in einem zweiten Schritt damit befassen, wie die Macht der GeldanlegerInnen positiv genutzt werden kann. Im Kern stellt sich hier die Frage, wo Kredite und Investitionen so eingesetzt werden können, daß sie zu einer für alle Menschen zukunftsfähigen Entwicklung beitragen.

A. Welche Bereiche sind für eine sozial und ökologisch tragfähige Entwicklung entscheidend?

Antworten auf diese Frage ergeben sich aus einer Reihe von Studien, die sich mit Umsetzungsvorschlägen für eine ökologisch und sozial tragfähige Entwicklung befassen. Eine der bedeutendsten Veröffentlichungen ist hier die 1996 von Misereor und dem Bund für Umwelt und Naturschutz Deutschland (BUND) herausgegebene und vom Wuppertal Institut für Klima, Umwelt, Energie erarbeitete Studie „Zukunftsfähiges Deutschland". Aber auch der jährlich erscheinende Bericht des World Watch Instituts zeigt gangbare Wege in Richtung auf eine ökologisch tragfähige Entwicklung auf. Während bei diesen Berichten die Frage der Ökologie im Vordergrund steht, beschäftigt sich der seit 1989 ebenfalls jährlich herausgegebene Bericht über die Entwicklung der Menschheit (UNDP-Bericht) vornehmlich mit entwicklungspolitischen und sozialen Aspekten. Über die rein wirtschaftliche Größe des Bruttoinlandsprodukts und anderer wirtschaftlicher Kenngrößen hinausgehend, versucht dieser Bericht, in einem Entwicklungsindex den Grad der menschlichen Entwicklung in einem Land zu messen und aufzuzeigen, welche Maßnahmen die Entwicklung, verstanden als die Erweiterung der Lebensmöglichkeiten von Menschen, begünstigen. In diesem Index werden dabei bewußt auch die Industrieländer einbezogen, unter denen im Hinblick auf Merkmale wie Lebenserwartung, Gleichberechtigung von Mann und Frau, Bildung und Gesundheitsversorgung teilweise große Unterschiede bestehen.

1. Investitionen für die menschliche Entwicklung

Für die Entwicklungsländer nennt der UNDP-Bericht das Gesundheitssystem, die Ausbildung, die Intensivierung der Landwirtschaft und den Aufbau einer arbeitsintensiven Kleinindustrie sowie eines Kleinkreditwesens als die Bereiche, in denen Finanzmittel dringend benötigt werden. Die Autoren kommen zudem auf der Grundlage von über Jahrzehnten hinweg gesammeltem statistischem Material zu dem Ergebnis, daß die Förderung dieser Bereiche allen Bevölkerungsschichten zugute kommen muß, wenn sie dauerhaft den gewünschten Effekt erzielen sollen. Es hat sich auch gezeigt, daß Förderungen besonders wirksam sind, wenn sie sich gezielt an Frauen richten.

Konkret bedeutet dies, daß nach dem UNDP-Bericht Gelder in die Gewährung einer kostenlosen Primar- und Sekundarschulbildung und in die medizinische Grundversorgung fließen sollten. Wichtig ist, daß das Ausbildungsangebot auch die Mädchen erreicht. Die Förderung der Ausbildung und der medizinischen Versorgung sollte sich dabei an den Bedürfnissen der benachteiligten Bevölkerung orientieren. Förderlich ist eine allen kostenlos zur Verfügung stehende medizinische Grundversorgung einschließlich eines Impfprogramms, das auch die Armen auf dem Land und in den Städten erreicht. Eher hinderlich ist dagegen die Konzentration auf einen aufwendigen medizinischen Apparat in den Großstädten, der nur auf die Krankheiten der Reichen ausgerichtet ist.

Neben Ausbildung und Gesundheit ist es wichtig, Strukturen zu schaffen, die der Bevölkerung einen möglichst gleichberechtigten Zugang zu den Produktionsmitteln wie Land und Kapital (hier vor allem Bankkredite) gewähren. Besonders die Stärkung von Kleinbauern ist wichtig, weil sich gezeigt hat, daß sie ihr Land wesentlich intensiver nutzen als Großgrundbesitzer, die dazu neigen, einen Teil ihrer Ländereien brach liegen zu lassen.

Eine Umverteilung des Landbesitzes an kleine Familienbetriebe, wie sie in Ansätzen in Brasilien, Südafrika und Kenia umgesetzt wurde, bewirkt eine Förderung der Landwirtschaft und damit die Schaffung von Arbeitsplätzen auf dem Land, wo diese in den Entwicklungsländern besonders dringend benötigt werden. Dadurch verbessert sich sowohl die Ernährungssituation eines Landes als auch die politische Stabilität. Gerade die politischen Risiken spielen für Investitionen aus dem Ausland eine entscheidende Rolle.

Neben der Landwirtschaft sind auch Investitionen in den Aufbau und die Ausweitung der Kleinindustrie wichtig. Sie dienen eher dem Ziel einer langfristig positiven Entwicklung als nur eine kapitalintensive, hochtechnisierte Industrie, die sich an den Rationalisierungsmustern des Nordens orientiert. Eine solche arbeitsintensive Kleinindustrie und Landwirtschaft benötigt für ihren Aufbau allerdings auch ein entsprechendes Bankensystem, das auf die Vergabe von Kleinkrediten, auf die Beratung von bäuerlichen Familienbetrieben und kleinen bis mittelständischen Unternehmen spezialisiert ist.

Selbstverständlich kann nicht die komplette Wirtschaft eines Entwicklungslandes auf Kleinbauern und Kleinindustrie beruhen. Für den Aufbau einer leistungsfähigen Infrastruktur, eines Abwassersystems und einer flächendeckenden Energieversorgung sind kapitalintensive Projekte unumgänglich. Wenn möglich sollten hier im Hinblick auf die gerechte Verteilung der Leistungszugänge und unter Berücksichtigung des Umweltverbrauchs dezentrale Lösungen bevorzugt werden, die den natürlichen Reichtum eines Landes nutzen. Langfristig haben Solar- und Windkraft oder Kleinwasserkraftwerke mehr Aussicht auf Erfolg als Kraftwerke, die auf der Basis importierter fossiler Rohstoffe betrieben werden und oft mit der Vernichtung von Ökosystemen einhergehen.

Die wesentlichen Bereiche, in denen gemäß des UNDP-Berichts Kapital vordringlich in Entwicklungsländern sinnvoll eingesetzt werden kann und muß, sind damit umrissen.

2. Investitionen für Arbeitsplätze und Umweltschutz

Aber auch in den Industrieländern gibt es eine ganze Reihe vernachlässigter Bereiche, in denen sozial und ökologisch tragfähige Investitionen dringend benötigt werden.

Die speziellen Probleme, die hier gezielt mit Investitionen angegangen werden müssen, sind Arbeitslosigkeit und Umweltzerstörung. Außerdem gilt es, die allgemein zugängliche medizinische Versorgung zu sichern und die Pflege der älteren Bevölkerung zu gewährleisten.[18]

Für den Umweltschutz zeichnet sich mit zunehmender Deutlichkeit ab, daß nachsorgender Umweltschutz in Form von Katalysatoren, Rauchgasentschwefelungsanlagen und aufwendigem Recycling enorme Mittel verschlingt. Investitionen in diesem Bereich sind durchaus sinnvoll und nötig, weil sie punktuell die Umweltbelastungen senken. Langfristig jedoch macht es mehr Sinn, Entwicklungen zu stärken, die von vornherein den Verbrauch von Energie, Material und Schadstoffen verringern. Langfristig und global gesehen, geht es weniger um die Reduzierung von Schadstoffen am Ende von Produktionsketten (end of the pipe), als darum, den Umweltverbrauch weltweit auf ein Maß abzusenken, das ein gleiches Wohlstandsniveau im Süden wie im Norden zuläßt, ohne daß es zu einer ökologischen Katastrophe kommt. Das bedeutet aber, daß der Norden lernen muß, in seiner industriellen Produktion und individuellen Mobilität wesentlich weniger an Energie, Material und Umwelt zu verbrauchen, als er es jetzt tut.[19]

Erforderlich sind deshalb verstärkte Investitionen in jene Technologien, die in den Bereichen Verkehr, Innenraumheizung, Wärmedämmung und industrielle Produktion den Energieverbrauch und damit auch die CO_2-Emissionen drastisch senken. Technologien zur Gewinnung von regenerativer Energie wie der Solartechnik und der Windenergie, aber auch der Nutzung und Ausweitung von Energiesparmaßnahmen kommt hier eine bedeutende Rolle zu. Außerdem gilt es, den Materialverbrauch und Schadstoffausstoß insgesamt durch neue Produkte und Konzepte, die weniger auf den Verbrauch als auf die langfristige Nutzung von Gütern ausgerichtet sind, zu senken.

Ein weiteres wichtiges Element des vorsorgenden Umweltschutzes ist die Umstellung der Landwirtschaft, die heute noch in hohem Maße Kunstdünger und Pflanzenschutzmittel einsetzt, hin zu einem ökologisch verträglichen Landbau, der wesentlich dazu beiträgt, den Schadstoffeintrag in Boden und Grundwasser zu reduzieren und das Artensterben einzudämmen.

Für die Bekämpfung der Arbeitslosigkeit, die wie die Umweltzerstörung zunehmend zu einem globalen Problem wird, gibt es keine Patentlösung. Sicher ist lediglich, daß der Ausbau von Ausbildung, Forschung und Entwicklung sowie die Unterstützung von kleineren und mittleren Unternehmen die

---

[18] Die Naturzerstörung nimmt zwar auch in den Entwicklungsländern bedrohliche Ausmaße an und führt dort oft zu viel erheblicheren Beeinträchtigungen im Leben der Menschen als im Norden. Es ist aber der Norden, der den weitaus größeren Teil der Naturzerstörung direkt oder indirekt verursacht und bei der Beseitigung der Folgen in der Verantwortung steht.

[19] Siehe auch: BUND und Misereor:Zukunftsfähiges Deutschland, Basel 1996.

Schaffung ausreichender Beschäftigungsmöglichkeiten begünstigen. Für InvestorInnen ist es wichtig zu wissen, daß Unternehmen, die intensive Weiterbildungsprogramme für ihre Mitarbeiter umsetzen, einen wichtigen Beitrag zur Arbeitsplatzsicherung leisten. Zum einen tragen qualifizierte Mitarbeiter wesentlich zur Wettbewerbsfähigkeit bei, und zum zweiten haben Arbeitnehmer, die von ihrem Unternehmen regelmäßig geschult wurden, im Falle von Arbeitslosigkeit eine bessere Chance bei der Arbeitssuche, weil sie mit dem neuesten Stand der Technik vertraut sind.

Einen ebenso wichtigen wie gangbaren Weg zur Reduzierung von Arbeitslosigkeit zeigt die Studie „Ökosteuer – Sackgasse oder Königsweg? Wirtschaftliche Auswirkungen einer ökologischen Steuerreform", die das Deutsche Institut für Wirtschaftsforschung (DIW) im Auftrag von Greenpeace erarbeitete.[20] Die Studie zeigt, daß gezielte Investitionen in zukunftsfähige, umweltfreundliche Technologien zu einer Erweiterung des Stellenangebots in Industrieländern beitragen würden. Investitionen in diesem Bereich hätten also einen doppelten positiven Effekt. In Dänemark, wo zur Zeit schrittweise Ökosteuern eingeführt werden, zeigt sich, daß diese Erwartungen nicht überzogen sind.

Auch Investitionen in die Gründung von dezentralen Dienstleistungsunternehmen haben einen positiven Beschäftigungseffekt und machen in vielen Fällen auch umweltpolitisch Sinn. Dienstleistungen wie das Reparieren von Elektrogeräten, das Verleihen von Berufskleidung oder das Betreiben von Waschsalons bringen eine intensivere Nutzung von Produkten mit sich und verringern damit Energie-, Materialverbrauch und Schadstoffausstoß zugunsten einer höheren Qualität und Lebensdauer. Auch die Erweiterung des Angebots öffentlicher Verkehrsmittel schafft Arbeitsplätze und führt zusätzlich zu einer Entlastung der Umwelt.

3. Investitionen in das Gesundheits- und Pflegesystem

Ein typisches Problem vieler Industrieländer, die in den letzten Jahrzehnten ein leistungsfähiges, für alle zugängliches Gesundheits- und Altenpflegesystem aufgebaut haben, besteht heute darin, dieses zunehmend teurer werdende System auf Dauer zu finanzieren. Kostendämpfende Maßnahmen ohne Benachteiligung sozial Schwächerer bei gleichzeitiger Aufrechterhaltung und Ausbau eines leistungsfähigen medizinischen Angebots schließen u.a. vor-

---

[20] Deutsches Institut für Wirtschaftsforschung: Wirtschaftliche Auswirkungen einer ökologischen Steuerreform. Gutachten im Auftrag von Greenpeace e.V., Berlin, Mai 1994.

beugende Maßnahmen, prophylaktische Diagnose, häusliche Pflege und die am Menschen orientierte Erforschung und Weiterentwicklung der Medizin ein. Eine steigende Anzahl zum großen Teil junger Unternehmen engagiert sich mit Heimpflege-Angeboten oder der Entwicklung und Produktion sanfter Heil- und Pflegemittel in diesem Bereich.

B. Wie kann privates Kapital eine zukunftsfähige Entwicklung unterstützen?

Ist es für eine/n InvestorIn tatsächlich möglich, mit seinem/ihrem Kapital diese für die Zukunft der Menschheit entscheidenden Bereiche zu unterstützen? Ist es nicht vielmehr die Aufgabe von Regierungen und überstaatlichen Entwicklungsorganisationen, für eine zukunftsfähige Entwicklung im Norden *und* Süden der Welt zu sorgen? Und: Selbst wenn ich bereit bin, auch mit meinem Geld wichtige Entwicklungen zu unterstützen, läuft dies nicht zwangsläufig auf eine Spende hinaus oder auf ein hochriskantes Geschäft, bei dem man immer mit dem Totalverlust des eingesetzten Kapitals rechnen muß?

Ist es nicht unmöglich, etwas zu fördern und gleichzeitig einen Gewinn zu erwirtschaften oder Zinsen einzustreichen?

Diese Fragen stellen sich fast zwangsläufig, wenn man versucht, die oben genannten Bereiche für sinnvolle Investitionen mit einer renditeorientierten Geldanlage in Verbindung zu bringen.

Um das Paradox, das scheinbar in der Verbindung von Geldanlage und Unterstützung förderungswürdiger Bereiche liegt, aufzulösen, müssen vor allem zwei Umstände bedacht werden:

Zum einen haben KapitalanlegerInnen heute eine enorme Macht. Unternehmen, Institutionen und Staaten stehen untereinander in Konkurrenz um privates Kapital und müssen sich auf die Präferenzen ihrer GeldgeberInnen einstellen. Diese Macht kann für die Förderung einer sinnvollen Entwicklung eingesetzt werden, indem immer mehr InvestorInnen neben finanziellen Kriterien ihr Geld nach dem Kriterium der Zukunftsfähigkeit anlegen. Geschähe dies im großen Stil, hätten Unternehmen, Staaten, Banken und Institutionen keine andere Wahl, als in zukunftsfähige Bereiche zu investieren.

Zum zweiten wird oft unterschätzt, welche Bedeutung der Zugang zu Kapital und Krediten für wirtschaftliche Aktivitäten jeder Art hat. Unternehmen benötigen Startkapital, um ihren Betrieb aufnehmen zu können, Koperativen brauchen Einlagen, um das geplante gemeinschaftliche Werk umzusetzen. In der Folgezeit ist es wiederum der Zugang zu Investitionskapital und Krediten, der über die meist überlebensnotwendige Erweiterung von Betrieben entscheidet. Dies gilt auch für Organisationen wie die Weltbank, den Sozialfonds des Europarats und die Kreditanstalt für Wiederaufbau, die ihre Projekte zum größten Teil über öffentliche Anleihen finanzieren. In geringerem Maße gilt dies selbst für Staaten, die über ihre Steuereinnahmen hinaus auf den Finanzmärkten Geld aufnehmen müssen, um ihre Aktivitäten finanzieren zu können.

Neben den politischen Rahmenbedingungen und dem Verhalten der KonsumentInnen sind also die Kapitalflüsse eine dritte, gewichtige Größe für die Gestaltung unserer zukünftigen Lebensbedingungen.

IV. Die beiden Grundformen der ethischen Geldanlage

Um die Möglichkeiten, die Renditeaussichten und die Sicherheit von Geldanlagen in den oben genannten zukunftsfähigen Bereichen zu konkretisieren, ist es zunächst wichtig, eine Unterscheidung zu treffen.
Die Angebote ethischer Geldanlagen können in solche, mit denen ein direkter Fördereffekt erzielt wird (fördernde ethische Geldanlagen) und in solche, die vor allem darauf abzielen, negative Bereiche zu vermeiden (vermeidende ethische Geldanlagen), eingeteilt werden.
Bei fördernden ethischen Geldanlagen wird Projekten oder Unternehmen, die in zukunftsfähigen Bereichen tätig sind, Kapital zu günstigen Konditionen zur Verfügung gestellt. Diese günstigeren Konditionen können z.B. so gestaltet sein, daß Projekte Kredite zu vergleichsweise niedrigeren Zinsen erhalten, oder daß Unternehmen Beteiligungskapital erhalten, obwohl eine solche Beteiligung im Vergleich zu konventionellen Anlagen risikoreicher und mit geringeren Renditeaussichten verbunden ist. AnlegerInnen, die sich für eine solche Form der Geldanlage entscheiden, erzielen dabei nicht den höchstmöglichen finanziellen Ertrag, setzen ihr Kapital aber direkt zur Unterstützung förderungswürdiger Bereiche ein. Ihr Ziel ist ein doppeltes: Sie wollen ihr Geld erhalten und eine Rendite etwa in Höhe des Inflationsausgleichs erzielen. Eine rein renditeorientierte Anlage allein genügt ihnen aber nicht. Sie wollen zusätzlich mit ihrem Kapital zukunftsfähiges Wirtschaften direkt fördern.
Diese Form ethischer Geldanlagen findet in aller Regel außerhalb oder am Rande der konventionellen Finanzmärkte statt. Hier vermitteln Alternativbanken oder ökologisch ausgerichtete Finanzdienstleister zwischen interessierten AnlegerInnen und Projekten, die Kapital benötigen. Die Anonymität zwischen GeldanlegerInnen und KreditnehmerInnen ist insofern durchbrochen, als dem/der InvestorIn das Projekt über eine Beschreibung oder evtl. sogar über einen persönlichen Besuch bekannt ist. Transparenz ist somit gewährleistet.
In Deutschland waren 1991 in fördernden ethischen Geldanlagen knapp 400 Mio. DM angelegt.
Bei vermeidenden ethischen Geldanlagen geht es um etwas anderes. Hier erwarten die AnlegerInnen für ihre Beiträge, angelegt z.B. in Investmentfonds, in Lebensversicherungen oder über den Kauf von Rentenpapie-

ren[21], eine konventionelle Rendite und Sicherheit. Sie möchten diese aber nicht um jeden Preis erzielen. Bestimmte nicht gewünschte Bereiche werden bei der Investition über einen Katalog von Negativkriterien ausgeschlossen und andere, wie zum Beispiel die Umweltschutztechnologie, werden über Positivkriterien bevorzugt. Einen direkten Fördereffekt gibt es hier nicht. Vermeidende ethische Geldanlagen investieren zunächst nach den konventionellen Prinzipien von Sicherheit, Rendite und Verfügbarkeit und selektieren dabei aber jene Investmentmöglichkeiten heraus, die auch einem Katalog mehr oder weniger strenger ethischer Kriterien genügen. Für die Unternehmen und Institutionen, in die Gelder aus vermeidenden ethischen Geldanlagen fließen, entspringt daraus kein finanzieller Vorteil. Sie würden das Geld zu gleichen Konditionen von jedem/jeder anderen GeldgeberIn auch bekommen.

Die Gelder aus vermeidenden ethischen Geldanlagen werden auf konventionellen Finanzmärkten angelegt: Investmentzertifikate werden von konventionellen Banken herausgegeben, und die Aktien oder Rentenpapiere werden über die Börse erworben. Die Unternehmen oder die Institutionen, in die investiert wurde, sind dem/der AnlegerIn meist nur dem Namen nach bekannt.

Trotzdem darf die Wirkung vermeidender ethischer Geldanlagen nicht unterschätzt werden, denn sie leisten einen wichtigen Beitrag dazu, daß Themen wie Sozial-, Umwelt- und Entwicklungsverträglichkeit bei den Akteuren auf den Finanzmärkten eine Rolle zu spielen beginnen. Fordern GeldanlegerInnen mit einem bedeutenden Anlagevolumen eine sozial- und umweltverträgliche Investition ihrer Gelder, so muß man sich in den Zentren der Geldwirtschaft darauf einstellen. Auf diese Weise können auch über vermeidende ethische Geldanlagen langfristige bedeutende Veränderungen breitenwirksam angestoßen werden.

In Deutschland waren Ende 1997 allein über Investmentfonds rund 300 Mio. DM in vermeidende ethische Geldanlagen angelegt.

Sicherlich gibt es Anlageformen, die Elemente sowohl der fördernden als auch der vermeidenden Geldanlage aufweisen. So sind Investitionen in Windparks in der Bundesrepublik ein nicht unriskantes Geschäft, das durchaus Fördercharakter besitzt. Viele AnlegerInnen haben mit ihrer Investition in Windparks aber auch einträgliche Renditen erzielt.

Die im folgenden wiederholt verwendete Unterscheidung zwischen fördernden und vermeidenden ethischen Geldanlagen ist aber trotz des berechtigten

---

[21] Siehe „Der Sozialfonds des Europarats", Kapitel II E.

Hinweises auf Mischformen geeignet, Klarheit in das viel diskutierte Problem der Rendite und der Wirkung ethischer Geldanlagen zu bringen.
Diese Einteilung liefert außerdem Argumente gegen zwei Vorurteile, die gegenüber zunkunftsfähigen Geldanlagen immer wieder vorgebracht werden. Das eine Vorurteil ist nämlich, daß bei ethischen Geldanlagen, so sie diesen Namen verdienen, zwangsläufig auf Rendite verzichtet werden muß. Das andere Vorurteil ist, daß eine hohe Rendite und die Förderung zukunftsfähiger Projekte problemlos miteinander zu vereinbaren sind. In den Kapiteln V, VI und VIII wird versucht, eine differenzierte Antwort auf diese beiden zentralen Fragen ethischer Geldanlagen zu geben.

A. Beispiel für eine fördernde ethische Geldanlage

Eine genossenschaftliche Krankenversicherung auf den Philippinen

Der philippinische Staat gibt jährlich lediglich 6 DM pro Kopf der Bevölkerung für das öffentliche Gesundheitswesen aus. Das Krankenversicherungssystem der Regierung erreicht nur 3% der Bevölkerung und zahlt höchstens 30% der Krankenhauskosten. Daher sind die Menschen auf ihre privaten Mittel bei der Bezahlung von Arzthonoraren, Medikamenten und Krankenhausrechnungen angewiesen. Dies bedeutet für weite Teile der Bevölkerung, daß sie keinen Zugang zu ärztlicher Behandlung haben.
Angesichts dieser Lage hat die von 122 Genossenschaften gegründete ländliche Genossenschaftsbank von Davao City, einer Kleinstadt auf der philippinischen Insel Mindanao, für ihre Mitglieder eine eigene Krankenversicherung gegründet. Gegen einen jährlichen Beitrag von 1.200 Pesos (umgerechnet ca. 70 DM), der auf einmal oder in Raten gezahlt werden kann, erhalten die Mitglieder das Recht auf kostenlose Behandlung in einem der genossenschaftseigenen Krankenhäuser, die mit den ersten Jahresbeiträgen erbaut wurden.
Dieses Versicherungssystem hat seit 1991 Bestand und konnte seitdem ausgebaut werden. Es zeigte sich, daß von den Zinsen der Krankenkassenbeiträge medizintechnische Anschaffungen gemacht werden können, die ein hohes Niveau an Diagnostik und Behandlung ermöglichen. In einem zweiten Schritt werden nun gegen eine geringe Zuzahlung auch die Angehörigen der Genossenschaftsmitglieder mitversichert.
Das Startkapital dieser Krankenversicherung stammte aus den Beiträgen der in das genossenschaftliche System eingebundenen Versicherten. Für eine Erweiterung der genossenschaftlichen Bank, die neben dieser Krankenversiche-

rung auch den Wohnungsbau und die Ausbildung ihrer Mitglieder fördert, erhielt man einen Kredit von der ökumenischen Entwicklungsgenossenschaft EDCS[22], die anders als die philippinischen Geschäftsbanken bereit war, eine Kreditvereinbarung zu erträglichen Konditionen einzugehen. Mit den 200.000 DM, die die EDCS der Bank lieh, soll diese nun von einer ländlichen Genossenschaftsbank hin zu einer Entwicklungsbank mit weitgehenden Dienstleistungsangeboten einschließlich der Abwicklung von Außenhandelsaktivitäten erweitert werden. Die Einlagen der EDCS stammen von privaten AnlegerInnen und Kirchengemeinden, die ihr Geld gezielt in sinnvolle Entwicklungsprojekte investieren wollen. (Quelle: 15 Jahre westdeutscher Förderkreis der EDCS, Gummersbach 1994).

B. Beispiel für eine vermeidende ethische Geldanlage

Filterherstellung bei Memtec Limited

Die Aktien des in Australien ansässigen Unternehmens Memtec finden sich in vielen Investmentfonds mit ökologischen oder ethischen Kriterien. Das Unternehmen eignet sich gut für diese Fonds, weil es sowohl ökologische als auch soziale Stärken hat und gleichzeitig ein schnell wachsendes Unternehmen mit hohen Ertragsaussichten für die kommenden Jahre ist. Memtec stellt Filter verschiedenster Art her, die für die unterschiedlichsten Anwendungen benötigt werden. Einige Industriezweige wie z.B. die Mikroelektronik und die Pharmaindustrie müssen in ihrer Produktion ultrareines Wasser verwenden, um die Qualität und Sicherheit der Produkte zu gewährleisten. Auch in der Stromerzeugung wird ultrareines Wasser benötigt. Memtec liefert hier Systeme für die Reinigung des Wassers vor der Einspeisung in den Produktionsprozeß und für die anschließende Kreislaufführung des Prozeßwassers. Diese Kreislaufführung ist ein wichtiger Beitrag zur Einsparung von Wasser in industriellen Prozessen.

Neben industriellen Anwendungen werden die Filter von Memtec in der Abwasserbehandlung und Trinkwasseraufbereitung eingesetzt. In der Abwasserbehandlung entwickelte das Unternehmen ein Verfahren, das es ermöglicht, ohne den Einsatz von Chlor oder anderen Chemikalien Bakterien und Viren auszufiltern. In der Trinkwasseraufbereitung ist es möglich, mit diesem Verfahren eine Wasserqualität zu erreichen, die höchsten hygienischen Ansprüchen genügt und Mikroorganismen ausfiltert, die selbst durch die

---

[22] Siehe Portrait im Anhang.

Behandlung mit Chlor oder Ozon nicht zuverlässig beseitigt werden können. Eines der ersten dieser Systeme wird in der kommunalen Trinkwasserversorgung in Malaysia eingesetzt.

Neben diesen unter Umweltgesichtspunkten herausragenden Produkten werden auch Filter für die Getränkeindustrie (Fruchtsäfte, Wein, Bier etc.), Spezialfilter für die Autoindustrie und Filter für die Herstellung von Videobändern produziert. Wie die allermeisten Unternehmen, die eine neu entwickelte Spezialtechnologie weltweit vermarkten, geht ein kleiner Teil der Filter in Bereiche, die für den/die ethische/n AnlegerIn kritisch sind; so werden die Filter von Memtec auch in Kernkraftwerken und in mobilen Militärduschen eingesetzt.

Betriebsintern setzt Memtec eine Reihe von Maßnahmen um, die auf ein sozialverantwortliches Management schließen lassen. So gibt es ein auf gehobener Managementebene angesiedeltes Umweltmanagementprogramm, es wurden Leitlinien zur Unternehmensethik entwickelt, die den Mitarbeitern jede Form der Korruption verbieten, es gibt ein Programm zur Frauenförderung, und man ergreift Maßnahmen gegen sexuelle Belästigung am Arbeitsplatz. Gegen Ende 1997 wurde die Aktienmehrheit des Unternehmens vom US-amerikanischen Filterhersteller U.S. Filter übernommen. U.S. Filter hat sich ebenfalls auf die Herstellung und den Vertrieb von Filtern für die Industrie und den Umweltschutz spezialisiert.

V. Die Kriterien der ethischen Geldanlage

A. Kleiner Exkurs über das ethisch Gute und Schlechte

Wie in den ersten beiden Kapiteln gezeigt wurde, hat die weitverbreitete Praxis, Geld ohne jede ethische Bindung anzulegen, einerseits zur Folge, daß ein beträchtlicher Teil des angelegten Kapitals an ethisch fragwürdige Bereiche weitergegeben wird. Andererseits führt sie dazu, daß vielen sozialen und ökologischen Initiativen Geldmittel fehlen.
Wenn angesichts dieser Situation rein finanzielle Kriterien eine unzureichende Orientierung für eine zukunftsfähige Geldanlage darstellen, stellt sich im nächsten Schritt die Frage, welche Kriterien außer Rendite, Sicherheit und Verfügbarkeit bei der Geldanlage eine Rolle spielen sollen. Dies beinhaltet zweierlei. Zum einen bedeutet die Aufstellung von nicht-finanziellen Investitionskriterien eine Entscheidung für einen ethischen Wertekatalog. Zum zweiten müssen diese Werte so in Kriterien gefaßt werden, daß sie auf wirtschaftliche Tätigkeiten im allgemeinen und Finanztransfers im besonderen anwendbar sind.
Zunächst sollen einige grundlegende Überlegungen zu ethischen Werten angestellt werden, die bei der Aufstellung und Beurteilung von Investitionskriterien hilfreich sind.
Viele Menschen sind heute der Ansicht, daß ethische Wertvorstellungen eine Frage subjektiver Entscheidung sind. Was man zu tun und zu lassen hat, so wird argumentiert, kann weder aus überkommenen Traditionen gefolgert werden, noch gibt es rational schlüssige Begründungen dafür. Die Entscheidung für oder gegen eine bestimmte Werthaltung ist damit analog zu der Entscheidung für oder gegen eine bestimmte Musikrichtung zu verstehen. Ethik ist letztlich eine Frage des Geschmacks.
Im Kontext ethischer Geldanlagen übernehmen Banken oft diese Argumentation. Es könne keine ethischen Geldanlagen geben, weil Ethik subjektiv sei und deshalb kein verbindlicher Kriterienkatalog für solche Geldanlagen aufgestellt werden könne, heißt es.
Die Ansicht von der Subjektivität der Ethik entwickelte sich historisch gesehen aus einer Gegenreaktion auf jene Zeit, in der traditionelle Lebensregeln weit in das Leben des oder der einzelnen eingriffen und so persönliche Bereiche wie Sexualität und Glaubensinhalte unter Androhung teilweise drako-

nischer Strafen bestimmten. Die Ansicht, Ethik sei eine Frage des Geschmacks, ist so gesehen eine verständliche Reaktion in Zeiten des Niedergangs traditioneller Moralvorstellungen. Mit dieser Gegenreaktion, die im Extrem ethischen Regeln jeden Anspruch auf allgemeine Gültigkeit absprechen will, geht aber auch einher, daß ein Unterschied zwischen jenen Bereichen der Ethik gemacht werden muß, in denen Fragen des persönlichen Lebensstils behandelt werden, und jenen Bereichen, in denen Ethik grundlegende Normen des Miteinanderlebens aller Menschen benennt. So gibt es gute Gründe dafür, die Vorliebe für eine homosexuelle oder für eine heterosexuelle Partnerschaft als eine Angelegenheit zu behandeln, in der jeder und jede den eigenen Neigungen nachgehen können sollte.

Auf der anderen Seite gibt es aber auch jene Bereiche der Ethik, in denen Grundnormen behandelt werden und in denen die These von der Subjektivität von Ethik Grenzen findet. Hier geht es um existentielle Fragen wie das friedliche Zusammenleben der Menschen, die Verteilung von Lebenschancen und die Bewahrung von Lebensgrundlagen. Solche Fragen können nicht dem persönlichen Geschmack überlassen werden.

Diese Grundnormen sind dabei keine Ausnahmeerscheinung in Extremsituationen, sondern begegnen uns in vielen alltäglichen Handlungen sowie in juristischen und politischen Auseinandersetzungen. Man denke nur an die Versuchung, in die uns bei Parkbemühungen ein freistehender Behindertenparkplatz immer wieder führt, oder daran, in welche Konflikte wir kommen, wenn wir erleben, daß vor unseren Augen ein Ausländer gedemütigt oder mißhandelt wird. Ebenso steht hinter sehr vielen wirtschaftspolitischen Kontroversen die Frage nach der gerechten Verteilung von Gütern. Ethische Auseinandersetzungen bestimmen also nach wie vor unseren Alltag. Die weitverbreitete Meinung, Ethik sei subjektiv, hat daran nichts geändert. Wir argumentieren und handeln ständig auf der Grundlage von Werten und Normen, die uns als eine Art Kompaß auf unserer tagtäglichen Gratwanderung zwischen dem ethisch Guten und Schlechten führen.

Und in der Tat ist es so, daß Grundwerte wie Gerechtigkeit und die Unversehrtheit von Leben gar nicht anders als allgemeingültig gedacht werden können. Es ist sinnlos, Gerechtigkeit als einen subjektiven, auf eine einzelne Person anzuwendenden Maßstab zu nehmen, denn der Wert Gerechtigkeit impliziert eine wie auch immer im einzelnen ausformulierte Gleichbehandlung *aller* Menschen. Gerade der Mensch, der auf seinem subjektiven Lebensstil besteht, pocht auf ein allgemeines Recht.

Ähnliches gilt für die Unversehrtheit menschlichen Lebens. Die Achtung vor dem menschlichen Leben impliziert die Forderung an *alle* Menschen, sich gewaltlos zu verhalten. Es ist sinnlos, diese Werte als private Vorliebe zu äußern. Grundlegende ethische Werte enthalten per se einen Anspruch auf Allgemeingültigkeit.

Damit ist allerdings die Frage noch nicht gelöst, *welche* dieser allgemeinen Werte allgemein erhoben werden und wie ein solcher Katalog von Grundwerten in allgemein nachvollziehbarer Weise begründet werden kann.

In der Geschichte der Ethik gibt es zwei Ansätze, eine solche Begründung zu liefern. Diese sollen beide hier kurz erläutert werden.

Der eine, zweckethische (teleologische) Ansatz geht davon aus, daß die moralische Bewertung einer Handlung nur von ihren Folgen abhängt. Sind diese tatsächlichen, wahrscheinlichen oder beabsichtigten Folgen einer Handlung oder einer Handlungsregel gut, so ist sie unter ethischen Gesichtspunkten zu befürworten, sind sie schlecht, sollte sie unterlassen werden. Eine Spielart der Zweckethik ist der Utilitarismus, der sich vom „größten Glück der größten Zahl" als oberster Maxime leiten läßt. Es gibt unter den Vertretern dieser auf den Zweck der Handlung gerichteten Ethik unterschiedliche Ansichten darüber, was gute und was schlechte Folgen sind. Vorherrschend ist allerdings die Ansicht, daß gute Folgen angenehme Empfindungen sind und schlechte Folgen Schmerzen darstellen. Eine gute Handlung ist demnach eine solche, die für die Menschen zu mehr angenehmen Empfindungen führt als zu unangenehmen Empfindungen. Damit begründet sich das moralisch Gute letztlich durch etwas Außermoralisches, denn das Angenehme oder Unangenehme ist in sich nicht moralisch, sondern es sind empirische Wahrnehmungen. Einflußreiche Vertreter dieser Zweckethik sind die englischen Philosophen Jeremy Bentham und John Stuart Mill, die einen nicht unbedeutenden Einfluß auf die wirtschaftliche Entwicklung Englands im 19. Jahrhundert hatten.

Pflichtethiker halten dieser Zweckethik entgegen, daß es auch in sich gute Handlungen bzw. Handlungsregeln gibt, deren Verwirklichung unabhängig von den Folgen ethisch zu befürworten ist. So sei es z.B. unabhängig von den Folgen in sich gut, die Wahrheit zu sagen oder Gerechtigkeit zu üben. Klassische Formen einer Pflichtethik finden sich in allen Weltreligionen; auch der Philosoph Immanuel Kant war ein Pflichtethiker.

Beide Ansätze führen zu Problemen, denn eine strikte Befolgung würde bei beiden dazu führen, daß eine Handlung auch dann ethisch geboten ist, wenn unser moralisches Empfinden dazu neigt, sie zu verurteilen.

Zunächst ist es sicherlich eine Schwäche der Folgenethik, daß wir in den allerwenigsten Fällen alle Wirkungen kennen, die unser Handeln auf das Glück oder Unglück anderer Menschen hat.

Die deutlichste Schwäche der (utilitaristischen) Zweckethik liegt jedoch darin, daß sie auch ungerechte Handlungen befürwortet. Dies wird an folgenden Beispielen deutlich: Die Bewohner einer Stadt haben beschlossen, ihren Energieverbrauch zu halbieren, indem u.a. die Raumtemperatur in allen Innenräumen auf 18 Grad Celsius reduziert wird. Nach einigen Monaten gemeinsamer Anstrengungen ist das Ziel erreicht. Eine einzelne Bewohnerin der Stadt macht aber nicht mit. Sie heizt ihre Zweizimmer-Wohnung weiter auf 24 Grad Celsius. Ein (utilitaristischer) Zweckethiker hätte auf der Grundlage seines Systems kein Argument, diese Handlung zu verurteilen, denn die Folgen, die eine um sechs Grad höhere Raumtemperatur in einer einzigen Wohnung einer großen Stadt für die Energieeinsparung der Stadt hat, sind minimal. Das Argument, daß ein solches Verhalten ungerecht ist, weil andere Menschen frieren, während eine Bewohnerin im Warmen sitzt, beruht auf dem inneren Wert, dem man der Gerechtigkeit zuschreibt, der aber für einen reinen Utilitaristen nicht zählt, da für ihn nur die Folgen ausschlaggebend sind.

Utilitaristen haben versucht, dieses Manko zu beseitigen, indem sie jene Handlung oder Handlungsregeln befürworten, die das größte Glück für die *größte Zahl von Menschen* zur Folge hat. Aber auch dieser Zusatz würde die Frau in ihrer warmen Zweizimmerwohnung nicht verurteilen können. Im Gegenteil: Da ihre warme Wohnung zum höheren Glück für eine Bewohnerin der Stadt führt, gleichzeitig das Glück der anderen Menschen aber nicht geschmälert wird, wäre ihre Handlung sogar ethisch geboten.

Genausowenig könnte man mit Hilfe dieses Zusatzes ein Wirtschaftssystem verurteilen, das viele Reiche reicher und damit glücklicher macht, während es wenige Arme ärmer macht. Der Wert der Gerechtigkeit ist ein Wert in sich und kann deshalb nur über eine Pflichtethik gefordert werden.

Aber auch die Pflichtethik hat Nachteile. In der praktischen Anwendung ergibt sich aus diesem Ansatz z.B. das Problem, daß moralische Pflichten in einer konkreten Situation zu einander widersprechenden Handlungsanweisungen führen können. So können z.B. das Gebot, nicht zu töten, und das Gebot, Gerechtigkeit zu üben, zu der Handlungsempfehlung führen, einen Diktator zu töten und ihn nicht zu töten. Für einen Zweckethiker wäre die Lage dagegen klar: Führt sein Tod zum Glück vieler Menschen, ist das Opfer eines Menschen, sogar wenn sie oder er unschuldig sein sollte, legitim. Ein im Alltag häufig auftretender Konflikt entsteht zwischen den beiden Regeln, einerseits andere Menschen nicht zu verletzen und andererseits stets die Wahrheit zu sagen. Diese Widersprüche können nur durch die Festlegung einer Rangordnung der einzelnen Gebote gelöst werden. Wer aber sollte diese Rangordnung festlegen? In den meisten Religionen ist nichts derartiges vorgegeben. Und es ergeben sich andauernde Auseinandersetzungen über die Gewichtung der einzelnen Gebote im Konfliktfall.

Um den Konflikt der Wertegewichtung zu überwinden, entwickelte Immanuel Kant ein System, das auf einer einzigen Regel beruht, der Regel nämlich, daß jede und jeder nur nach derjenigen Maxime handelt, von der man zugleich wollen kann, daß sie zum allgemeinen Gesetz werden könne („kategorischer Imperativ"). Lügen und Gewaltsamkeit verbieten sich nach dieser Regel gleichermaßen, denn niemand kann vernünftigerweise wollen, daß Unwahrhaftigkeit oder Gewaltsamkeit zum allgemeinen Gesetz erhoben werden, da er in einer solchen Situation ständig von Gewalttätigkeit und Unwahrhaftigkeit umgeben wäre. Kant ging dabei so weit, auch in extremen Situationen Wahrhaftigkeit zu fordern. Auch jemand, der in einem despotischen Regime einen unschuldig Verfolgten in seinem Haus versteckt, ist verpflichtet, den an seiner Tür anklopfenden Verfolgern den Aufenthaltsort des Verfolgten preiszugeben.

Das Problem der sich widersprechenden Regeln innerhalb eines Wertesystems ist damit nicht befriedigend gelöst.

Genauso wie wir den Utilitaristen nicht darin folgen können, daß eine Handlung, die zu einer ungleichen Verteilung menschlichen Glücks führt, ethisch geboten sein soll, kann sich unsere Vorstellung vom ethisch Richtigen und Falschen nicht damit abfinden, daß wir ungeachtet der Konsequenzen für das Wohlergehen von Menschen einer ethischen Regel folgen sollen.

Für die Entwicklung einer tragfähigen Ethik im allgemeinen und für die Aufstellung eines Wertekatalogs für ethische Geldanlagen im besonderen erscheint es angesichts dieser Überlegungen sinnvoll, von beiden Richtungen jene Bestandteile aufzunehmen, die für eine akzeptable ethische Richtschnur brauchbar sind. Bestimmte Grundwerte wie Gerechtigkeit, Freiheit und die Unversehrtheit von Leben werden bei unseren Handlungen immer leitend sein müssen, wenn sie Anspruch darauf erheben, im ethischen Sinne „gut" zu sein. Zudem ist es aber unerläßlich, die Folgen unserer Handlungen für das Glück anderer Menschen in unsere Überlegungen einzubeziehen und unsere Handlungen und Investitionen daran auszurichten.

Bei der Aufstellung und Beurteilung ethischer Investmentkriterien ist es eine Hilfe, sich dieser beiden Ethikkonzepte bewußt zu sein. Sie stellen jenseits subjektiver Meinungsäußerung zwei Wege der Begründung für das ethisch Gute und Schlechte dar und verweisen gerade in ihren jeweiligen Schwächen auf das ethisch Unabdingbare: die Unverletzlichkeit bestimmter Grundwerte und die Berücksichtigung der Folgen unserer Handlungen.

B. Das Weltethos-Projekt und der konziliare Prozeß als Ausgangspunkt für ethische Investmentkriterien

Der Theologe Hans Küng hat mit seinem Projekt „Weltethos" den Versuch unternommen, über religiöse und weltanschauliche Grenzen hinweg einen Wertekatalog aufzustellen, der aufgrund seines religiösen Hintergrunds zwar pflichtethisch geprägt ist, dessen Forderungen aber an den Folgen für das Wohlergehen der Menschen orientiert sind. Sein Ausgangspunkt ist, daß es angesichts der zunehmenden Globalisierung der Wirtschaft, die mit einer Unterordnung ethischer Normen unter das ökonomische Kalkül einhergeht, unerläßlich ist, einen globalen Konsens über Werte zu entwickeln, um aus dieser Position heraus ethische Forderungen an die wirtschaftliche Globalisierung zu stellen.

Sein „Projekt Weltethos", in dem an einem solchen Konsens gearbeitet wird, beruht auf der Auseinandersetzung mit Vertretern unterschiedlichster Religionen unter Berücksichtigung auch nicht-religiöser Weltanschauungen. Ziel ist, einen Grundkonsens gemeinsamer Werte und Maßstäbe aufzustellen, den alle Menschen, gleich welcher Religion, Weltanschauung oder Nation, in ihren eigenen Traditionen wiederfinden können. Wichtig ist ihm dabei, daß bei diesem Bemühen um einen ethischen Grundkonsens die Unterschiede nicht verwischt werden. Die verschiedenen Glaubensrichtungen sollen unbedingt in ihren zum Teil sehr verschiedenen Glaubensinhalten, Riten und Lebensstilen bestehen bleiben. Auf dem Boden dieser Vielfalt soll aber im Hinblick auf die drängenden Probleme der ganzen Menschheit nach Gemeinsamkeiten gesucht werden, die sich aus dem Inneren der Religionen selbst ergeben.

Mit der ersten gemeinsamen Erklärung zum Weltethos, die das Parlament der Weltreligionen 1993 verabschiedete, wurde ein wichtiger Schritt hin zu einer solchen religionsübergreifenden Weltethik getan, die von Anhängern der verschiedensten Religionen und von Nicht-Gläubigen und aufgeklärten Humanisten mitgetragen wird. Sie wurden von Vertretern der Bahai, Brahma Kumaris, verschiedenen Konfessionen des Buddhismus und des Christentums, verschiedenen Naturreligionen, des Hinduismus, des Jainismus, des Judentums, des Islams, der Neu-Heiden, der Sikhs, des Taoismus, der Theosophen und Zoroastrier unterschrieben.

Auf der Grundlage der vier in allen diesen Religionen zu findenden ethischen Regeln: „Du sollst nicht töten", „Du sollst nicht stehlen", „Du sollst nicht lügen" und „Du sollst nicht Unzucht treiben", werden in dieser Erklärung die folgenden „Vier unverrückbaren Weisungen" entwickelt:

1. Verpflichtung auf eine Kultur der Gewaltlosigkeit und der Ehrfurcht vor allem Leben,
2. Verpflichtung auf eine Kultur der Solidarität und eine gerechte Wirtschaftsordnung,
3. Verpflichtung auf eine Kultur der Toleranz und ein Leben in Wahrhaftigkeit und
4. Verpflichtung auf eine Kultur der Gleichberechtigung und die Partnerschaft von Mann und Frau.

Diese vier Weisungen werden in einem zweiten Schritt konkret auf aktuelle Probleme wie z.B. institutionelle Gewalt und Umweltzerstörung, die ungerechte Verteilung materieller Güter, die Verdrehung der Wahrheit durch Massenmedien und die sexualisierte Gewalt bezogen.

Ausdrücklich wird dabei erwähnt, daß es oft auch Führer und Anhänger von Religionen sind, die Aggression, Fanatismus und Haß schüren und damit zum Verstoß gegen diese Werte beitragen.

Auf der anderen Seite würdigte das Parlament der Weltreligionen die aus der säkularen Tradition stammende Erklärung der Menschenrechte, die sich, wie das erste Religionskolloquium der UNESCO 1989 in Paris zeigte, auch aus den Lehren der jüdischen, islamischen, hinduistischen, buddhistischen und christlichen Tradition und des Konfuzianismus herleiten lassen.

Viele internationale Konzerne entschuldigen ihr ethisch fragwürdiges Verhalten in außereuropäischen Ländern oft damit, daß hier andere Wertvorstellungen herrschen, an die sich das Unternehmen, will es in dem fremden kulturellen Kontext überleben, anpassen muß. Bestechung oder Verstöße gegen Menschenrechte werden so oft mit dem Hinweis auf die kulturelle Vielfalt erklärt. Da es keinen weltweit gültigen Wertekatalog gibt, gibt es keine Grundlage, auf der man diese Verstöße verurteilen kann, heißt es zur Rechtfertigung. Es ist das Verdienst des Projekts Weltethos, diesem Argument den Boden entzogen zu haben. Die Verletzung von Grundwerten, der viele Konzerne oft tatenlos zusehen oder an der sie selbst direkt und indirekt beteiligt sind, läßt sich nicht mit der Subjektivität von Ethik rechtfertigen. Sie sind auch aus der Sicht außereuropäischer Kulturen unentschuldbare Verbrechen.

Innerhalb des christlichen Rahmens wurde Ende der achtziger Jahre in einem weltweiten konziliaren Prozeß auf zahlreichen Regionalkonferenzen in Europa, Nordamerika und Lateinamerika ein vergleichbares Projekt in Angriff genommen, um einen in allen Konfessionen verankerten ethischen Konsens zu finden. 1990 wurde dieser Konsens mit der Werte-Trias: Gerechtigkeit, Frieden und Bewahrung der Schöpfung auf der großen ökumenischen Weltkonferenz in Seoul zusammengefaßt und der Weltöffentlichkeit vorgestellt. Für christliche Basisgruppen, die diesen Prozeß angestoßen hatten, ist diese Werte-Trias nun der Rahmen für ihre weitere Arbeit hin zu durchgreifenden Veränderungen. Für sie gilt es, diese Werte in den jeweiligen Lebenszusammenhängen in die Praxis umzusetzen und gemeinsame Richtlinien auszugeben, die Wege für eine friedliche Zukunft und den Erhalt der Umwelt in wirtschaftlicher Gerechtigkeit aufzeigen. Gleichzeitig werden jene Mächte in die Pflicht genommen, die das Leben bedrohen und unsere Zukunft und mehr noch die Zukunft künftiger Generationen aufs Spiel setzen. In einem Dokument des Ökumenischen Rates der Kirchen in Übereinstimmung mit der UNO-Weltkonferenz für Umwelt und Entwicklung 1992 in Rio de Janeiro werden in diesem Sinne folgende Grundsätze aufgestellt:

1. Achtung vor dem immanenten Schöpfungswert und der Integrität jedes einzelnen, wobei besondere Aufmerksamkeit den Rechten der Unterdrückten gilt, gerechten Anteil an den Früchten der Erde zu bekommen;
2. Anerkennung des immanenten Schöpfungswertes der natürlichen Welt, in nachgeordneter Aufnahme ihres instrumentellen Wertes, den sie als Ressource für die Befriedigung der Bedürfnisse und Wünsche der Menschen hat;
3. Eintreten für eine Wirtschaftsform, die auf der Achtung der ökologischen Unversehrtheit der Schöpfung und auf der Befriedigung der menschlichen Grundbedürfnisse basiert und daher übermäßigen und verschwenderischen Konsum sowie das ökonomische Konzept des unbegrenzten Wachstums ablehnt.

Die Anlagekriterien des Ökumenischen Rates der Kirchen (ÖRK)

Für InvestorInnen entwickelte der Arbeitskreis Kirche und Geld des Ökumenischen Rates der Kirchen (ÖRK) fünf Kriterien für die Anlage kirchlicher Gelder. Danach sollten Geldanlagen

1. sozialverträglich sein, dem Kreditnehmer nicht zu hohe Zinsen aufbürden;
2. der internationalen Gerechtigkeit dienen, indem sie transnationale Konzerne und Banken meiden;
3. friedensverträglich sein, indem kein Geld in die Waffenproduktion fließt;
4. umweltverträglich sein, indem kein Geld in umweltzerstörende Wirtschaftszweige investiert wird;
5. generationenverträglich sein, indem Risiken, die künftige Generationen belasten, wie Atomenergie, kein Geld erhalten.

Diese Kriterien lassen sich über folgende Strategien in der Geldanlage umsetzen:

1. Investitionen sollten bevorzugt in alternative Firmen und Banken fließen, die einen besonderen Beitrag zu Gerechtigkeit, Frieden und Bewahrung der Schöpfung leisten.
2. Der Kauf von Aktien konventioneller Unternehmen kann dazu benutzt werden, um diese Unternehmen als kritische Aktionäre auf unhaltbare Praktiken hinzuweisen.
3. Anlagen in Unternehmen sollten grundsätzlich boykottiert werden, wenn diese Waffen produzieren, diskriminierende Arbeitsverhältnisse aufweisen, Menschenrechtsverletzungen unterstützen oder direkt an Umweltzerstörung beteiligt sind. Banken sollten boykottiert werden, wenn sie ihre Kreditansprüche gegenüber überschuldeten armen Ländern in voller Höhe aufrechterhalten.[23]

C. Wie werden ethische Kriterien für die Geldanlage ausgewählt?

Wie können diese sehr allgemeinen und weitreichenden ethischen Forderungen bei der Auswahl geeigneter Investitionsobjekte angewandt werden? Es ist sicher nicht praktikabel, angesichts der vier Forderungen des Weltparlaments der Religionen oder der Werte-Trias des konziliaren Prozesses auf die Suche nach *dem* ethisch guten Unternehmen zu gehen. Dies liegt daran, daß diese Kriterien zu wenig spezifisch sind, um auf konkrete Investitionsentscheidungen anwendbar zu sein. Zum zweiten wird sich aber auch kein Unternehmen finden, das diesen Forderungen in jeder Hinsicht entspricht. Für die Anwendung in der Geldanlage bedarf es deshalb zum einen einer Ableitung dieser Werte hin zu den konkreten Anwendungsbereichen, und es bedarf zum anderen einer Abstufung, mit deren Hilfe krasse Verstöße von weniger eklatanten unterschieden werden können.

So muß *Friedfertigkeit* im wirtschaftlichen Zusammenhang vordringlich mit der Produktion und dem Handel von Waffen in Verbindung gebracht werden. *Gerechtigkeit* ist in wirtschaftlichen Zusammenhängen überall dort relevant, wo Gruppen oder Organisationen mit unterschiedlichen Interessen und Einflußmöglichkeiten aufeinandertreffen. *Dies gilt für die Auseinandersetzung zwischen Arbeitnehmern und Arbeitgebern, aber auch für das Verhältnis zwischen Marktteilnehmern mit großer Marktmacht und Kunden und Lieferan-*

---

[23] Quelle: Publik Forum Nr. 2, 31. Januar 1997, 17.

ten mit wesentlich geringerer ökonomischer Macht. Gerechtigkeit spielt aber auch dort eine Rolle, wo Teile der Bevölkerung aufgrund gesellschaftlicher Vorurteile oder eingefahrener Rollenmuster an der Entwicklung ihrer Fähigkeiten behindert werden. Festigt das Verhalten eines Unternehmens diese Benachteiligung oder ist es bereit, durch besondere Förderung ausgleichende Gerechtigkeit zu üben? Die *Wahrhaftigkeit* in ökonomischem Zusammenhang spielt dort ein Rolle, wo das ökonomische Eigeninteresse eine Verschleierung oder Beschönigung von Tatsachen nahelegt, so wie es vor allem beim Verkauf von Waren und der Bemühung um Beteiligungskapital und Krediten der Fall ist.

Die *Bewahrung der Schöpfung* betrifft den verantwortlichen Umgang mit allen von dem Unternehmen ausgehenden Umweltauswirkungen.

Für die detaillierte Aufstellung von Kriterien muß versucht werden, die wesentlichen Verstöße gegen den vom Weltparlament der Religionen aufgestellten Wertekatalog auszuschließen und umgekehrt Unternehmen hervorzuheben, die durch ihre Aktivitäten zur Umsetzung dieser Werte im Wirtschaftsleben beitragen. Die Auseinandersetzung darüber, wie dies geschehen kann, soll zunächst mit einem Blick in die Geschichte ethischer Anlagekriterien begonnen werden.

1. Ethische Investmentkriterien im historischen Überblick

In Großbritannien und in den Vereinigten Staaten entwickelte sich die Aufstellung ethischer Kriterien für Kapitalanlagen zunächst an den konkreten Lebensregeln christlicher Gemeinschaften. So forderten Methodisten und Quäker in England und den USA zu Beginn des Jahrhunderts von ihren Banken, daß die Gemeindegelder nicht in Rüstungsunternehmen, in die Glücksspiel- und Suchtmittelindustrie oder in Pornographie investiert werden, da dies im krassen Gegensatz zu ihren Grundüberzeugungen gestanden hätte.

In den siebziger Jahren wurde das Instrument des ethisch selektiven Investments in den USA von der Anti-Apartheidbewegung und der Anti-Vietnamkriegsbewegung aufgenommen. Hier wurden politische Ziele als Anlagekriterien formuliert. Es sollten keine Investitionen in Südafrika oder in Unternehmen, die Geschäfte mit Südafrika betrieben oder dort Tochtergesellschaften unterhielten, fließen. Ebenso sollte kein Geld in die Rüstungsindustrie und in Unternehmen, die Zulieferer für die Kriegsführung in Vietnam waren, gehen. Ziel war, das Apartheidsregime und die Nutznießer des Vietnamkriegs wirtschaftlich zu schwächen. Der so von AnlegerInnen und KonsumentInnen ausgehende wirtschaftliche Druck auf das Apartheidsregime war dabei ein nicht unwesentlicher Faktor im erfolgreichen Kampf gegen das Apartheidsregime in Südafrika.

In der Folge nahm eine Reihe von ethischen Fonds in den USA Negativkriterien wie die Diskriminierung von Frauen oder Minderheiten, Tierversuche, unverantwortliche Marketingmethoden und Kernkraft auf.

In den achtziger Jahren trat die Forderung nach umweltverantwortlichem Wirtschaften hinzu. Ethische Geldanlagen in Form von umweltverträglichen Geldanlagen entstanden nun zum ersten Mal auch auf dem europäischen Festland, wo zunächst in Dänemark (1987) und später auch in Schweden, der Bundesrepublik Deutschland, den Niederlanden, Belgien, Österreich, Luxemburg, Norwegen, der Schweiz und Frankreich Ökofonds und ökologische Lebensversicherungen aufgelegt wurden.

Die Berücksichtigung des Umweltschutzes in Investitionsentscheidungen wurde dabei zum ersten Mal nicht mehr nur über Ausschlußkriterien, sondern auch über Positivkriterien formuliert. Es sollten bevorzugt Aktien von Unternehmen gekauft werden, die aktiv zur Schonung der natürlichen Ressourcen beitrugen.

Der weltweit erste ökologisch orientierte Fonds, der 1982 in den USA aufgelegte New Alternative Fund, verfolgte die Strategie, gezielt in Unternehmen zu investieren, die im Bereich der umweltfreundlichen Energiegewinnung tätig sind. Die später aufgelegten „grünen" Fonds in den USA, England und später auch auf dem europäischen Festland nahmen alle Positivkriterien in ihre Richtlinien auf. Typische ökologische Positivkriterien waren und sind dabei z.B. Recycling, Energieeinsparung, Emissionsverminderung, Entwicklung von Umwelttechnologien, Abfallbeseitigung oder öffentliche Verkehrsmittel.

Im Überblick läßt sich ein deutlicher Trend von Kriterien, die sich an religiösen Lebensregeln orientieren, hin zu Kriterien, die an aktuellen gesellschaftlichen und politischen Mißständen ansetzen, sowie ein Trend von Negativkriterien hin zu Positivkriterien feststellen.

2. Einige grundsätzliche Regeln

Anbieter ethischer Geldanlagen haben in aller Regel einen Katalog von Kriterien formuliert, gemäß dem sie die Gelder ihrer KundInnen anlegen. Die folgenden Hinweise sollen die Einschätzung eines solchen Katalogs ermöglichen und aufzeigen, worauf man bei der Aufstellung eines solchen Katalogs achten sollte.

Die Kriterien für fördernde ethische Geldanlagen und für vermeidende ethische Geldanlagen[24] unterscheiden sich dabei wesentlich.

a) Die Kriterien fördernder ethischer Geldanlagen
Eine fördernde ethische Geldanlage zielt auf eine moderate Rendite in Verbindung mit der direkten materiellen Unterstützung eines Projekts. Die Kriterien müssen so gefaßt werden, daß sie förderungswürdige Projekte identifizieren, die kaum eine Chance haben, über konventionelle Geldanlagen oder über staatliche Unterstützung ausreichend Mittel zu erhalten, die aber andererseits in der Lage sind, einen Kredit zurückzuzahlen. Förderungswürdigkeit und Wirtschaftlichkeit müssen gleichermaßen berücksichtigt werden.
Um die Förderungswürdigkeit zu gewährleisten, müssen diese Projekte Elemente enthalten, die innerhalb rein marktwirtschaftlicher Gegebenheiten nur schwer zu realisieren sind. Sie sollten sich deshalb in eine der drei folgenden Kategorien einordnen lassen:
1. Maßnahmen des Ausgleichs gegenüber wirtschaftlich Benachteiligten, wie Menschen in Entwicklungsländern oder Immigranten,
2. Entwicklung, Herstellung oder Vertrieb von zukunftsfähigen Produkten, für die es derzeit noch kaum einen Markt gibt.
3. Initiativen z.B. in den Bereichen Kultur, Bildung, Frauen oder Soziales, die keine oder eine zu geringe öffentliche Förderung erhalten.
Eines dieser Kriterien wird in aller Regel von kleinen und mittleren Projekten und Unternehmen erfüllt.
Konkret werden Darlehen z.B. an Genossenschaften in Entwicklungsländern[25], für den Aufbau von gemeinschaftlichen Wohn- und Arbeitsformen, für freie Schulen oder für Frauenprojekte vergeben. Im Umweltbereich werden vor allem in den Industrieländern z.B. die Photovoltaik, der ökologische Landbau oder der Bau von Niedrigenergiehäusern gefördert.
Über diese Merkmale der Mittelverwendung hinaus geht es bei fördernden ethischen Geldanlagen darum, einen anderen Umgang mit Geld einzuüben. Die AnlegerInnen *erfahren*, daß es bei Investitionen um mehr geht als darum, eine höchstmögliche Rendite zu erwirtschaften, und daß mit Geldanlagen eine andere, solidarische Form des Wirtschaftens praktiziert werden kann. Elemente des solidarischen Wirtschaftens sollten deshalb auch bei den Projekten selber realisiert sein. Merkmale wie die Teilhabe möglichst vieler Menschen an den Gewinnen des Unternehmens, eine genossenschaftliche

---

[24] Siehe Kapitel IV: Die beiden Grundformen der ethischen Geldanlage.
[25] Siehe Beispiel Nr. 1 in Kapitel IV.

oder in anderer Weise demokratische Organisation, die Beteiligung von Frauen an Entscheidungsprozessen u.ä. gehören deshalb ebenfalls zu den spezifischen Kriterien dieser Form ethischer Geldanlagen.

b) Die Kriterien vermeidender ethischer Geldanlagen
Vermeidende ethische Geldanlagen haben keinen direkten Fördereffekt. AnlegerInnen erwarten hier eine konventionelle Rendite, möchten dabei aber vermeiden, daß ihr Geld z.B. in Rüstung oder Umweltzerstörung fließt, und bevorzugen stattdessen Investitionen in zukunftsfähige Bereiche. Die Kriterien müssen demnach so formuliert werden, daß einerseits negative Bereiche wirkungsvoll ausgeschlossen werden und zum anderen Unternehmen identifiziert werden können, die sozial- und umweltverantwortlich arbeiten.

Eine Auswahl von mit Bedacht gewählten Negativkriterien ist aus zwei Gründen für diese Form der ethischen Geldanlagen unerläßlich.

Verzichtet man auf Ausschlußkriterien, besteht zunächst die Gefahr, daß in Unternehmen investiert wird, die zwar in einigen Bereichen natur- oder sozialverträglich arbeiten, auf der anderen Seite aber in eben diesen Bereichen in krasser Weise gegen Grundwerte verstoßen. So fanden sich in der Vergangenheit in Ökofonds ohne Ausschlußkriterien z.B. Titel von Unternehmen, die in der Sondermüllentsorgung tätig waren und denen nachgewiesen werden konnte, daß sie grob fahrlässig mit Giftmüll umgegangen sind. Ohne Ausschlußkriterien ist es sogar möglich, daß ein Umweltfonds in Unternehmen investiert, die Rüstungsgüter herstellen.

Zum zweiten sind es bei den vermeidenden ethischen Geldanlagen, die sich im Bereich der konventionellen Finanzmärkte bewegen, gerade die Ausschlußkriterien, die eine neue Dimension in die Finanzwelt bringen. In ihnen wird ein ethisch motivierter Verzicht auf Investitionen formuliert, der unabhängig von jedem finanziellen Kalkül gilt.

Ein Fonds, der lediglich in Form von Positivkriterien eine Liste von Investitionsschwerpunkten aufzählt, unterscheidet sich grundsätzlich nicht von einem konventionellen Branchenfonds, der in seinem Reglement z.B. festlegt, daß vornehmlich in die Telekommunikation investiert werden soll. In beiden Fällen wird lediglich ein Investitionsschwerpunkt definiert und mit Investitionen innerhalb dieses Schwerpunkts eine möglichst hohe Rendite erwirtschaftet. Negativkriterien sind deshalb eine conditio sine qua non vermeidender ethischer Geldanlagen und ein Prüfstein dafür, ob ein Anbieter ernsthaft um eine andere Form der Geldanlage bemüht ist, oder ob er in seiner Werbung für einen gewöhnlichen Branchenfonds lediglich suggeriert, neben dem Erzielen einer hohen Rendite auch noch ethische oder ökologische Ziele zu verfolgen.

Bei der Formulierung der Positivkriterien sollte zunächst angegeben werden, ob ein Unternehmen alle von ihnen erfüllen muß oder bloß eine Auswahl, um für eine Investition in Frage zu kommen. Zum anderen sollten sie so formuliert werden, daß nur jene Unternehmen ausgewählt werden können, deren Maßnahmen der Sozial- und Umweltverträglichkeit deutlich über dem Durchschnitt liegen.

Grundsätzlich gilt, daß Umweltfonds und Öko-Lebensversicherungen, die wirklich eine neue Dimension in die Geldwirtschaft einführen wollen, Kriterien aufstellen müssen, die unabhängig von den finanziellen Zielen des Fonds gelten und gemessen werden können. Der Erfolg dieser Anlagen muß auf beidem beruhen: Zum einen muß das anvisierte finanzielle Ergebnis erzielt werden, zum zweiten müssen die ethischen Kriterien in den Anlagen eingehalten worden sein. Die ethischen Kriterien müssen dabei so formuliert sein, daß sie nur unabhängig vom finanziellen Erfolg gemessen werden können. Ansonsten besteht die Gefahr, daß Ethik ein bloßes Instrument der Werbung wird.

Neben diesen grundsätzlichen Überlegungen müssen bei der Kriterienbildung folgende pragmatische Gesichtspunkte berücksichtigt und den KundInnen mitgeteilt werden:

1. Die für die Überprüfung der Kriterien notwendigen Informationen müssen prinzipiell zugänglich sein.
2. Die Kriterien müssen mit vertretbarem Aufwand überprüfbar sein.
3. Das finanzielle Ziel des/der AnlegerIn sollte bei der Aufstellung der Kriterien im Auge behalten werden. Je strenger die Kriterien gefaßt werden, desto geringer ist die Auswahl der Anlagemöglichkeiten und desto höher ist das finanzielle Risiko.

Anlagekriterien des britischen Fonds: NPI Global Care Unit Trust

Folgende Bereiche werden vermieden:
Alkohol, Glücksspiel, unverantwortliche Werbung, Rüstung, Diktaturen, Pornographie, Tabak, Treibhausgase, Bergbau, Kernkraft, Gase, die die Ozonschicht zerstören, Pestizide, Straßenbau, Tropenholz, Industrien, die die Gewässer verschmutzen, Tierversuche, Pelze, Fleisch- und Milcherzeugnisse.

Folgende Bereiche werden bevorzugt:
Aktives Engagement in den Gemeinden, Ausbildung, Gesundheitsfürsorge,

> Arbeitssicherheit, Vorbeugung vor Berufskrankheiten, Mitarbeiterfreundlichkeit, Unternehmensleitlinien und Offenheit, Socially progressive relationships, Energieeinsparung, Öffentlicher Verkehr, Multimedia und Telekommunikation, Umwelttechnologie, Meß- und Regeltechnik, Recycling, Dienstleistung, erneuerbare Energien, Abfallentsorgung, vegetarische Nahrungsmittel, ökologische Textilien.

D. Auf der Suche nach dem ethisch guten Unternehmen I

Bei dem renommierten Institut Lydenber Domini & Company rief eines Tages ein Investmentmanager an. Eine wichtige Kundin von ihm wollte ihr Geld nach ethischen Kriterien verwalten lassen. Wir fragen ihn, ob seine Kundin weiß, welche Kriterien das sein sollten, wie streng die Kriterien sein sollten, und wie streng sie angewandt werden sollten. Die Antwort war: Nein, ich glaube nicht, daß sie weiß, was sie genau will, aber ich kann sagen, daß sie ein deutliches Gefühl davon hat, was sie will.[26]
So schwer die Aufstellung ethischer Investmentkriterien angesichts der doppelten Forderung nach Praktikabilität und Glaubwürdigkeit ist, im Alltag eines Fondsmanagers oder Kreditsachbearbeiters bereitet die Anwendung der einmal aufgestellten Kriterien die größten Sorgen. Wann hat nun ein Unternehmen das Kriterium „Gewässerverschmutzung" erfüllt und wann nicht? Welche der Güter, die sowohl militärisch als auch zivil genutzt werden (sog. Dual-Use-Güter), sind den Rüstungsgütern zuzurechnen? Wann ist ein Projekt als frauenfreundlich oder sozial einzustufen?
Es gibt zwei miteinander kombinierbare Wege, diese im Alltag der ethischen Anlagen auftretenden Probleme zu lösen.
Es kann zum einen ein Institut damit beauftragt werden, Berichte zu den in Frage kommenden Unternehmen oder Projekten anzufertigen, die regelmäßig einem Gremium ausgewählter Fachleute vorgelegt werden. Das Gremium entscheidet dann von Fall zu Fall, ob die Kriterien erfüllt sind oder nicht. Dieser Weg wird in aller Regel bei der Auswahl von Projekten für fördernde ethische Geldanlagen gewählt.
Er ist dieser Form der ethischen Geldanlage angemessen, weil es hier weni-

---

[26] Aus: Kinder, Peter D./Lydenberg, Steven D./Domini, Amy L. (Hrsg.): The Social Investment Almanach, New York 1992.

ger um einen abhakbaren Fragenkatalog geht als darum, die Einstellung der Projektteilnehmer, ihre Ziele und ihr Engagement kennenzulernen. Mit dem Entscheidungsprozeß geht häufig auch eine intensive wirtschaftliche Beratung einher.

Öko- und Sozialratings

Eine andere Möglichkeit, die eher im Bereich der vermeidenden ethischen Geldanlagen praktiziert wird, besteht – analog zu einem Finanzrating, das die Kreditwürdigkeit eines Unternehmens überprüft – darin, ein Rating bezüglich der Umwelt- oder der Sozialverträglichkeit eines Unternehmens zu erstellen. Es gibt verschiedene Ansätze für ein solches Rating. Bei allen geht es aber darum, eine vergleichende Bewertung von Unternehmen anhand eines Kriterienrasters vorzunehmen. Dafür werden einzelne Teilgebiete definiert und innerhalb dieser Kriterien so weit expliziert, daß sie durch Ja/Nein-Entscheidungen oder mit Punkten bewertet werden können. Aus den daraus entstehenden Teilbewertungen, oft ergänzt um beschreibende Hinweise zu speziellen Aspekten, ergibt sich ein Gesamtbild des untersuchten Unternehmens, das zu einer Entscheidung für oder gegen eine Investition führt.

Diese Methode stammt aus der Konsumentenbewegung. Der Anlaß war hier, daß über verschiedene Boykottbewegungen zum einen deutlich wurde, daß die weitreichende Tätigkeit multinationaler Konzerne eine Vielzahl ethischer Probleme aufwirft und zum anderen die zum Boykott aufgerufenen VerbraucherInnen fragten, welche Alternativen es gibt und worin sich die konkurrierenden Anbieter von Konsumgütern im Hinblick auf soziale, ökologische und entwicklungspolitische Aspekte unterscheiden.

Als Antwort hierauf gab die in New York ansässige kritische Verbraucherorganisation „Council on Economic Priorities" (CEP) 1988 die erste Ausgabe des Buches „Shopping for a Better World" heraus. Das inzwischen rund eine Million mal verkaufte Nachschlagewerk bewertet 138 US-amerikanische Konsumgüterhersteller in Punkten wie Chancengleichheit, Tierversuche, Familienfreundlichkeit, Gewerkschaften, Umwelt und Spenden an Wohltätigkeitsorganisationen. Außerdem gibt das Buch Auskunft darüber, welche Unternehmen an der Tabak- und Rüstungsindustrie beteiligt sind. Verbraucher und Verbraucherinnen haben so die Möglichkeit, gezielt Produkte jener Konsumgüterhersteller auszuwählen, die in diesen Bereichen verantwortlich handeln.

In Deutschland gab das Institut für Markt und Gesellschaft (imug) in Hannover mit dem „Unternehmenstester" eine deutsche Version des ethischen Ratings für KonsumentInnen heraus.[27]

Inzwischen gibt es im deutschsprachigen Raum einige Agenturen und Institute, die mit unterschiedlichen Methoden und unterschiedlichen Zielrichtungen Unternehmensratings durchführen.[28]

Abgesehen von der Tatsache, daß sich diese Institute darin unterscheiden, ob sie ökologische Aspekte schwerpunktmäßig behandeln oder ob sie zu beiden Bereichen arbeiten, können sie in ihrem Vorgehen in den folgenden Punkten variieren:

a) Absolutheit – Relativität

Während es bei einem Boykott darum geht, Unternehmen an einem absolut gesetzten Kriterium zu messen, das entweder erreicht wird oder nicht erreicht wird und im letzteren Fall boykottiert wird, zielen Ratings darauf ab, eine relative Einstufung von Unternehmen im Hinblick auf ihre Konkurrenten vorzunehmen.[29] Hier wird z.B. verglichen, wieviel Engagement die Firma A bei der Substitution von Tierversuchen im Vergleich zur Firma B an den Tag legt. Einige Ratings können aber auch Momente einer absoluten Beurteilung beinhalten. Es können z.B Kriterien formuliert werden, die bestimmen, wann ein Unternehmen überhaupt zu einem Rating zugelassen wird, oder es kann ein bestimmter Standard fixiert werden, den ein Unternehmen erreichen muß, um eine Mindestnote zu bekommen.

b) Quantifizierung – Qualifizierung

Einige Ratings arbeiten mehr mit qualitativen Einschätzungen, indem sie in Texten beispielhaft auf Stärken und Schwächen eingehen. Andere hingegen arbeiten mehr quantitativ und legen das Gewicht auf in Zahlen gefaßte Bewertungen. Ein Bewertungssystem, das rein quantitativ ausgerichtet ist, läuft Gefahr, sich zu sehr an meßbare Phänomene zu halten, die evtl. den Inhalt nur ungenügend erfassen. Kann z.B. die Frauenfreundlichkeit eines Unternehmens über die Anzahl der Frauen in Führungspositionen erfaßt werden, oder ist es hier nicht auch wichtig, in Gesprächen mit Mitarbeiterinnen ein Stimmungsbild zu erreichen? Eine Dominanz der qualitativen Bewertung hingegen führt zu einem Mangel an Nachvollziehbarkeit für Außenstehende. Generell ist es schwerer, Merkmale der Sozialverträglichkeit quantitativ

---

[27] Institut für Markt und Gesellschaft (imug): Der Unternehmenstester, Reinbek 1995.
[28] Siehe Anhang, Abschnitt „Institute".
[29] Verbreitung fand dieser Ansatz vor allem durch: R. Will u.a., Shopping for a Better World (New York, Council on Economic Priorities 1988).

zu fassen als die eher naturwissenschaftlich orientierten Merkmale der Umweltverträglichkeit.

c) Verrechnung von Teilergebnissen
Eine Verrechnung der Bewertung von Teilbereichen zu einer Gesamtnote wird nur von wenigen Instituten vorgesehen. Sie hat den Vorteil, einen schnellen Vergleich zuzulassen und ein Unternehmen mit einer einzigen Zahl auf einer Skala zu einzuordnen. Ein solches Vorgehen bereitet aber grundsätzliche Schwierigkeiten, wenn man so unterschiedliche Bereiche wie Rüstung, Entwicklung und Mitarbeiter zu einer Endnote zusammenzufassen versucht. Ist es wirklich möglich, die Negativpunkte, die ein Unternehmen im Bereich Rüstung erhält, weil es militärisch relevante Güter herstellt, aufzurechnen gegen die Pluspunkte, die es bekommt, weil es Tagesstätten für die Kinder seiner MitarbeiterInnen eingerichtet hat?
Aus der Sicht einer Pflichtethik, bei der es um die Erfüllung von Grundwerten geht, ist eine solche Aufrechnung unmöglich. Legt man jedoch eine rein utilitaristische Ethik zugrunde, bei der es nicht um die Erfüllung von Werten, sondern nur um den Gesamtnutzen einer Handlung geht, ist gegen eine solche Verrechnung weniger einzuwenden.

E. Auf der Suche nach dem ethischen Unternehmen II Die Recherche

Wie verläuft eine Recherche zur Überprüfung der Umwelt- und Sozialverträglichkeit eines Unternehmens und woher erhalten die Institute die notwendigen Daten?
Ausgangspunkt der Unternehmensrecherche sind die Unterlagen, die ein Unternehmen im Rahmen seiner Öffentlichkeitsarbeit herausgibt bzw. aufgrund gesetzlicher Vorschriften herausgeben muß. Die Qualität dieser Unterlagen ist sehr unterschiedlich und hängt stark von der Gesetzgebung des Landes ab, in dem das Unternehmen seinen Hauptsitz hat. Alle börsennotierten Aktiengesellschaften geben jedoch jährlich einen von einem Wirtschaftsprüfer testierten Jahresbericht mit einem Bericht über den Geschäftsverlauf und der Bilanz heraus. In Deutschland wird auf soziale oder ökologische Aspekte in diesen Berichten wenig eingegangen.
Über den Geschäftsbericht hinaus veröffentlichen Unternehmen oft auch Imagebroschüren, Unternehmensleitlinien, Produktkataloge oder Firmengeschichten.

Unternehmen, die an einer US-amerikanischen Börse gehandelt werden, müssen zusätzlich die strengen Veröffentlichungsvorschriften der dortigen Börsenaufsicht, der Security and Exchange Comission (SEC), erfüllen. Jedes Unternehmen muß u.a. in einem sogenannten 10-K-Bericht eine detaillierte Beschreibung seiner Aktivitäten einschließlich der Beschaffungs- und Vertriebswege geben und die Gehälter des Führungspersonals veröffentlichen. Auch anhängige oder in jüngster Zeit entschiedene Gerichtsverfahren müssen aufgeführt werden.

Noch weitergehende Informationen enthält der Emissionskatalog, den US-amerikanische Unternehmen veröffentlichen müssen, wenn sie Aktien neu an der Börse herausgeben. Hier werden potentielle InvestorInnen umfassend über alle Risiken, die mit einer Investition in das Unternehmen einhergehen, unterrichtet.

Hat man die unternehmenseigene Literatur studiert und sich ein Bild von den Aktivitäten des Unternehmens gemacht, so geht es im nächsten Schritt darum, sich über potentielle Problemfelder zu informieren. Welche Umweltprobleme sind mit der Herstellung von Papier und Zellstoff verbunden? Was sagen Menschenrechtsorganisationen zu Joint-Ventures in bestimmten Ländern? Wie ist das Mitarbeiterbeteiligungsprogramm im Vergleich zu anderen derartigen Programmen einzuschätzen? Auf diese Fragen können Fachliteratur und Experten auf den jeweiligen Gebieten Auskunft geben. Mit zunehmender Erfahrung kennen sich Ethik-Analysten in den zentralen Bereichen selber aus oder wissen, über welche Quellen sie an relevante Zusatzinformationen kommen.

Aus diesem Hintergrundwissen ergibt sich eine Reihe von Fragen an das Unternehmen. Sie zielen auf Detailinformationen ab, die in der Firmeninformation nicht enthalten, für eine Einschätzung aber unerläßlich sind. Diese Fragen lassen sich am besten im Rahmen eines Firmenbesuchs stellen, bei dem auch Teile der Produktionsstätten besichtigt werden. Sollte dies nicht möglich sein, so werden sie schriftlich gestellt. Die vollständige Beantwortung von Detailfragen zur Firmenpolitik im Hinblick auf Umwelt- und Sozialverträglichkeit ist eine Ausnahme, mit der man als Ethik-Analyst nicht rechnen darf. Ausweichende Antworten, Teilantworten oder der Hinweis auf Firmengeheimnisse sind hier eher die Regel. Trotzdem ergeben sich auch aus bruchstückhaften Antworten wichtige Hinweise zur Einschätzung des Unternehmens und nicht zuletzt auch auf dessen Offenheit.

Die Informationen, die Unternehmen selbst herausgeben, enthalten wichtige Anhaltspunkte, müssen aber unbedingt noch durch externe Quellen ergänzt und untermauert werden. Dies liegt nicht zuletzt daran, daß Firmeninformationen auf die Bedürfnisse von rein renditeorientierten InvestorInnen zugeschnitten sind und eher Fragen nach den finanziellen Aussichten des Unternehmens als nach seiner Umwelt- und Sozialverträglichkeit beantworten.[30]

Informationen zu diesen Aspekten findet man in Tageszeitungen, Magazinen und Fachzeitschriften und über den Kontakt zu Gewerkschaften, Dritte-Welt- und Umweltorganisationen sowie Ortsgruppen von Verbänden, wie z.B. Gruppen des BUND oder der Gesellschaft für bedrohte Völker sowie befreundeten Forschungsinstituten.

Für die langfristige Beobachtung von Unternehmen ist es nötig, eine Auswahl von Zeitschriften regelmäßig nach Informationen zu durchkämmen. Selbstverständlich sind neben kritischen Zeitschriften auch klassische Wirtschaftszeitungen zu berücksichtigen, da diese spezielle Informationen zu Unternehmen veröffentlichen. Es gibt Übersee-Institute, die die Regionalpresse in Entwicklungsländern kontinuierlich auswerten und zugänglich machen.

In den USA gibt es eine Reihe von Zeitschriften, die regelmäßig Unternehmensportraits veröffentlichen und über Managementstrategien berichten. Ein Teil dieser Berichte geht auch auf soziale Aspekte ein. Einige Zeitschriften veröffentlichen jährlich Listen der Unternehmen mit den besten Arbeitsbedingungen für Frauen und Afroamerikaner.

In Deutschland sind unternehmensspezifische Informationen seltener und verstreuter. Sie müssen aus einer Reihe von Publikationen zusammengesucht werden. Wichtige Anhaltspunkte bieten Verbraucherzeitschriften wie Ökotest oder test von der Stiftung Warentest u.a.

Informationen zu Firmen können auch über die verschiedenen Suchmaschinen des Internets recherchiert werden. Die Unternehmen selber, aber auch Börseninformationsdienste und zahllose Initiativen speisen Daten in das Netz, die oft nicht in Papierform veröffentlicht werden. Besonders für die Recherche zu international tätigen Unternehmen sind über das Netz Informationen inzwischen schnell zugänglich geworden.

Konkrete Informationen zu Fragen der Sozial- und Umweltverträglichkeit, die das Unternehmen selbst verschweigt, erhält man am ehesten von Gewerkschaften, Bürgerinitiativen vor Ort oder von den kritischen Aktionärinnen und Aktionären. Besonders die kritischen Aktionärinnen und Aktionäre eines Unternehmens verfügen oft über Kontakte in das Unternehmen hinein

---

[30] In ihrem 10-K-Bericht informieren US-amerikanische Unternehmen z.B. regelmäßig darüber, wieviele ihrer Mitarbeiter gewerkschaftlich organisiert sind. Sie tun dies aber nicht aus Motiven der Sozialverantwortlichkeit, sondern um potentielle InvestorInnen auf die *Gefahr* kollektiver Lohnverhandlungen und Streiks hinzuweisen.

bis hin zu Tochtergesellschaften in Übersee und haben einen Schatz verläßlicher, schwer zugänglicher Informationen gesammelt.[31]
Geht es um entwicklungsspezifische Fragen in Unternehmen, so ist es in der Regel unumgänglich, Kontakte zu Organisationen vor Ort zu knüpfen.[32] Abgesehen von der Fülle an für Außenstehende unzugänglichen Informationen, die Institute vor Ort beschaffen können, hat dieses Vorgehen einen weiteren entscheidenden Vorteil: Es sind nicht externe Experten aus dem Norden, die über die Situation der Menschen in den Entwicklungsländern recherchieren, sondern die Menschen in den Entwicklungsländern selbst liefern Informationen über ihre eigene Situation und können aus ihrer Perspektive über die Zustände berichten.

Die Ergebnisse der Recherche werden mit Kommentaren zu den wichtigsten Daten in das Kriterienraster eingetragen und die Bewertungen vorgenommen. Gegebenenfalls kann auch ein umfassender Abschlußbericht angefertigt werden. Wichtig ist es in jedem Fall, die Ergebnisse dem Unternehmen vorzulegen und zu diskutieren. Die Vorstellung der Ergebnisse ist zugleich ein Weg, Veränderungen im Unternehmen anzustoßen.

F. Beispiele

I. Der Frankfurt-Hohenheimer Leitfaden

Im September 1997 wurde in Frankfurt das Buch „Ethische Kriterien für die Bewertung von Unternehmen, Frankfurt-Hohenheimer Leitfaden" vorgestellt. Ausgearbeitet wurde dieser Leitfaden von dem Moraltheologen Prof. Johannes Hoffmann, dem Konsumökonomen Prof. Gerhard Scherhorn und dem Philosophen und Ethiker Prof. Konrad Ott zusammen mit einer Arbeitsgruppe von Wissenschaftlern und Praktikern. Diese Kriteriologie baut auf einer ethischen Grundüberzeugung auf, die die Autoren als die „Bio-Überlebensfähigkeit für den Menschen und seine Mitwelt" beschreiben. Auf dieser Grundlage entwickeln sie mit Hilfe des Instruments der Wertbaumanalyse einen umfassenden Kriterienkatalog, der die Kernwerte des Welt-

---

[31] So knüpften die kritischen Aktionärinnen und Aktionäre z.B. Kontakte zu Gewerkschaftern in den Ländern Uruguay, Brasilien, Südafrika und Australien und luden 1993 acht Gewerkschafter zu einer Veranstaltung nach Deutschland ein, um über die sozialen Mißstände in den Tochtergesellschaften zu berichten.

[32] SÜDWIND hat z.B. bei seinen Recherchen zur sozialen Situation der Textilarbeiterinnen in Südostasien eng mit zwei Instituten aus Hong Kong und den Philippinen zusammengearbeitet, die vor Ort recherchierten.

ethos und des konziliaren Prozesses aufnimmt. Die Wertbaumanalyse strukturiert die Kriterien auf insgesamt sechs Ebenen.
Die oberste Ebene dieser Wertbaumanalyse stellt dabei die drei Werte „Naturverträglichkeit", „Sozialverträglichkeit" und „Kulturverträglichkeit" dar. Die zweite Ebene bestimmt die jeweiligen Handlungsbereiche, innerhalb derer die entsprechenden Werte umzusetzen sind, also z.B. die Organisationsstruktur eines Unternehmens, das Verhalten den MitarbeiterInnenn gegenüber oder das Verhalten den KundInnen und Lieferanten gegenüber. Auf der dritten Ebene werden dann konkrete Elemente innerhalb dieser Handlungsbereiche benannt wie z.B. die Arbeitszeitregelung für MitarbeiterInnen oder die Emissionen im Normalbetrieb. Die Ebenen vier bis sechs führen dann zu konkreten Fragen. Auf der vierten Ebene wird danach gefragt, ob eine bestimmte ethisch relevante Situation in dem Unternehmen besteht, wie etwa: „Existieren geschäftliche Kontakte zu Entwicklungsländern?" oder „Welche Art von Emissionen fallen regelmäßig an?" Auf der fünften Ebene wird genauer nach der Art dieser ethisch relevanten Situation gefragt, etwa: „Welche umwelttoxischen Emissionen gehen von dem Unternehmen aus?" oder: „Wird in der Produktion in den Entwicklungsländern Kinderarbeit eingesetzt?"
Diese Detailfragen können auf der sechsten Ebene vertieft werden, indem z.B. ganz konkret nach der insgesamt ausgestoßenen Menge an CO_2 gefragt wird oder gefragt wird, welche Umweltgruppen in den Entwicklungsländern das Unternehmen finanziell unterstützt.
Neu an dieser Kriteriologie ist, daß neben der Sozialverträglichkeit und der Naturverträglichkeit auch die kulturelle Verantwortung von Unternehmen überprüft wird. Dieser Forderung an Unternehmen, auch kulturelle Verantwortung zu übernehmen, liegt die Überlegung zugrunde, daß Wirtschaftsunternehmen nicht nur in einem ökonomischen und rechtlichen Kontext, sondern auch in einem kulturellen Kontext moralischer Grundüberzeugungen handeln, die für das wirtschaftliche und gesellschaftliche Zusammenspiel unerläßlich sind.
Für den Bestand und die Stärkung dieser moralischen Basis einer Gesellschaft im allgemeinen und des Wirtschaftens im besonderen trägt jedes Unternehmen Mitverantwortung. Lieferanten und KundInnen gegenüber können z.B. Werte wie Vertrauen und Wahrhaftigkeit durch ein entsprechendes Geschäftsgebaren unterstützt werden, sie können aber auch etwa durch Anheizung eines Klimas der Korruption und der Übervorteilung nachhaltig unterminiert werden. Dies hat Auswirkungen auf das ethische Klima im Wirtschaftsleben und in der Gesellschaft.

Es geht im Bereich der kulturellen Verantwortung also um die moralische Haltung von Unternehmen, wie sie sich z.b. in Leitlinien und im alltäglich gelebten Geschäftsgebaren nach außen manifestiert. Es geht dabei z.b. um die Frage, wie sich das Unternehmen zwischen den beiden Polen „Fürsorglichkeit" und „Aggression", zwischen „Kooperation" und „Konkurrenz" verhält und ob es in seinen impliziten oder expliziten Leitbildern eher die Unterstützung Schwächerer zum handlungsleitenden Ideal erhebt oder eher einem gnadenlosen Sozialdarwinismus folgt.

Die Einführung dieser neuen, kulturellen Dimension in die Kriteriologie des ethischen Investments ist deshalb wichtig für die umfassende Beurteilung von Unternehmen, weil sie die Frage anrührt, aus welcher Motivation ein Unternehmen handelt. Sind es die äußeren Zwänge, die Hoffnung auf Erfolg in einer Marktnische, oder ist es eine aus dem Firmenleitbild abgeleitete Überzeugung, wenn sich ein Unternehmen sozial und ökologisch engagiert? Und sind die veröffentlichten Leitbilder lediglich unverbindliche Teile einer Image-Werbung oder werden sie tatsächlich im Geschäftsalltag gelebt? Mit der Beantwortung der Fragen aus dem Bereich Kulturverträglichkeit zeigt sich, auf welchem Fundament die Erfüllung oder Nichterfüllung der Kriterien der Sozialverträglichkeit und der Naturverträglichkeit gebaut ist.

Kulturverträglichkeit deckt damit die Ernsthaftigkeit und Dauerhaftigkeit des Engagements jenseits der von außen an ein Unternehmen herangetragenen Zwänge und Trends auf.

Bei derart umfassenden und ins Detail gehenden Kriterien ist es wichtig, sich zu vergegenwärtigen, daß ein solcher Katalog offen für neue Entwicklungen bleiben muß. Man wird nie in der Lage sein, alle Verstöße gegen Grundwerte im Wirtschaftsleben zu erkennen und aufzulisten. Genausowenig wird es je gelingen, alle Maßnahmen zur Umsetzung ethischer Normen im Wirtschaftsleben zu kennen. Eine wesentliche Aufgabe in der Aufstellung einer Kriteriologie und ihrer Umsetzung besteht deshalb in der kontinuierlichen Information über Wirtschaftspraktiken und deren ethischer Bewertung. Dafür bedarf es internationaler Zusammenarbeit von entsprechenden Instituten.

Die Umsetzung der Frankfurt-Hohenheimer Kriteriologie übernehmen die Agentur ökom für den ökologischen Teil und das Institut SÜDWIND für den sozialen und entwicklungspolitischen Teil. Die Vorgehensweisen der beiden Institute sollen im folgenden vorgestellt werden.

2. Das Ökorating von ökom

Seit Mai 1994 veröffentlichen die Zeitschriften Öko-Invest und Börse Online alle zwei Wochen ein Ökorating. In Anlehnung an das Finanzrating der Agenturen Standard & Poors und Moodys wird ein Unternehmen im Hinblick auf seine Umweltfreundlichkeit auf einer Bewertungsskala von –5 bis +5 eingestuft. Erreicht ein Unternehmen den positiven Bereich von 0 bis +5, ist dies ein Zeichen für ein überdurchschnittliches Engagement für den Umweltschutz. Ein Kommentar erläutert die ökologischen Stärken und Schwächen des Unternehmens und begründet die vergebene Bewertung. Das Projekt wird von vier Sponsoren unterstützt und soll vier Jahre lang bis zum Mai 1998 laufen. Bis dahin werden fünfzig Unternehmen untersucht worden sein. Durchgeführt wird das Rating von der Münchener Agentur ökom, die auch die Methodologie für das Rating entwickelte.

In den drei Teilbereichen Organisation, Produktentwicklung und Beschaffung/Herstellung/Absatz werden je bis zu 100 Punkte vergeben.

1. Im Bereich Organisation werden Merkmale wie Unternehmensphilosophie, Anzahl und Befugnisse der Umweltbeauftragten, Kooperation mit Umweltorganisationen wie z.B. Greenpeace, Zusammenarbeit mit Forschungsprojekten an Universitäten oder Förderung ökologischer Produktentwicklung, das Erstellen einer Öko-Bilanz oder die Anwendung anderer Verfahren der systematischen Erfassung von Umweltdaten im Unternehmen sowie ökologische Aspekte im (Personal-)Büro und in der Kantine untersucht.

2. In der Produktentwicklung geht es um die Umweltverträglichkeit der angebotenen Produkte und um die Berücksichtigung ökologischer Aspekte in der Produktentwicklung. Als Indikatoren dienen die Lebensdauer der Produkte, ihre Reparatur- und Recyclingfreundlichkeit, die Verwendung ökologischer Materialien, der Verbrauch endlicher Ressourcen und die Emission schädlicher Stoffe beim Gebrauch des Produkts.

3. Im Bereich Beschaffung, Herstellung und Absatz werden die Umweltstandards im Ausland, die Beschaffung, die Emissionen während der Produktion, die Verpackung, das Sponsoring ökologischer Vorhaben, die Distribution und die Preisgestaltung untersucht.

Untersucht wurden bisher vor allem europäische und US-amerikanische Aktiengesellschaften kleinerer und mittlerer Größe.

Wichtige Erkenntnisse dieser Arbeit sind für ökom, daß Unternehmen, die von ihren Produkten her gut bis vorbildlich sind, wie z.B. ein Hersteller von Windkraftturbinen, selten präzise Daten über die Emissionen aus der Produktion erfaßt und hier auch keine ausgefeilten Methoden zur Minimierung einsetzt. Auf der anderen Seite bemühen sich eher jene Unternehmen, deren Produkte aus ökologischer Sicht problematisch sind, wie ein Hersteller von Damenstrümpfen, um eine konsequente Erfassung der Umweltkennzahlen ihres Unternehmens und arbeiten an einer Minimierung. Eine weitere Erkenntnis ist, daß es sehr wichtig ist, über das Rating mit dem Unternehmen in eine Diskussion zu kommen. Auf diesem Weg seien am ehesten Veränderungen zu erreichen, meint Robert Haßler, Leiter des Projekts bei ökom.

Ökorating der Deutschen Telekom

- *Unternehmen, Markt, Produkte*

Die Deutsche Telekom AG ist Europas größte Telefongesellschaft und belegt hinter der japanischen NTT und der amerikanischen AT&T weltweit den dritten Platz. Im Geschäftsjahr 1995 erwirtschaftete sie mit insgesamt 220.000 Mitarbeitern einen Konzernumsatz in Höhe von 66,1 Mrd. DM, der sich aus folgenden Einzelumsätzen zusammensetzt: Telefondienste 78%, Endeinrichtungen/Service 6,1%, Fernsehen/Rundfunk/Audiovision 5,5%, Mobile Dienste 4,7%, Text- und Datendienste 4,2%, Verlagswesen, Telefonbücher etc. 1,3%. Obwohl der Inlandsanteil des Umsatzes im letzten Jahr mit knapp 97 Prozent noch sehr hoch war, gewinnen – im Zuge der kommenden Deregulierungen im Telekommunikationsmarkt – Joint Ventures und strategische Allianzen vor allem in jungen Märkten wie Osteuropa und Asien für die Deutsche Telekom mehr und mehr an Bedeutung.

- *Telekommunikation und Umwelt*

Die Diskussion um die ökologischen Auswirkungen einer verstärkten Telekommunikation ist sehr vielschichtig und befindet sich gerade am Anfang. Gegenwärtig kann aus ökologischer Sicht keine eindeutig positive Gesamtbilanz gezogen werden. Beispiel Verkehr: Während aufgrund verstärkter Teleheimarbeit eine Entlastung des Verkehrsaufkommens erwartet wird, gehen die Umweltexperten davon aus, daß der motorisierte Individualverkehr durch den geplanten Einsatz von informationsgestützten Verkehrsleitsystemen (Telematik) ansteigen wird.

- *Stärken*

Mit der Umstrukturierung der Telekom zu einem privatwirtschaftlichen Unternehmen begann auch ein verstärktes Engagement im Umweltschutz. Mehr als 100 Mitarbeiter beschäftigen sich heute mit diesem Thema. Dabei zeigt die Arbeit erste Früchte. So wurde beispielsweise eine Technische Richtlinie zur

„recycling- und umweltgerechten Produktgestaltung" erarbeitet, in der Sollanforderungen an die Endeinrichtungen (Telefone, Faxgeräte etc.) formuliert wurden. Wichtigste Stärke der Deutschen Telekom AG ist eine Rücknahmegarantie für sämtliche verkaufte Produkte. Dabei werden allein ca. 6 Mio. Telefonapparate pro Jahr einer Wiederverwendung oder einem Recycling zugeführt. Die beim Recycling gewonnenen Kunststoffe werden schon jetzt in hohem Maß in neuen Telekomprodukten wiedereingesetzt.

• *Schwächen*

Allein aufgrund der Größe des Unternehmens gehört die Deutsche Telekom AG zu einem Großverbraucher von Rohstoffen und Fertigprodukten. So entspricht der Jahresstromverbrauch des Unternehmens etwa einem Drittel des Stromverbrauchs einer Großstadt wie München.
Aufgrund dieser Dimension ist es von entscheidender Bedeutung, die umweltrelevanten Verbräuche wie Energie und Wasser sowie die Emissionen systematisch zu erfassen und zu optimieren. Ein komplettes Öko-Controlling-System zur Analyse der Stroffströme und Ermittlung von Einsparungspotentialen fehlt derzeit noch, befindet sich allerdings im Aufbau. Ein zweiter Problembereich ist der seit längerem umstrittene Kunststoff PVC, der Risiken sowohl in der Produktion als auch bei der Entsorgung und im Brandfall mit sich bringt. 40% der Telefonkarten sowie die Isolierungen sämtlicher Innenkabel bestehen aus diesem Stoff. Zwar plant die Telekom langfristig den Ausstieg aus PVC, die Suche nach Alternativstoffen sollte aus ökologischer Sicht allerdings forciert werden.

• *Rating und Selbsteinschätzung*

Die Deutsche Telekom AG erzielte in der Gesamtbewertung mit 195 von 300 erreichbaren Punkten eine Gesamtnote +1,5. Das Unternehmen selbst schätzte sich mit +3 ein.

• *Fazit*

Die Deutsche Telekom AG befindet sich mit ihren Umweltschutzanstrengungen noch am Anfang. Zahlreiche Bausteine zu einem umfassenden Umweltmanagement fehlen derzeit noch oder befinden sich gerade erst im Aufbau. Die eingeleiteten Maßnahmen werden langsam ihre Wirkung zeigen. Im Untersuchungsbereich „Produktentwicklung" wäre ohne den Einsatz von PVC heute schon eine bessere Bewertung zu erzielen. Verwirklicht die Telekom ihre ehrgeizigen Ziele, ist mittelfristig zu erwarten, daß sie zu einem im Umweltschutz führenden Unternehmen der Telekommunikationsindustrie werden wird.

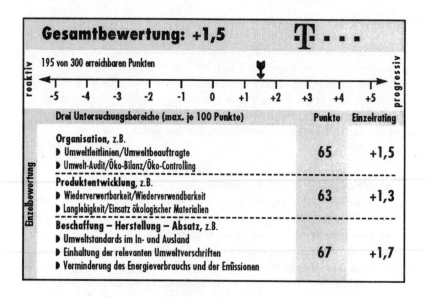

Diese ökologische Durchleuchtung und Bewertung von Unternehmen gibt ökologisch orientierten InvestorInnen wesentliche Anhaltspunkte bei ihren Anlageentscheidungen. Sie liefert übersichtlich aufbereitet Informationen, die der klassischen Finanzanalyse entgehen. Die wenigsten Fonds beschränken sich jedoch auf rein ökologische Kriterien, die Unternehmen werden auch an der Meßlatte sozialer Kriterien bewertet. Für InvestorInnen hat SÜDWIND für die Ermittlung der sozialen Stärken und Schwächen von Unternehmen folgendes System entwickelt:

3. Analyse der Sozial- und Entwicklungsverträglichkeit am Beispiel von SÜDWIND

SÜDWIND leistet institutionellen und privaten AnlegerInnen Hilfestellung bei der Entwicklung von Anlagekriterien und führt in ihrem Auftrag Unternehmensanalysen nach sozialen und entwicklungsspezifischen Kriterien durch. Hierfür hat sich ein System bewährt, das in ähnlicher Weise auch von dem englischen Institut EIRIS und dem Centre Info in der Schweiz und amerikanischen Instituten angewandt wird. Beispielhaft soll hier das Vorgehen von SÜDWIND beschrieben werden.

Es werden zu den fünf Teilbereichen *MitarbeiterInnen, KundInnen,* Öffentlichkeit, Entwicklung und Rüstung/Frieden spezifische Fragebögen entwickelt.

Jeder dieser Fragebögen enthält Mindestanforderungen, die eingehalten werden müssen, soll ein Unternehmen überhaupt in Frage kommen. Ebenso enthalten sie die Frage, welche Aspekte über die standardisierten Fragen hinaus berücksichtigt werden müssen, um den Besonderheiten jedes Unternehmens gerecht werden zu können.

Die Auftraggeber erhalten so einen inhaltlich begründeten Überblick über die Stärken und Schwächen der Unternehmen in den fünf Teilbereichen und können nach ihren jeweiligen Präferenzen Investitionsentscheidungen treffen.

Im einzelnen werden in den fünf Teilgebieten folgende Merkmale überprüft:
Der Bereich *„MitarbeiterInnen"* ist in die Themen Entlohnung und Sozialleistungen, Aus- und Weiterbildung, Arbeitssicherheit und Berufskrankheiten, Frauen und Minderheiten sowie Mitbestimmung eingeteilt.

Ein wichtiger Maßstab sind hier sieben Normen der Internationalen Arbeitsorganisation ILO:

1. Es muß die Möglichkeit der freien Organisation der Mitarbeiter gegeben sein.
2. Es müssen kollektive Tarifverhandlungen möglich sein.
3. Die Mitarbeiter müssen vor beruflich bedingten Krankheiten und Unfällen geschützt werden.
4. Die Mitarbeiter dürfen nicht aufgrund von Rasse, Hautfarbe, Geschlecht, der Religion, der politischen Überzeugung, der nationalen oder sozialen Herkunft diskriminiert werden.
5. Es muß eine Arbeitszeiten- und Überstundenregelung geben.
6. Es darf keine Kinderarbeit geben. Das Mindestalter eines Beschäftigten sollte nicht unter dem Alter bei Beendigung der Schulpflicht eines Landes liegen.
7. Es darf keine Zwangsarbeit geben.

Im Teilbereich *„KundInnen"* werden die Merkmale Nutzen und Qualität des Produkts, Produktsicherheit und Gesundheit sowie Vertrieb und Werbung untersucht.

Im Bereich Nutzen und Qualität werden Merkmale wie die Langlebigkeit, der soziale und kulturelle Wert und Suchtpotential der Produkte berücksichtigt. Die Werbemaßnahmen des Unternehmens werden daraufhin untersucht, ob sie diskriminierend gegenüber Frauen oder Minderheiten sind.

Der Teilbereich *„Öffentlichkeit"* untersucht die Sicherheit der Anlagen, die Spendentätigkeit des Unternehmens und die Arbeitsplatzpolitik.

Für Tochtergesellschaften in Entwicklungsländern gelten die Kriterien der Bereiche *MitarbeiterInnen, KundInnen* und Öffentlichkeit selbstverständlich ebenfalls. Es gibt aber zudem spezifische Merkmale, die erhellen sollen, ob die Aktivitäten eines Unternehmens eher entwicklungsfördernd oder entwicklungshemmend sind. Hier sind Fragen wichtig wie: Helfen die Exporte eines Unternehmens der Wirtschaft von Entwicklungsländern eher oder behindern sie sie eher? Wird bei Importen auf die jeweiligen sozialen und hygienischen Bedingungen des Landes geachtet?

Im Themenbereich „Entwicklung" ist es wichtig, auf die Stimmen aus den Ländern, in denen die Unternehmen tätig sind, zu achten.

Beim Kriterienbereich Rüstung/Frieden geht es vor allen darum, Hersteller von militärisch relevanten Produkten auszuschließen. Andererseits engagieren sich einige Unternehmen auch für den Frieden.

Für die Kriterienbildung ist es wichtig, zwischen ausgesprochenen Militärgütern (Waffen, Panzern und Kampfflugzeugen), strategischen Produkten, die nicht direkt Kriegsgerät sind, die aber in der Kriegsführung unverzichtbar sind (Telekommunikationsanlagen, optische Ausrüstung, Computersysteme etc.), und Zivilgütern wie Büromaterial, das auch von militärischen Einrichtungen benötigt wird, zu unterscheiden.

Positiv wird bewertet, wenn ein Unternehmen z.B. Rüstungskonversion betreibt oder durch Weiterbildungsangebote, Freistellung von Mitarbeitern für soziale Arbeit und durch Spenden einen Beitrag zur Friedenssicherung leistet.

Ein weiteres Kriterium ist der Umgang mit Tieren. Hierfür müßten die Themen Tierversuche, Tierhaltung und Tiertransport berücksichtigt werden.

4. Ökologische und soziale Firmenanalysen beim Centre Info

Das Schweizer Forschungsinstitut „Centre Info" fertigt für Investoren Analysen zu ökologischen und sozialen Aspekten von Aktiengesellschaften an. Zunächst wurde der Schwerpunkt auf Schweizer Großunternehmen gelegt, inzwischen untersucht das Institut weltweit Unternehmen nach einem von ihm entwickelten System.

Die vier- bis sechsseitigen Portraits enthalten einen schematischen Teil, der ökologische und soziale Merkmale und Kennzahlen angibt, wie z.B. Verstöße gegen die Umweltgesetzgebung, die Entsorgungskosten, den Frauenanteil und den Investitionsanteil in Entwicklungsländern. Die Aufstellung gibt einen schnellen Überblick über ein Unternehmen und ermöglicht den Vergleich zwischen Unternehmen der gleichen Branche. Darüber hinaus informiert ein Text über Stärken und Schwächen des Unternehmens. Skandale aus der Geschichte des Unternehmens werden aufgeführt, und die Reaktion der Firma darauf dargestellt. Ethisch relevante Informationen zu den Punkten: Produkte, MitarbeiterInnen, Frauen, AktionärInnen, KundInnen, Öffentlichkeit und Entwicklungsländer werden in kurzen Texten zusammengefaßt. Hier wird z.B. auf positive und problematische Produkte, auf den Frauenanteil der Beschäftigten und die Bezahlung von Frauen eingegangen. Zum Abschluß gibt eine Tabelle Auskunft darüber, gegen welche Ausschlußkriterien das Unternehmen verstößt. Hier sind Punkte wie Militärgüter, Tropenholz, der Thunfischfang, China, Gentechnik, Nuklearindustrie, Tierversuche, Tabak, Alkohol und Glücksspiel aufgenommen. Falls eines dieser Kriterien relevant ist, wird kommentiert, in welcher Weise das Unternehmen hieran beteiligt ist.

Das Centre Info gibt zudem einen Rundbrief mit Nachrichten zur sozialen und ökologischen Verantwortung von Unternehmen heraus.

G. Exkurs: Die Kriterien der Öko-Effizienz-Fonds

In jüngster Zeit stellen vor allem Schweizer Banken ihre Umweltfonds unter den Begriff der Öko-Effizienz. Dieser Begriff wurde 1992 vom Business Council for Sustainable Development (BCSD) geprägt – einer weltweiten Vereinigung von Unternehmern, die ihre Verantwortung für die Umwelt erkannt haben und 1992 auf dem Weltgipfel in Rio de Janeiro die Seite der Unternehmer vertraten. Mit Öko-Effizienz wird ein unternehmerisches Handeln umschrieben, das sich gleichzeitig an ökonomischer und an ökologischer Effizienz orientiert. Typische Merkmale öko-effizienten Wirtschaftens sind z.B. die Reduzierung des Material-, Energie- und Wasserverbrauchs, die Reduzierung toxischer Emissionen und die Erhöhung der Recyclingfähigkeit der Produkte sowie weitere Maßnahmen, die zu einer Reduzierung von Kosten oder zu höheren Einnahmen durch größere Nachfrage führen und die gleichzeitig negative Umweltauswirkungen reduzieren. Öko-Effizienz-Fonds, manchmal auch Sustainable Development Fonds genannt, haben analytische Instrumentarien entwickelt, um Unternehmen zu identifizieren, die in die Kategorie der Öko-Effizienz passen. Da die Einschätzung von Merkmalen wie dem Wasser- oder Energieverbrauch allerdings stark von den Produkten eines Unternehmens abhängt, geschieht eine solche Öko-Effizienz-Analyse jeweils innerhalb einer Branche. Die Analysten dieser Fonds untersuchen eine Reihe von Unternehmen einer Branche nach Kriterien wie Treibhausgase, Ressourcenverbrauch, Emissionen und Qualität des Umweltmanagements und wählen dann das beste Unternehmen der Branche für den

Fonds aus, allerdings nur dann, wenn es auch ökonomisch überdurchschnittlich vielversprechend ist. Von diesem Vorgehen erhofft man sich zum einen eine überdurchschnittlich hohe Rendite und zum anderen einen positiven Imageeffekt.

Aus Sicht des kriterienorientierten ethischen Investments, wie es vor allem in den angelsächsischen Ländern praktiziert wird, bleibt der Öko-Effizienz-Ansatz allerdings in zwei Punkten unbefriedigend. Zum einen werden hierbei soziale Aspekte vernachlässigt. Frauenförderung, Arbeitsbedingungen oder Diskriminierung von Minderheiten werden in diesem Ansatz derzeit noch kaum berücksichtigt, gehören aber zu den Kriterien, die für AnlegerInnen in den USA und Großbritannien wichtig sind. Zum zweiten werden Unternehmen nach diesem Ansatz nur relativ in bezug auf ihre Branche beurteilt. Es können (und das geschieht zum Teil auch) das ökologisch beste Automobil- oder Chemieunternehmen in den Fonds aufgenommen werden. Theoretisch könnten auch das „umweltfreundlichste" Kernkraftwerk und der „sauberste" Rüstungsproduzent gekauft werden. All dies ist möglich, wenn das Konzept der Öko-Effizienz nicht um Ausschlußkriterien ergänzt wird, die bestimmte Branchen aufgrund ihrer Umweltproblematik von vornherein disqualifizieren.

Einige Anbieter von Öko-Effizienz-Fonds haben diese Probleme zum Teil erkannt und ihre ökologischen Kriterien um soziale ergänzt sowie Ausschlußkriterien aufgenommen, womit sie sich, abgesehen von einer stark quantifizierenden Analysemethode, aus ethischer Sicht nicht mehr wesentlich von gängigen Ethikfonds unterscheiden.

Angesichts der Verbreitung, die Öko-Effizienz-Fonds in der Schweiz haben, ist damit zu rechnen, daß deutsche Großbanken, sollten sie sich zur Auflage von Umweltfonds entschließen, sich für die Öko-Effizienz-Variante entscheiden werden. Für die Bewertung dieser Fonds wird hier entscheidend sein, ob neben den Öko-Effizienz-Kriterien auch Ausschlußkriterien und soziale Kriterien formuliert werden.

VI. Was bewirken ethische Geldanlagen?

Für eine Beschreibung der tatsächlichen oder möglichen Wirkungen ethischer Geldanlagen muß die im Kapitel IV eingeführte Unterscheidung zwischen fördernden und vermeidenden ethischen Geldanlagen wieder aufgenommen werden, denn die Stoßrichtungen dieser beiden Varianten unterscheiden sich wesentlich. Zunächst zu den fördernden ethischen Geldanlagen:

A. Die Wirkung fördernder ethischer Geldanlagen

1. Aufbau eines alternativen Geldkreislaufs

Fördernde ethische Geldanlagen in Form von zinsreduzierten Anlagen oder „geduldigem", d.h. nicht an schnellen, möglichst hohen Gewinnausschüttungen orientiertem Beteiligungskapital verschaffen den unterstützten Unternehmen, Projekten und Genossenschaften einen direkten finanziellen Vorteil. Sie ermöglichen, daß Ideen umgesetzt und die Gründungsphase leichter bewältigt werden können sowie daß Projekte auf sichereren finanziellen Füßen stehen und deshalb schneller ausgebaut werden. Ethische Geldanlagen erleichtern, sichern und beschleunigen damit den Aufbau zukunftsfähigen Wirtschaftens.

Ganz konkret beschleunigen sie in der Bundesrepublik den Aufbau von Windparks und helfen bei der Entwicklung und Vermarktung ökologischer Baumethoden. Zahlreichen ökologisch arbeitenden Bauernhöfen ermöglichen sie das Überleben, und auch der Vertrieb von biologischen Nahrungsmitteln wird zum Teil über zinsgünstige Kredite finanziert.

Die Gemeinde Schönau im Schwarzwald kündigte 1994 den Konzessionsvertrag mit dem regionalen Stromversorger, um ihre atomstromfreie Elektrizitätsversorgung selbst in die Hand zu nehmen. Dabei erleichterten ethische GeldanlegerInnen die Finanzierung von Windparks und den Kauf des Stromnetzes. Sie tragen damit direkt dazu bei, den von den Stromkonzernen gefürchteten Beweis dafür zu liefern, daß Gemeinden eine unabhängige und auf regenerativer Energie basierende Stromversorgung aufbauen können.

Im sozialen Bereich sind es vor allem Wohnprojekte für sozial Benachteiligte und kleine Gewerbe- und Dienstleistungsunternehmen, die mit dem Geld sozialverantwortlicher AnlegerInnen finanziert werden. Behindertenwohnungen, Fahrradwerkstätten, Frauenkooperativen, Geburtshäuser, Kindertagesstätten und zahllose Initiativen, die ein selbstbestimmtes und solidarisches Arbeiten umsetzen und gleichzeitig sinnvolle und oft heilsame Produkte und Dienstleistungen anbieten, erhalten Kredite oder Beteiligungskapital.

Die Beispiele zeigen, daß fördernde ethische Geldanlagen in sehr vielen Bereichen wirksam werden und Grundbedürfnisse wie Bauen und Wohnen, Nahrungsmittelversorgung, Stromversorgung und Kinderbetreuung abdecken.

Anderes Wirtschaften beschränkt sich damit nicht nur auf alternative Projekte und das Angebot zukunftsfähiger Produkte und Dienstleistungen, sondern schließt auch den Umgang mit Geld ein. Dies bedeutet, daß neben dem konventionellen Geldtransfer zwischen Produzenten, Banken und KonsumentInnen ein eigenständiger Geldkreislauf entstanden ist, in dem Geld ein Mittel zur Entwicklung einer alternativen Wirtschaftsweise ist und der nur noch wenige Berührungspunkte mit dem konventionellen Finanzsystem aufweist. Fördernde ethische Geldanlagen sind so gesehen ein wesentlicher Baustein bei der Realisierung einer anderen, solidarischen und im besten Sinne des Wortes tragfähigen Wirtschaftsweise. Dies ist sicherlich die direkteste und wichtigste Wirkung fördernder ethischer Geldanlagen, jedoch nicht die einzige.

Initiativen, die zukunftsfähig arbeiten, erhalten Kredite von alternativen Banken. Die Einlagen dieser Banken stammen wiederum oft von Menschen, die Produkte dieser Unternehmen kaufen und vielleicht sogar in ihnen arbeiten. Dies gilt auch für die in Entwicklungsländer vergebenen Förderkredite. Hier werden Gelder z.B. an Kooperativen vergeben, die etwa fair gehandelten Kaffee herstellen, der bevorzugt von jenen getrunken wird, die ihr Geld entwicklungsfördernd anlegen.

2. Beispiel: Wohnen und Arbeiten in einer ehemaligen Kaserne

1978 räumte die französische Armee drei Kasernen in Konstanz am Bodensee. Der Wohnraum war und ist teuer in dieser Stadt, da der nahegelegene Bodensee dazu einlädt, Ferienhäuser und Wohnungen zu kaufen, und das Bauland nahe der Schweizer Grenze knapp ist. Die Evangelische Studentengemeinde in Konstanz setzte sich deswegen dafür ein, eine der Kasernen in billigen Wohnraum umzuwandeln, mußte aber bald erkennen, daß dies nur mit Eigeninitiative und handwerklichen Improvisationskünsten gelingen kann, denn der Umbau, der laut einem Gutachten 14 Mio. DM kosten sollte, durfte nur 3 Mio. DM kosten, wenn die Mieten erschwinglich bleiben sollten. So beschränkte man sich auf das Wesentliche: Warmwasserversorgung, Bäder und Zentralheizung müssen funktionieren, die Fenster und Türen müssen dicht schließen. Nach wenigen Monaten konnten tatsächlich die ersten Menschen zu Mieten unter 6 DM pro Quadratmeter in die ehemalige Chérisy-Kaserne einziehen. Das Projekt wuchs. Eine Tagesstätte für vierzig Kinder kam hinzu, eine Kinderkrippe, ein Jugendlokal, ein Kino, ein Elektrobetrieb, eine Schreinerei, ein Maurerbetrieb. Getragen wird all dies von der neu gegründeten Neue Arbeit GmbH.

Doch 1991 gerät das Projekt in Schwierigkeiten: Der Bund, der die Räume dem Projekt für zehn Jahre überlassen hat, möchte die Kaserne verkaufen. Die Neue Arbeit GmbH kommt zwar als Käuferin in Frage, aber keine der regionalen Banken ist bereit, ihr einen Kredit zu geben. Hier springt die Ökobank ein. Sie ist nicht nur bereit, einen Förderkredit zu günstigen Konditionen zu vergeben, sondern läßt sich auch auf das rechtlich komplizierte System der Verantwortlichkeiten ein, das aus dem Solidargedanken des Projekts erwachsen ist und das von allen konventionellen Instituten abgelehnt wird. Sie vergibt Förderkredite von insgesamt 5 Mio. DM und hilft damit, die Neue Arbeit GmbH langfristig auf finanziell sichere Füße zu stellen.

Heute haben 35 Menschen in der alten Kaserne einen festen Arbeitsplatz gefunden. Außerdem erhalten jährlich 25 Menschen über das „Hilfe-zur-Arbeit"-Programm die Möglichkeit, zu arbeiten und sich auszubilden. Für viele dieser Menschen ist dies eine Chance, ihre Alkoholabhängigkeit und Obdachlosigkeit zu überwinden und in einer Wohnung in der Chérisy-Kaserne ein anderes Leben zu beginnen. 40% von ihnen finden nach diesem Jahr einen regulären Arbeitsplatz. (Quelle: Ökorrespondenz 28, März 1997)

3. Geldanlage als soziales Engagement

Über die konkrete Unterstützung alternativen Wirtschaftens hinaus tragen fördernde Investitionen dazu bei, eine andere Einstellung zu Geldanlagen entstehen zu lassen. Die konventionelle Anlageberatung geht davon aus, daß AnlegerInnen sich so wenig wie möglich mit ihrer Geldanlage befassen möchten und vor allem an einer hohen Rendite interessiert sind. Anbieter fördernder ethischer Geldanlagen brechen mit diesen Dogmen, indem sie zeigen, daß KundInnen durchaus dafür gewonnen werden können, ihre

Geldanlage als ein Engagement zu verstehen, bei dem es nicht nur um die Rendite geht.

Sie fördern eine solche verantwortliche Einstellung zu Geld durch aktive Öffentlichkeitsarbeit und eine intensive Information ihrer KundInnen. Wesentlicher Bestandteil dieser Informationspolitik ist die Veröffentlichung von Beschreibungen der Projekte, an die das Geld der AnlegerInnen vergeben wird und aus denen hervorgeht, was dieses Geld für die Projekte bedeutet. Dadurch wird erfahrbar, daß Geldanlagen ein Instrument zur Beeinflussung gesellschaftlicher Entwicklungen sein können und nicht auf die anonyme Verwaltung von Vermögen reduziert sein müssen. Außerdem wird deutlich, daß sich der „Gewinn" einer Geldanlage nicht allein an den ausgeschütteten Zinsen, sondern auch an der gesellschaftlichen Wirkung messen läßt.

Mit ihrer Öffentlichkeitsarbeit, die auf eine breite Resonanz in den Medien stößt, haben die Anbieter fördernder ethischer Geldanlagen deshalb einen wichtigen Beitrag dafür geleistet, daß die herkömmliche Form der Geldanlagen in der Öffentlichkeit zur Diskussion gestellt und über Alternativen nachgedacht wird.

Abgesehen von einem zunehmenden Volumen ethischer Anlagen, hat dies konkret dazu geführt, daß sich einige kirchliche Banken und Sparkassen an den sozialen Auftrag in ihren Statuten erinnert haben und Sparbriefe aufgelegt haben, aus denen Förderkredite vergeben werden.[33]

4. Wird den konventionellen Finanzmärkten Geld entzogen?

Als Argument gegen fördernde ethische Geldanlagen wird oft angeführt, daß sie dem konventionellen Bankensystem keine Finanzmittel entziehen. Dies ist aus Sicht der AnlegerInnen richtig, ihr Geld wird tatsächlich so weit wie möglich außerhalb der konventionellen Finanzmärkte geführt und kann deshalb auch nicht in ethisch problematischen Bereichen investiert werden. Angesichts der vergleichsweise geringen Volumina von in der Bundesrepublik rund 400 Mio. DM hat dies jedoch keinerlei Auswirkungen auf die globalen Geld- und Kapitalmärkte. Kein Rüstungsunternehmen wird deswegen in Finanznot geraten, und kein Stromkonzern wird dadurch auf den Bau

---

[33] So legte die Darlehens-Genossenschaft Münster (DGM) den GFS-Sparbrief für Gerechtigkeit, Frieden und Bewahrung der Schöpfung auf, die Bank für Kirche und Diakonie den Diakoniesparbrief, und die Bank für Sozialwirtschaft rief die paritätische Geldberatung ins Leben. In der Schweiz und in Luxemburg legten Sparkassen Fördersparbriefe auf. (Siehe Anhang).

eines Kernkraftwerkes verzichten müssen. Tatsächlich verhindern können diese Geldanlagen gegenwärtig und auch in absehbarer Zukunft also nichts. Ihre Bedeutung besteht vor allem in der Stärkung des alternativen Sektors und weniger in der Schwächung oder Beeinflussung des konventionellen Sektors. Hier liegt eher der Ansatzpunkt der vermeidenden ethischen Geldanlagen.

B. Die Wirkung vermeidender ethischer Geldanlagen

1. Die Grenzen der vermeidenden ethischen Geldanlagen

Die vermeidenden ethischen Geldanlagen sind in ihren Wirkungen weniger greifbar als die fördernden Varianten. Sie können allerdings eine größere Breitenwirkung haben und reichen tiefer in den konventionellen Finanzmarkt hinein.

Bevor versucht wird, diese eher diffusen Wirkungen zu beschreiben, ist es wichtig aufzuzeigen, was über die vermeidenden Varianten ethischer Geldanlagen nicht bewirkt werden kann.

Ökologische Fonds oder Lebensversicherungen verschaffen fortschrittlichen Unternehmen kaum einen direkten finanziellen Vorteil. Da die Wertpapierkäufe über die Aktien- oder Rentenbörse getätigt werden, geht das Geld der AnlegerInnen, wie im Kapitel II F erläutert, in aller Regel an den/die VerkäuferIn des Papiers und nicht an das Unternehmen selbst. Für Aktiengesellschaften und Emittenten von festverzinslichen Wertpapieren ist das Geschehen an der Börse zwar bedeutsam, weil die Nachfrage nach ihren Papieren die Konditionen für die Aufnahme neuer Finanzmittel bestimmt. Die vergleichsweise geringen Volumina von insgesamt um die 300 Millionen DM vermeidender ethischer Anlagen können bisher aber kaum dazu beitragen, einem Emittenten einen deutlichen Vorteil in Form von höheren Kursen bei der Neuemission zu verschaffen.

Ein solcher Effekt ist für Aktien bei höheren Volumina eher möglich als für Renten und ist in Einzelfällen auch schon beobachtet worden.[34]

Es bleibt allerdings fraglich, ob höhere Volumina über einen gewissen Toleranzbereich hinaus zu wesentlich höheren Kursen bei sozialverantwortlichen Unternehmen führen würden. Wenn deutlich mehr Geld ethischer Investo-

---

[34] So äußert Thomas Mächtel in seiner Dissertation „Erfolgsfaktoren ökologisch ausgerichteter Anlagefonds im deutschsprachigen Raum", St. Gallen 1996, die Vermutung, daß aufgrund der hohen Nachfrage umweltbewußter AnlegerInnen die Aktie der Naturkosmetikkette „Body Shop" zwei- bis dreifach überbewertet sei.

rInnen in den Kauf von sauber arbeitenden Unternehmen fließen würde, so würde sich daraus zwar zunächst eine Kurssteigerung ergeben. Die Reaktion auf diese gestiegenen Kurse wäre aber, daß konventionelle AnlegerInnen die Aktien der ethischen Firmen verstärkt verkaufen. Für sie stellt sich die Situation so dar, daß trotz gleichbleibenden Ertrags des Unternehmens der Kurs deutlich gestiegen ist. Damit hat sich die Aktie in Relation zum Ertragswert des Unternehmens verteuert und ist ein Kandiat für den Verkauf, um Gewinne einzustreichen, bevor der Kurs wieder absackt.

Bleibt ein unmittelbarer Fördereffekt durch den Kauf von Anteilen an ökologisch und sozial verantwortlichen Unternehmen also weitgehend aus, so liegt in der Bereitstellung von ethisch orientiertem Kapital doch ein Anreiz für Unternehmen. Dieser besteht vor allem im positiven Imageeffekt, der mit der Aufnahme in einen ethischen Fonds verbunden ist, und darin, daß ethische AnlegerInnen einen langfristigen Anlagehorizont haben, also Titel länger halten und damit zur Stabilisierung des Kurses beitragen, was ein von Unternehmen gewünschter Effekt ist.

Es ist angesichts der geringen in ethische Fonds investierten Volumina ebensowenig der Fall, daß über Negativkriterien ausgeschlossene Unternehmen finanzielle Nachteile in einem Ausmaß haben, das sie dazu zwingen würde, ihre problematischen Aktivitäten einzustellen.[35]

In der Vergangenheit hat sich allerdings gezeigt, daß über die Negativkriterien mehr an tatsächlichen Veränderungen erzielt werden kann als bisher an konkreter Förderung durch Ethikfonds zu beobachten war. So hat die in den USA von ethischen InvestorInnen wesentlich mitgetragene Anti-Apartheid-Bewegung dazu geführt, daß sich zwischen 1984 und 1990 206 Firmen ganz oder teilweise aus Südafrika zurückgezogen haben.[36]

Gezielt eingesetzt und mit KonsumentInnen-Aktionen und einer politischen Bewegung gepaart, können ethische InvestorInnen also durchaus dazu beitragen, Mißstände zu beseitigen. Um eine direkte Wirkung zu erzielen, begnügen sich Ethikfonds in den USA und Großbritannien nicht damit, Aktien von Unternehmen, die nicht mehr den Kriterien des Fonds entsprechen, einfach nur zu verkaufen. Sie versuchen zunächst das Unternehmen davon zu überzeugen, daß bestimmte Praktiken geändert werden müssen; sollte dies nicht helfen, verkaufen sie den Titel und machen diesen Verkauf und die ethischen Gründe dafür öffentlich. Andere Ethikfonds haben es dann

---

[35] In den USA sind als Reaktion auf die Auflage von ethischen Investment-Fonds Fonds für sogenante „Sinstocks" auf den Markt gebracht worden, die gezielt in Rüstungs-, Tabak- und Alkoholfirmen investieren.
[36] CEP 1991, 10.

schwer, den Titel weiter zu halten, und ein Kursrückgang ist wahrscheinlich. Auch die Lieferanten und KundInnen des Unternehmens sind so über die Problematik informiert und können weiteren Druck ausüben.

2. Soziale und ökologische Themen in den Zentren der Finanzmacht

Die Tatsache, daß 639 Mrd. US-Dollar[37] oder 9% der professionell verwalteten Gelder in den USA in ethischen Anlagen investiert sind, ohne deutliche monetäre Vor- und Nachteile für Unternehmen zur Folge zu haben, bedeutet jedoch nicht, daß sie keinerlei Wirkungen zeitigen. Es handelt sich hier allerdings eher um diffuse Folgen wie Stimmungen, Wissenstransfers und den oben bereits erwähnten Imagegewinn oder -verlust.

Die Auflage eines Ethikfonds oder einer ökologischen Lebensversicherung bedeutet, daß in einer konventionellen Bank in kleinem Rahmen Themen wie Umwelt- und Sozialverträglichkeit anfangen, eine Rolle zu spielen. Dies ist angesichts der in Banken und Versicherungen vorherrschenden Haltung, soziale und ökologische Fragen auszuklammern und ausschließlich die Vermehrung von Vermögen und Gewinnen in den Mittelpunkt aller Aktivitäten zu stellen, eine bedeutsame Neuerung. Fondsmanager, Finanzanalysten und Portefolioverwalter sehen sich durch die Auflage eines Fonds mit ethischen Kriterien in der ungewohnten Situation, berücksichtigen zu müssen, ob ein Unternehmen Rüstungsgüter oder Produkte der Chlorchemie herstellt, bevor sie ein Papier empfehlen oder kaufen. Und sie stehen angesichts der Aufmerksamkeit, den diese Form der Geldanlagen in den Medien hat, unter dem Druck, Skandale um diesen Fonds zu vermeiden.

Da Banken in aller Regel nicht über das Know-how verfügen, das zur ökologischen und sozialen Einschätzung von Unternehmen nötig ist, sind sie gezwungen, dieses Wissen entweder von Instituten einzukaufen oder im eigenen Haus Kapazitäten für diesen Bereich bereitzustellen. Beide Lösungen führen dazu, daß Informationen und Perspektiven, die bisher unbekannt waren und als sachfremd empfunden wurden, einen zumindest kleinen Personenkreis in den Banken erreichen und dort in das Handeln auf den Finanzmärkten aufgenommen werden. Ökologische und soziale Themen haben so eine Chance, in den Zentren der Finanzmacht einen Stellenwert zu bekommen. Eine solche Entwicklung ist bei den deutschen Banken mit Ökofonds

---

[37] After South Africa. Responsible Investment Trends in The United States, Social Investment Forum, Washington 1995. Aus diesem Bericht geht hervor, daß 473 Milliarden oder 74% dieser Summe von InvestorInnen gehalten werden, die mit ihrem Stimmrecht auf Hauptversammlungen soziale Ziele verfolgen.

im Angebot in Ansätzen zu erkennen, in der Schweiz ist diese Entwicklung inzwischen wesentlich weiter gediehen. Hier zeichnet sich ab, daß das für die Verwaltung von Umweltfonds benötigte Wissen auch in andere Bereiche wie z.B. in die Kreditabteilung einfließt, dort für die Entwicklung ökologischer Kreditrichtlinien eingesetzt wird und so zu konkreten Folgen in der Kreditvergabe der Banken führt.[38]

Darüber hinaus setzt die Auflage eines Ökofonds ein Signal nach außen. Es zwingt die Konkurrenten, sich zu dieser Innovation zu verhalten und zu entscheiden, ob sie mitziehen, beobachtend abwarten oder die Entwicklung ignorieren. Potentiell steigt mit jeder Neuauflage eines Ethikfonds bei denjenigen, die sich zum Aufbau eines solchen Fonds noch nicht entscheiden konnten, die Befürchtung, einen Markttrend zu verpassen, denn gerade ein so kompliziertes Produkt wie ein Öko- oder Ethikfonds verschafft den Ersten am Markt einen schwer aufzuholenden Vorsprung an Glaubwürdigkeit und Erfahrung.

3. Lobbyarbeit von seiten der Kapitalgeber

Das Veränderungspotential ökologischer Fonds reicht allerdings über den Einzug ökologischen Wissens in die Finanzwirtschaft hinaus. Wie in Kapitel II A aufgezeigt, stellt privates Kapital eine enorme wirtschaftliche Macht dar, die, würde sie entsprechend genutzt, weitgehende Veränderungen im Wirtschaftsleben erreichen könnte. Träger dieser Macht sind letztlich zwar die privaten BankkundInnen. Es sind aber die Banken, die die Funktion des Vermittlers zwischen AnlegerInnen und Unternehmen innehaben und soziale und ökologische Themen stellvertretend für ihre KundInnen bei Unternehmen vorbringen können.

Mit der Verwaltung eines ethischen Fonds bietet sich für Banken eine angemessene Gelegenheit, dies zu tun und über den erklärten AnlegerInnenwunsch auf Veränderungen hinzuwirken. Dies beginnt damit, daß Firmen, die für einen solchen Fonds in Frage kommen, entweder von der Bank selbst oder von einem beauftragten Institut mit einem Fragenkatalog angeschrieben werden, in dem ökologisch und sozial relevante Informationen abgefragt werden. In den anschließenden Gesprächen und der Vorstellung der Untersuchungsergebnisse werden Schwachstellen identifiziert und Verbesserungsvorschläge gemacht. Gerade dieser Diskussionsprozeß hat sich als ein frucht-

---

[38] Dies kann auch umgekehrt geschehen; so hat der Schweizerische Bankverein zunächst ökologische Kreditrichtlinien ausgearbeitet, um dann im Juni 1997 einen Öko-Effizienz-Fonds aufzulegen.

barer Weg für Veränderungen in Unternehmen erwiesen. Hier wird mit den Mitarbeitern über bisher unbeachtete oder in ihrer betriebswirtschaftlichen Bedeutung unbekannte Mißstände diskutiert, und es werden konkrete Anstöße zu Verbesserungen gegeben. Da diese Vorschläge von Banken und Versicherungen, also von potentiellen Kreditgebern und Investoren kommen, können sie nicht ohne weiteres ignoriert werden.

Idealerweise bezieht diese Beeinflussung auch die Anliegen externer Gruppen wie z.B. Gewerkschaften, Umweltgruppen oder Dritte-Welt-Initiativen ein. Im Zuge der Recherche werden von ihnen Informationen zu dem Unternehmen eingeholt. Ihre Kritik an dem Unternehmen wird über die Kapitalgeber zur Sprache gebracht. Neben der politischen Aktion und KonsumentInnen-Initiativen ist dies ein dritter, nicht zu unterschätzender Ansatzpunkt, den Anliegen von Betroffenen fragwürdiger Unternehmenspraktiken Gehör zu verschaffen und auf Veränderungen hinzuwirken. Da Investmentfonds auch in solche Unternehmen investieren, die keine Konsumgüter herstellen, erreichen sie Unternehmen, die die Konsumentenbewegung bisher nicht erreichen konnte, wie Unternehmen der Spezialchemie, der Sondermüllentsorgung oder Filterhersteller.

Das Einbeziehen dieser Gruppen findet bei den zur Zeit in der Bundesrepublik vertriebenen Fonds aufgrund der geringen Volumina zwar erst ansatzweise statt, wird aber in Zukunft ein wichtiger Prüfstein dafür sein, wie ernst es den Anbietern mit der Umsetzung der Kriterien ihrer Öko- oder Ethikfonds ist. In Großbritannien hat diese Lobbyarbeit vor allem bei der Forschungsgruppe des Pensionsfondsverwalters National Provident Institut (NPI) eine lange Tradition.

Beispiele erfolgreicher Beeinflussung

Folgende Beispiele zeigen, wie ethische Geldanlagen einen direkten Einfluß auf Unternehmen ausüben können. Sie stammen aus der Forschungsstelle des britischen Pensionsfondsverwalters National Provident Institut (NPI).

Countryside Properties
Dieses Unternehmen hat nach einem Besuch durch das NPI-Team eine Reihe von Veränderungen eingeleitet. So wurde z.B. die Entstehung und Beseitigung von Abfällen unter die Lupe genommen und im Sinne einer Vermeidung und weitergehenden Verwertung von Abfällen revidiert sowie ein Programm zur Verbesserung der Chancengleichheit von Frauen und Minderheiten eingeführt.

> **Bath Press**
> Angestoßen durch die Untersuchung von NPI, realisierte diese mittelständische Druckerei ein Umweltprogramm, zu dem die Veröffentlichung eines Umweltberichts mit detaillierten Angaben zum Verbrauch von Ressourcen und dem Ausstoß von Emissionen gehören. Eine Folge davon ist die kontinuierliche Minimierung von Ressourcenverbrauch und Emissionen.
>
> **J. Sainsbury plc**
> 1995 untersuchte NPI die Supermarktkette Sainsbury im Rahmen eines Überblicks über den Nahrungsmittel-Einzelhandel in Großbritannien. Man half dem gerade eingesetzten Umweltteam dabei, die wichtigsten Aktionsfelder herauszuarbeiten und anzugeben. Außerdem beriet man das Unternehmen in der Gestaltung seines Umweltberichts.

C. Die Bedeutung von Beteiligungsfonds

Neben der konkreten Förderung von zinsreduzierten Sparbriefen und den indirekt in den konventionellen Kapitalmarkt hinein wirkenden Ethikfonds besteht eine dritte Möglichkeit, über ökologische oder ethische Geldanlagen Veränderungen zu bewirken. Hierbei stellen AnlegerInnen einem Unternehmen direkt, also nicht über die Vermittlung einer Bank, Kapital zur Verfügung. Im Gegenzug werden sie an den Gewinnen des Unternehmens beteiligt. Für ein junges Unternehmen ist dieses Beteiligungskapital oft noch hilfreicher als ein zinsgünstiger Kredit, denn die Ratenzahlungen zur Tilgung eines Kredits beginnen in aller Regel schon in der Gründungsphase des Unternehmens. Dies wirkt sich oft nachteilig auf die Entwicklung des Unternehmens aus, selbst wenn die Zinsen vergleichsweise niedrig sind, denn gerade in der Aufbauphase wird die gesamte Finanzkraft für Investitionen benötigt. Beteiligungskapital führt dagegen erst dann zu einem Mittelabfluß, wenn bereits Gewinne entstanden sind, das Unternehmen also eine gewisse Ertragskraft erreicht hat. Die Bereitstellung von umwelt- und sozialverantwortlichem Beteiligungskapital bedeutet deshalb in der Gründungsphase einen direkten finanziellen Vorteil für ein Unternehmen. In Deutschland wird Beteiligungskapital vor allem für die Finanzierung von Windparks, Kleinwasserkraftwerken sowie von innovativen Unternehmen, die z.B. solarbetriebene Elektroautos entwickelt haben, eingesetzt. Anders als bei der Vergabe von Förderkrediten muß es sich dabei allerdings immer um gewinnorientierte Unternehmen handeln.

Findet hier auf der einen Seite eine direkte Förderung von zukunftsfähigen und langfristig ertragsorientierten Initiativen statt, so haben auf der anderen Seite AnlegerInnen oft handfeste finanzielle Interessen an einem solchen Engagement. Die in der Gründungsphase entstehenden Verluste des Unternehmens können nämlich von den AnlegerInnen steuerlich geltend gemacht werden, und beim Eintreten in die Gewinnphase erwarten sie eine dem Risikopotential angemessene Ausschüttung. Das Risiko solcher Beteiligungen ist vergleichsweise hoch, da die Erfolgsaussichten dieser Unternehmen lediglich auf Prognosen ohne Erfahrungswerte beruhen und im Fall des Konkurses das gesamte Kapital der AnlegerInnen verlorengeht. Da die Anteile des Unternehmens nicht an der Börse gehandelt werden, bestehen wenig Chancen, die Anteile zu verkaufen, wenn der/die AnlegerIn das Geld benötigt oder die wirtschaftliche Entwicklung des Unternehmens nicht nach Plan verläuft.

Um dieses Risiko zu mindern, sind Beteiligungsfonds ins Leben gerufen worden. Diese Fonds funktionieren nach dem Prinzip von Aktienfonds: Das Kapital mehrerer AnlegerInnen wird gesammelt und dann risikomindernd in mehrere Projekte investiert. Die schwache Entwicklung eines Teils der Projekte wird durch die gute Entwicklung an anderer Stelle kompensiert.

Beteiligungen oder Beteiligungsfonds können je nach Risikograd, Ertragserwartungen und Steuersparmöglichkeiten eher zu den vermeidenden oder zu den fördernden Anlagen gerechnet werden. Da grüne Beteiligungen oder Beteiligungsfonds anders als Banken und Investmentfonds in aller Regel nicht der Aufsicht des Bundesaufsichtsamts für das Kreditwesen (BAK) unterliegen, ist es dringend geraten, vor einem Engagement die Seriosität des Anbieters zu überprüfen.

Beispiel: Die Rapunzel AG

Rapunzel ist in Deutschland einer der Pioniere des Handels mit biologischen Lebensmitteln. 1975 gründete Josef Wilhelm, heute Vorstand der Rapunzel AG, mit seiner Frau Jennifer in Augsburg einen der ersten Bioläden in Deutschland. Bereits in den siebziger Jahren bauten sie neben dem Einzelhandel mit Nahrungsmitteln aus ökologischem Anbau die Verarbeitung von Müsli und einen damals bundesweiten, heute weltweiten Handel mit ökologischen Nahrungsmitteln auf. Dabei wird bis heute konsequent auf die schonende Verarbeitung der durchweg ökologisch angebauten Produkte geachtet. Das Öl wird kalt gepreßt, der Honig kalt geschleudert und das Nußmus wird ohne Emulgatoren verarbeitet. Die Angebotspalette ist auf 800 Produkte angewachsen. Zunehmend werden ökologische Alternativen zu konventionellen Produkten ins Sortiment genommen. Mit dem Öko-Nugataufstrich „Samba" macht man den diversen Schokoaufstrichen aus den Supermärkten Konkurrenz, und selbst Tomatenketchup aus biologisch angebauten Tomaten ist inzwischen zu haben. Rapunzel leistet als Händler und Verarbeiter von biologischen Produkten einen wichtigen Beitrag dazu, die Absatzmöglichkeiten für biologisch arbeitende Landwirte zu erweitern. Zum Konzept gehört dabei auch, daß die Beziehungen zu den Lieferanten fair gestaltet werden. Dies gilt besonders für die Lieferanten aus Entwicklungsländern, aus denen das Unternehmen rund 34 Rohprodukte wie Kaffee, Tee, Kokos und Vanille bezieht. Hier zahlt Rapunzel eine Prämie von 10% –100% des Marktpreises für die biologische Qualität der Ware und trägt durch Schulungen zum Aufbau ökologischer Betriebe in diesen Ländern bei.

Ende der achtziger Jahre zeichnete sich ab, daß die Nachfrage nach biologischen Produkten weiter steigen würde und das Unternehmen gute Wachstumsaussichten hatte. Es fehlte aber an Kapital. Bankkredite wären teuer gewesen und hätten das Unternehmen über Jahre hinaus belastet. So entschied man sich zur Gründung einer Aktiengesellschaft. AktionärInnen sind bis heute vor allem MitarbeiterInnen und Lieferanten des Unternehmens, die so am Erfolg von Rapunzel partizipieren. Hinzugekommen sind ethisch motivierte InvestorInnen, die die Papiere über ökologische Finanzdienstleister erwerben können. Das über den Verkauf von Aktien eingegangene Kapital trug dazu bei, daß das Unternehmen in den neunziger Jahren ein zweistelliges Umsatzwachstum aufweisen kann, was nicht nur den AktionärInnen, sondern auch dem ökologischen Landbau zugute kommt.

Es gibt seit längerem Pläne, die Rapunzel-Aktien an der Börse einzuführen. Allerdings warfen die Unregelmäßigkeiten des ehemaligen Prokuristen das Unternehmen zurück, und die dadurch entstandenen Verluste müssen erst überwunden werden, ehe der Gang an die Börse gewagt werden kann.

D. Exkurs: Der Unterschied zwischen Konsumentenbewegung und ethischem Investment

Abschließend muß eine Anmerkung zu dem in diesem Kapitel und im Kapitel II A gezogenen Vergleich zwischen Konsumentenbewegung und ethischem Investment gemacht werden. Dieser Vergleich hinkt in einem Punkt: Die Kaufkraft des/der einzelnen für alltägliche Konsumgüter wie Kaffee oder Kleidung ist abhängig vom Einkommen. Die höheren Ausgaben für diese

Güter durch KonsumentInnen mit hohem Einkommen hält sich allerdings angesichts des begrenzten Nutzens dieser Güter in Grenzen, denn der Kaffee muß getrunken und die Kleidung getragen und in Schränken untergebracht werden. Dies führt zu einer relativ gleichmäßigen Verteilung des Konsums dieser Güter und damit auch zu einer relativ demokratischen Verteilung der Einflußmöglichkeiten. Bei Geldanlagen gibt es einen solchen begrenzten Nutzen nicht, und die Unterschiede zwischen den Privatvermögen liegen um ein Vielfaches höher als die Ausgaben für alltägliche Konsumgüter. Dementsprechend sind bei Geldanlagen auch die Einflußmöglichkeiten ungleicher verteilt: Der überwältigende Einfluß liegt hier in den Händen weniger sehr vermögender Menschen, reicher Institutionen und Sammelstellen von Kapital wie Investmentgesellschaften und Pensionsfonds.[39] Selbst eine große Anzahl privater AnlegerInnen mit kleinem und mittlerem Vermögen kann gegen diese Übermacht wenig ausrichten. Für die zukünftige Entwicklung wird es deshalb entscheidend sein, daß sich die Idee, Geld umwelt- und sozialverantwortlich anzulegen, bei den großen institutionellen Anlegern durchsetzt, zu denen neben Pensions- und Investmentfonds auch kirchliches Vermögen, Stiftungen, Universitäts- und Gewerkschaftskassen etc. gehören. Die Erfolge ethischer Geldanlagen in den USA beruhen genau darauf, daß sich diese Institutionen der Bewegung der kritischen Aktionäre angeschlossen haben.

---

[39] In den USA halten z.B. allein Pensionsfonds 1.500 Mrd. US-Dollar oder 26% aller börsennotierten Titel inländischer Unternehmen. Thomas Mächtel: Erfolgsfaktoren ökologisch ausgerichteter Anlagefonds im deutschsprachigen Raum, St. Gallen 1996, 65.

VII. Die Rendite ethischer Geldanlagen

Was kommt unter dem Strich bei ethischen Geldanlagen heraus? Ist der Ertrag geringer, gleich hoch oder gar höher als bei konventionellen Anlagen? Diese Frage wird in den letzten Jahren immer wieder heftig diskutiert. Die Meinungen gehen dabei weit auseinander. So wird auf der einen Seite behauptet, ethische Geldanlagen schnitten langfristig besser ab als konventionelle, weil Unternehmen, die ökologisch und sozial verantwortlich arbeiten, in den kommenden Jahren entscheidende Wettbewerbsvorteile hätten. Im direkten Widerspruch dazu steht die Ansicht, daß ethische Geldanlagen grundsätzlich schlechter abschnitten, weil die Berücksichtigung von Ethik in der Geldanlage nicht mit der Erzielung eines optimalen Gewinns zu vereinbaren sei.

Um eine angemessene Antwort auf die Frage nach der Rendite ethischer Geldanlagen zu finden, ist es zunächst unumgänglich, zwischen den Angeboten zu differenzieren. Zum einen läßt sich ein Vergleich nur innerhalb einer Kategorie von Anlageprodukten ziehen, denn nur so werden Anlagemöglichkeiten mit vergleichbarer Sicherheit und Verfügbarkeit gegenübergestellt. Zum zweiten muß zwischen fördernden und vermeidenden Angeboten unterschieden werden, denn den Anbietern fördernder ethischer Geldanlagen geht es nur sekundär um die Rendite und primär um die Umsetzung sozialer und ökologischer Ziele. Sie setzen deshalb ihre Zinssätze unter anderen Gesichtspunkten fest als die an konventionellen Renditen orientierten vermeidenden Angebote.

An Hand konkreter Angebote und Daten soll im folgenden ein solcher Vergleich für die Kategorien Festgeld, Sparbuch, Sparbrief, Rentenpapiere, Aktien und Aktienfonds sowie Direktbeteiligung gezogen werden.

A. Die Rendite von Festgeld, Sparbuch und Sparbrief im Vergleich

Zunächst werden drei Standardprodukte, nämlich ein für drei Monate gebundenes Festgeld, das normale Sparbuch und ein vier Jahre laufender Sparbrief verglichen.

Da das Zinsniveau ständigen Veränderungen unterworfen ist, sind die angegebenen Zahlen natürlich nur „historisch". Hier geht es uns aber nur um den Vergleich zwischen verschiedenen Anbietern, und es ist davon auszugehen, daß die hier abgebildeten Differenzen auch in Zukunft Gültigkeit haben werden.

Konditionen von drei Standardprodukten Mitte Juni 1997[40]

Bank	3 Monate Festgeld (Mindesteinlage[41])	Sparbuch (ges. Kündigungsfrist, ab 10 DM)	Sparbrief (vier Jahre Laufzeit)
Ökobank[42]	1,8 % (ab 5.000,–)	1,5 %	3,9 % (ab 2.000,–)
GLS-Bank[43]	2,0 % (ab 30.000,–)	2,0 %	3,75 % (ab 1.000,–)
DGM[44]	2,5 % (ab 5.000,–)	2,25 %	4,3 % (ab 5.000,–)
Sparkasse	2,25 % (ab 10.000,–)	1,75 %	4,1 % (ab 5.000,–)
Raiffeisenbank	2,0 % (ab 10.000,–)	1,5 %	4,75 % (ab 2.000,–)
Deutsche Bank	2,05 % (ab 5.000,–)	1,5 %	4,0 % (ab 5.000,–)
Bank für kleine und mittlere Unternehmen			6,0 % (Laufzeit: 4 1/2 Jahre) ab 10.000,–

Die Tabelle zeigt, daß es bei den ausgewählten Produkten nur geringe Unterschiede zwischen konventionellen und alternativen Banken gibt. Die Konditionen für Festgeld und Sparbrief liegen lediglich um wenige Promille unter den konventionellen Angeboten, und für das Sparbuch liegen sie innerhalb der Spanne konventioneller Banken.

---

[40] Quelle: Konditionenblatt und mündliche Auskunft.
[41] Kleine Beträge bedeuten einen höheren Verwaltungsaufwand und werden deshalb in der Regel niedriger verzinst. Werden trotzdem auch für Beträge unter 10.000 DM vergleichsweise gute Konditionen gezahlt, muß dies deshalb als kleinsparerfreundlich bewertet werden. Umgekehrt können die vergleichsweise niedrigen Zinssätze, die die Deutsche Bank für kleinere Beträge zahlt, auch so interpretiert werden, daß hier wenig Interesse an Kleinsparern besteht. Je nach anzulegender Summe muß dieser Aspekt in den Vergleich mit einbezogen werden.
[42] Bei der Ökobank gelten die angegebenen Zinssätze für den „Normalbereich", in dem zwar die Ausschlußkriterien gelten, aber keine direkte Projektförderung mit dem Geld geschieht.
[43] Bei der GLS-Bank wird etwa die Hälfte der Kredite zu Förderzinssätzen ausgegeben. Dies ist möglich, weil viele Sparer freiwillig einen niedrigeren Zins als den von der Bank angebotenen höchstmöglichen wählen. Nicht Zinsniveau und Bonität des Schuldners ist hier ausschlaggebend für den Kreditzins, sondern die Förderungswürdigkeit, die Verwaltungskosten und die wirtschaftlichen Möglichkeiten des Projekts.
[44] Evangelische Darlehensgenossenschaft Münster.

B. Die Rendite fördernder ethischer Geldanlagen

Für die obige Aufstellung wurden jene Angebote der Alternativbanken gewählt, die nicht ausdrücklich einen Fördercharakter haben. Abgesehen von diesen Angeboten mit annähernd konventionellen Zinssätzen und relativ schwachem Fördercharakter, werden Fördersparbriefe, Förderfestgeld und Genossenschaftsanteile angeboten, bei denen die Verzinsung deutlich unterhalb des jeweils herrschenden Zinsniveaus liegt und der/die SparerIn dadurch sozial und ökologisch ausgerichteten Projekten die Kreditaufnahme erleichtert. Die Zinssätze werden hier entweder auf ein von den KundInnen selbst gewähltes Niveau unterhalb der in der Tabelle aufgenommenen Höchstsätze festgelegt, oder es gibt spezielle Fördersparbriefe mit deutlich niedrigeren Zinssätzen, die in Abhängigkeit vom herrschenden Zinsniveau festgelegt werden. Ein Richtwert für die Förderanlagen ist die Inflationsrate, unterhalb derer die Anlage für den/die SparerIn einen Verlust an Kaufkraft seines/ihres Kapitals bedeuten würde. Die Inflationsrate lag im Durchschnitt von 1992–1996 bei 3,12%.[45] Die Zinssätze für Förderanlagen lagen bei der Ökobank im April 1997 je nach Laufzeit zwischen 2% und 3,6%. Die ökumenische Entwicklungsgenossenschaft EDCS, eine Anlage mit starkem Fördercharakter besonders in den Entwicklungsländern, schüttet seit 1989 regelmäßig eine jährliche Dividende von 2% aus.

C. Die Rendite von Unternehmensbeteiligungen

Die Beteiligung an einem Unternehmen oder Projekt im ökologischen oder sozialen Bereich hat, wie in Kapitel VI A erläutert, in den allermeisten Fällen einen direkten Fördercharakter. AnlegerInnen sind bereit, ein im Vergleich zu konventionellen Angeboten ungünstigeres Chance-Risiko-Verhältnis einzugehen, und legen ihr Geld nicht selten für zehn Jahre und länger fest. Die Renditen, die aus diesen Beteiligungen an Windparks, Wohnprojekten und innovativen Unternehmen gezahlt werden, liegen nach Schätzungen im allgemeinen zwischen 3 bis 6%.[46] Die Erträge liegen damit höher als die sichereren und schneller verfügbaren Förderanlagen bei Alternativbanken oder der EDCS. Vergleiche mit der Rendite aus Beteiligungen an konventionellen Unternehmen sind hier nur sehr schwer zu ziehen, da

---

[45] Quelle: Deutsche Bundesbank.
[46] Deml, Max/Gelbrich, Jutta/Prinz, Kirsten/Weber, Jörg: Rendite ohne Reue, Frankfurt am Main 1996, 191.

hierfür keine Durchschnittszahlen für Unternehmen in vergleichbarer Größe vorliegen.

Für AnlegerInnen mit einem hohen persönlichen Steuersatz ergibt sich im Hinblick auf die Rendite allerdings ein anderes Bild. Die Beteiligungen sind in den meisten Fällen so konstruiert, daß AnlegerInnen die in den ersten Jahren anfallenden Verluste des Projekts von ihrer Steuer abschreiben können. Bei einem persönlichen Steuersatz von um die 50% kann dann über die Jahre eine deutlich höhere Rendite erzielt werden, die durchaus bei 10–12% liegen kann.

Höher als 3–6% können die Renditen auch dann sein, wenn die Mindestanlagesumme nicht, wie bei vielen Alternativprojekten üblich, bei wenigen hundert oder tausend Mark liegt, sondern bei 25.000 DM oder mehr beginnt. Eine hohe Mindestanlagesumme bedeuet, daß das Projekt mit dem Geld weniger AnlegerInnen finanziert wird und damit weniger Verwaltungsaufwand nötig ist. Die geringeren Verwaltungskosten wirken sich positiv auf die Rendite aus.

Bei allen Beteiligungen gilt es zu beachten, daß die in den Katalogen angegebene Rendite pro Jahr nicht so zu verstehen ist, daß vom ersten Jahr an diese Jahresrendite regelmäßig ausgeschüttet wird. Es ist vielmehr so, daß in den ersten ein bis drei Jahren in der Regel keinerlei Ausschüttung stattfindet, weil das Unternehmen erst aufgebaut werden muß. Hier greift dann die Verlustzuschreibung bei der Steuer. Es folgen einige Jahre mit geringeren Ausschüttungen, die sich bis zum Ende der Laufzeit steigern.

D. Die Rendite vermeidender ethischer Geldanlagen

1. Renten

Wird ein Rentenpapier nach ethischen Kriterien ausgewählt, so werden Gelder gezielt bei solchen Emittenten angelegt, in deren Statuten festgelegt ist, daß die über den Kapitalmarkt aufgenommenen Gelder einem sozialen oder ökologischen Zweck zugeführt werden müssen. Gemieden werden auf der anderen Seite, wie im Kapitel II E dargestellt, besonders solche Emittenten, bei denen nicht ausgeschlossen werden kann, daß mit dem Geld der AnlegerInnen auch das Militär oder problematische Großprojekte in Entwicklungsländern mitfinanziert werden. Die untenstehende Tabelle zeigt, daß bei gleicher Bonität und gleicher Laufzeit keinerlei finanzielle Nachteile für AnlegerInnen bestehen, die ihre Rententitel nach ökologischen und sozialen Gesichtspunkten auswählen.

Alle Papiere sind DM-Anleihen, haben eine zehnjährige Laufzeit und ein Standard & Poors (S&P) Rating von AAA.[47]

Emittent	Zins	Laufzeit	Rendite
Bundesrepublik Deutschland	6,25%	96–06	5,602 %
Niedersachsen	6,625 %	96–06	5,633 %
Eurofima[48]	6,00 %	96–06	5,757 %
Europarat (Sozialfonds)	6,00 %	93–03	5,606 %
Weltbank	7,125 %	95–05	5,454 %
Kreditanstalt für Wiederaufbau	6,00 %	96–06	5,664 %

2. Aktien und Aktienfonds

Läßt sich der Unterschied von Zins und Rendite konventioneller und alternativer Anlageformen bei Sparbuch, Festgeld, Sparbriefen und Rentenpapieren klar erkennen, so wird es bei einem Vergleich der Rendite konventioneller und ökologisch und/oder sozialverträglich arbeitender *Aktiengesellschaften* bzw. *Aktienfonds* komplizierter.

An welcher Meßlatte sollen diese Fonds gemessen werden? Wie soll das bei Ethikfonds evtl. bestehende höhere Risiko in den Vergleich einbezogen werden, wie bewertet man den höheren Aufwand, der mit dem Management eines Ethikfonds verbunden ist? Und schließlich: Die allermeisten ökologischen Fonds sind erst in den neunziger Jahren aufgelegt worden. Können hier schon repräsentative Vergleiche gezogen werden?

Die zahlreichen Studien, die es zu dieser Frage gibt, gehen unterschiedlich mit diesen Problemen um und kommen dementsprechend auch zu unterschiedlichen Ergebnissen.[49]

So zeigte eine Studie von 1992[50], daß die Ethikfonds in den USA mehrheitlich besser abschnitten als der S&P-500-Index, ein Börsenindex, der den Verlauf der Kurse der 500 größten Aktiengesellschaften in den USA abbil-

---

[47] Quelle: Handelsblatt, 20. Juni 1997
[48] Europäische Gesellschaft für die Finanzierung von Eisenbahnmaterial.
[49] Eine sehr gute Übersicht bietet hier die Dissertation von Thomas Mächtel: Erfolgsfaktoren ökologisch ausgerichteter Anlagefonds im deutschsprachigen Raum, St. Gallen 1996.
[50] Joly, Carlos: Green Funds or Just Greedy, in: Green Business Opportunities, London 1992.

det. Drei Jahre später zeigte eine Studie[51], daß alle US-amerikanischen Fonds schlechter abschnitten als der S&P-500-Index.

Trotz dieser Widersprüche lassen die Beobachtungen der Öko- und Ethikfonds in den USA und Großbritannien, wo man auf eine wesentlich längere und damit repräsentativere Zeitspanne zurückblicken kann als bei den deutschen Ökofonds, folgende Aussagen über die Rendite von ethischen Fonds und Aktiengesellschaften zu:

1. Aktienfonds, die nach ökologischen und/oder sozialen Kriterien anlegen, *können* eine gleich gute oder sogar bessere Perfomance als der Index erzielen. So waren in Großbritannien z.B. die beiden von NPI vewalteten Ethikfonds „Pension Global Care" und „Global Care Income Unit Trust", die beide relativ strenge ethische Kriterien befolgen, im Jahr 1996 auch im Vergleich zu konventionellen Fonds die drittbesten innerhalb ihrer Investment-Kategorie.[52] Auf der anderen Seite ist es aber auch nicht von der Hand zu weisen, daß viele dieser Fonds schlechter abschnitten als der entsprechende Index oder der Durchschnitt der Investmentfonds ihrer Kategorie.

2. Durch die eingeschränkte Aktienauswahl der Fonds mit ethischen Kriterien ist das finanzielle Risiko höher als bei Fonds, die keinerlei Anlagebeschränkung unterliegen. Allerdings ist dieses erhöhte Risiko durchaus mit dem höheren Risiko von Spezialfonds zu vergleichen. Auch diese Fonds spezialisieren sich auf einen Marktausschnitt, etwa auf die Pharmabranche oder auf junge Unternehmen mit Wachstumspotential, und haben ein entsprechend höheres Risiko. Zu berücksichtigen ist allerdings, daß das Risiko mit der Anzahl und Strenge der ethischen Kriterien steigt.

3. Das Management eines ethischen Fonds geht zwangsläufig mit einem höheren Aufwand einher, weil die Unternehmen zusätzlich zur Aktienanalyse nach sozialen und ökologischen Gesichtspunkten untersucht werden müssen. Diesen Aufwand trägt entweder die Bank oder der/die AnlegerIn. Im letzteren Fall schmälert sich dadurch die Rendite.

4. Für den finanziellen Erfolg eines Ethikfonds ist ein gutes, von der Sache überzeugtes und engagiertes Management erforderlich.

Für die in Deutschland angebotenen Fonds ergibt sich im Vergleich zu konventionellen Fonds folgendes Bild:

---

[51] White, Mark A.: The Performance of Environmental Mutual Funds in the United States and Germany: Is there economic hope for „green" investors? In: Research in Corporate Social Performance and Policy, Supplement 1, London 1995.

[52] Micropal 1996: Der „Pension Global Care"-Fonds war von 154 international anlegenden Pensionsfonds der drittbeste über das Kalenderjahr 1996. Der „Global Care Income Unit Trust" erreichte mit einer Rendite von + 22,3% in diesem Zeitraum unter 88 in Großbritannien aufgelegten und in britische Aktien investierenden Fonds ebenfalls den dritten Platz.

Renditevergleich I
(*Kategorie*: International anlegende Aktienfonds, mit Vertriebszulassung in Deutschland[54], *Stichtag*: 1. Oktober 1997)

Zeitraum:	über 5 Jahre	über 3 Jahre	über 2 Jahre	über 1 Jahr
Anzahl der Fonds	75	108	120	127
Bester Fonds der Kategorie	229,09 %	158,81 %	129,2 %	85,87 %
Durchschnittsergebnis in der Kategorie	131,42 %	66,39 %	63,14 %	38,78 %
Schlechtester Fonds in der Kategorie	37,55 %	17,16 %	26,65 %	20,1 %
Wertentwicklung der Ökofonds mit Anlageschwerpunkt internationale Aktien:				
Credit Equity Oeko Protec	40,36 %	26,47 %	43,62 %	36,66 %
FOCUS GT Umwelttechnologie	37,55 %	54,08 %	62,94 %	35,795 %
Hypo Eco Tech	106,79 %	50,01 %	52,92 %	41,65 %
KD Fonds Oeko Invest	38,6 %	34,34 %	35,37 %	35,27 %
Luxinvest OekoLux	42,15 %	36,4 %	40,73 %	33,27 %
Ökovision	–	–	–	20,1 %
Sunlife Ecological Portfolio	–	19,89 %	42,25 %	42,25 %
SBC Eco Performance	–	–	–	35,39 %

[54] Quelle: Micropal.

Renditevergleich II
(*Kategorie*: Fonds, die international in Aktien und Rentenpapiere anlegen [Gemischte Fonds international][55], *Stichtag*: 1. Oktober 1997)

Zeitraum:	3 Jahre	2 Jahre	1 Jahr
Anzahl der Fonds	60	72	80
Bester Fonds der Kategorie	84,23	83,56	67,08
Durchschnittsergebnis in der Kategorie	48,64	42,64	25,58
Schlechtester Fonds in der Kategorie	11,43	11,47	8,77
Wertentwicklung der Ökofonds mit Anlageschwerpunkt internationale Aktien und Rentenpapiere:			
ÖkoSar	34,73	31,74	20,25 %

Renditevergleich III (*Kategorie*: International anlegende Rentenfonds, *Stichtag*: 1. August 1997)

Zeitraum:	5 Jahre	3 Jahre	2 Jahre	1 Jahr
Anzahl der Fonds	96	122	130	142
Bester Fonds der Kategorie	86,81 %	76,27 %	107,0 %	58,79 %
Durchschnittsergebnis in der Kategorie	56,91 %	39,13 %	31,26 %	15,42 %
Schlechtester Fonds in der Kategorie	21,14 %	8,32 %	5,68 %	2,2 %
Wertentwicklung der Ökofonds mit Anlageschwerpunkt internationale Aktien und Rentenpapiere:				
SecuraRent Lux	39,15	31,69	25,93	17,36

[55] Quelle: Micropal.

Die Tabellen zeigen, daß von einer überdurchschnittlichen Wertentwicklung bei den im deutschsprachigen Bereich zugelassenen Ökofonds keine Rede sein kann. Die Fonds erreichen in keiner Kategorie und in keinem der Zeiträume den jeweiligen Durchschnitt. Erkennbar ist bei den Aktienfonds aber auch, daß diese Fonds im Fünf-Jahres-Vergleich am untersten Ende der Performancetabelle rangieren, im Vergleich über ein oder zwei Jahre sich aber dem Durchschnitt genähert haben. Außerdem gibt es im Ein- und Zwei-Jahresbereich eine Reihe konventioneller Fonds, die wesentlich schlechter abschneiden als Ökofonds.

Das schlechte Abschneiden der in Deutschland vertriebenen Ökofonds ist ein wichtiger Grund dafür, daß diese Form der Geldanlage hierzulande, viel mehr noch als in den USA oder Großbritannien, ein Schattendasein führt. Während in den USA 9%[55] aller professionell verwalteten Gelder nach, wenn auch zum Teil schwachen, ethischen Kriterien und in Großbritannien ca. 1%[56] der in Investmentfonds angelegten Gelder in Fonds mit ethischen Kriterien angelegt werden, so machen in Deutschland die nach ökologischen oder sonstigen ethischen Kriterien in Investmentfonds angelegten Gelder weniger als 0,1% aus.[57]

a) Der Domini Social Index (DSI)

Die oben genannten Zahlen sagen primär etwas über die Wertentwicklung der Fonds mit ethischen Kriterien aus. Sie sagen aber nur indirekt etwas über die Kursentwicklung von Unternehmen, die ökologisch oder sozial arbeiten, aus. Da die Ergebnisse einiger britischer und US-amerikanischer Fonds deutlich über dem Durchschnitt liegen, muß es Unternehmen geben, die sowohl ethische Standards einhalten als auch eine deutlich positive Gewinnentwicklung vorweisen können. Um die Kursentwicklung von Unternehmen, die gewisse ethische Standards einhalten, mit der Kursentwicklung einer Gruppe von Unternehmen zu vergleichen, die nicht nach ethischen Kriterien ausgewählt wurden, legte man in den USA den Domini Social Index auf.

Der Domini Social Index 400 wählt Unternehmen unter den Aspekten Öffentlichkeit, Mitarbeiter, Umwelt, Produkte, Frauen und Minderheiten, Militärkontrakte sowie Kernenergie aus und verfolgt deren Kurse. Entspricht ein Unternehmen nicht mehr den Kriterien, wird es aus dem Index herausgenommen und durch ein anderes ersetzt. Seit 1990 verfolgt der Index die

---

[55] Mächtel, Thomas: Erfolgsfaktoren ökologisch ausgerichteter Anlagefonds im deutschsprachigen Raum, St. Gallen 1996, 66.
[56] Telefonat am 15. September 1997 mit Alan Niaz von EIRIS.
[57] Mächtel, Thomas: ebenda.

Kurse von 400 großen, mittelständischen und kleinen US-amerikanischen Aktiengesellschaften und vergleicht deren Verlauf mit dem konventionellen Standard & Poors (S&P) 500-Index. Den Verlauf dieses Sozial-Index im Vergleich zum konventionellen kann man folgendem Diagramm entnehmen:

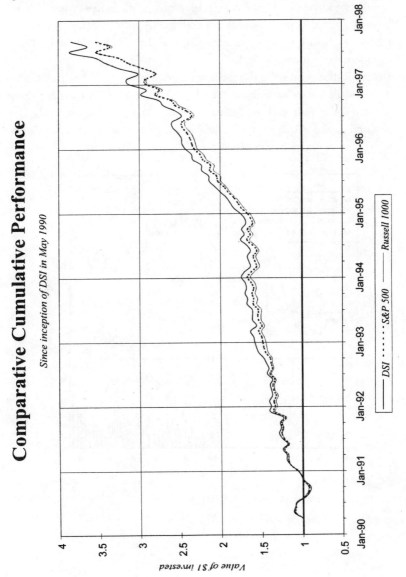

b) Der Natur-Aktien-Index NAX

Im Mai 1997 fiel der Startschuß für ein vergleichbares Projekt im deutschsprachigen Raum. Die Zeitschriften NATUR und Öko-Invest legten gemeinsam den deutschsprachigen Natur-Aktien-Index NAX auf. Der NAX verfolgt die Kurse von 20 internationalen Aktiengesellschaften zu je gleichem Gewicht. Aufgenommen wurden z.B der Filterhersteller memtec, die polnische Umweltbank Ochrony Srodowiska und der US-amerikanische Rollstuhlhersteller Sunrise Medical.

Der NAX dient zum einen dazu, einen Vergleich zwischen Umweltunternehmen und dem konventionellen Weltaktienindex MSCIW zu ziehen. Zum anderen soll er aber auch als Meßlatte für die deutschen Umweltfonds dienen und dem/der AnlegerIn dabei helfen, ein gutes Management von einem schlechten zu unterscheiden.

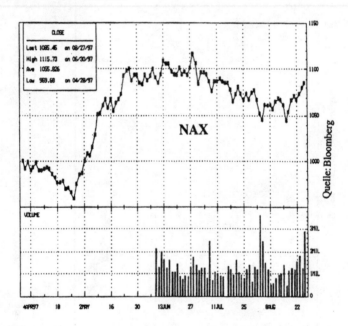

1085

Land	Unternehmen	Branche	Kurs 27.8.97
E	Aguas de Barcelona	Wasserversorgung	5.520
PL	Bank Ochrony Srodowiska	Umweltbank	42
USA	Ben & Jerry's Homemade	Eis und Joghourt	12,75
GB	Body Shop	Kosmetik	153
F	Boiron	Homöopathie	342
USA	Energy Conversion Devices	Devices Solarenergie	15,44
NL	Grontmij	Consulting	56,3
A	Jenbacher Werke AG	Energiesysteme	317
D	Kunert AG (Stammaktien)	Bekleidung	180
A	Mayr-Melnhof Karton AG	Verpackung/Recycling	743
AUS	Memtec	Wasserfilter	20,13
DK	NEG Micon	Windturbinen	457
USA	Real Goods Trading	Naturwarenhandel	5,375
D	SERO Entsorgung AG	Entsorgung/Recycling	33,60
CH	SGS Surveillance	Waren-Inspektion	2.940
J	Shimano	Fahrräder	2.590
USA	Sunrise Medical	Rollstühle	15,25
USA	Timberland	Schuhe/Kleidung	65,75
N	Tomra Systems	Flaschenrücknahmegeräte	170
USA	Whole Foods Market	Naturkost-Einzelhandel	34

Kommentar:
Der NAX ist in den letzten 2 Wochen von 1067 auf 1085 gestiegen, wobei die Entwicklung positiver (der MSCI-Weltindex ging von 960 auf 935 zurück) und wesentlich "sanfter" als die der höchst volatilen Weltbörsen-Indices verlief. Im laufenden Quartal (seit 1.7.) am stärksten gestiegen sind **Grontmij** (+23%), **Energy Conversion Devices** (+21%) und **Mayr-Melnhof** (+18%), während **SERO** (-12%) und **Memtec** (-25% nach einem schwachen Quartalsergebnis, Update folgt!) zweistellige Verluste erlitten.

E. Empfehlungen an die AnlegerInnen

Die letzten Seiten haben verdeutlicht, daß vor der Entscheidung für eine bestimmte Anlage eine Reihe von Überlegungen angestellt werden müssen. Zunächst gilt es, die eigene finanzielle Situation nüchtern zu beurteilen und zu überlegen, welche Anlageform prinzipiell in Frage kommt. Dann sollten innerhalb dieser Anlageform Angebote eingeholt und die ethischen und finanziellen Vor- und Nachteile abgewogen werden.

Für die Fondsanlage ist dringend empfohlen, die Wertentwicklung des Fonds über einen längeren Zeitraum zu studieren. Es darf aber auch hier nie vergessen werden, daß es sich um Zahlen aus der Vergangenheit handelt, die zwar Hoffnungen und Anhaltspunkte für die Zukunft, jedoch keinerlei Garantie auf eine ebensolche Entwicklung in den künftigen Jahren geben.

Die langfristigen Renditen der in Deutschland vertriebenen Angebote ethischer Geldanlagen können den Portraits aus dem Anhang entnommen werden.

F. Beispiel: Der Ertrag? – Ein Doppelzentner Weizen!

„Im Getriebe der Weltwirtschaft und des internationalen Marktes wird vergessen, daß die Grundlage der Ökonomie immer noch in einer menschen- und umweltgerechten Landwirtschaft liegt. Wird diese Grundlage zerstört, so verliert die Produktion aller übrigen Güter ihren Sinn", heißt es in dem Verkaufsprospekt des Landwirtschaftsfonds II Mitte der GLS-Gemeinschaftsbank. Dieser Fonds hat sich zum Ziel gesetzt, den naturnahen Landbau zu unterstützen. Insgesamt 1.455.000 DM fließen über den Fonds an ökologisch arbeitende Bauernhöfe, die dieses Geld für ihr Weiterbestehen dringend benötigen. So dient das Geld z.B. dazu, auf dem von der Selbsthilfeorganisation für Drogenabhängige „Synanon" bewirtschafteten Hof Fleckenbühl die Getreideanlage zu erneuern, auf dem Hof Mahlitzsch bei Dresden wird ein neuer Kuhstall gebaut werden, der der artgerechten Tierhaltung entspricht, dem Hof Ameiser im Hunsrück helfen die Mittel, die Hofkäserei auszubauen. Ein Teil der Gelder geht auch an Menschen, die sich dazu entschlossen haben, einen Hof zu kaufen, zu sanieren und ihn auf ökologische Landwirtschaft umzustellen.

All diese Initiativen sind wertvolle Beiträge zur Eindämmung der Umweltschäden durch eine industrialisierte Landwirtschaft und zur Entwicklung einer menschen-, tier- und umweltgerechten Landwirtschaft. Allerdings ist es nicht leicht, finanzielle Unterstützung für diese wertvollen Initiativen zu organisieren. Da es sich um Wirtschaftsbetriebe handelt, eignen sie sich nicht für Spenden, und da es wenig zu verdienen gibt, bleiben die auf hohe Sicherheit und Rendite ausgerichteten InvestorInnen aus.

Die GLS-Gemeinschaftsbank entwickelte deshalb eine besondere Anlagemöglichkeit, die auf die Situation dieser Höfe zugeschnitten ist. Die Hofgemeinschaften erhalten tilgungsfreie Darlehen, d.h. Kredite, die sie nicht zurückzahlen müssen. Dies bedeutet, daß auch der/die AnlegerIn sein/ihr Kapital nicht zurückerhält, es sei denn, er/sie gerät in eine Notlage und ist auf dieses Geld dringend angewiesen. Dies ermöglicht es den tatkräftigen, aber finanzschwachen Betreibern, ihr Vorhaben durchzuführen.

Und die Zinsen? Die werden in Form von Naturalien ausgeschüttet. Die AnlegerInnen erhalten von den Höfen lebenslang ökologisch angebaute Lebensmittel. Für 5.000 DM Einlage kann sich der/die AnlegerIn jährlich ökologische Nahrungsmittel im Wert von zehn Litern Milch, fünf Kilogramm Brot, fünf Kilogramm Kartoffeln, zehn Eiern, fünf Kilogramm Möhren und fünf Kilogramm Äpfel bei einem der unterstützten Höfe abholen. Er/Sie kann die Waren aber auch über einen Einkaufsgutschein bei seinem/ihrem Bioladen erhalten. Im Todesfall verfällt dieser Anspruch und kann nicht auf die Erben übertragen werden.

VIII. Wie sicher ist mein Geld?

Die Sicherheit einer Geldanlage hat zwei Aspekte. Zum einen stellt sich die Frage, welches wirtschaftliche Risiko mit einer Geldanlage verbunden ist, also wie stabil die Bank, das Unternehmen oder der Anleiheemittent sind, in die investiert wird. Zum zweiten ist fraglich, wie seriös ein Angebot ist. Hier soll es zunächst um die unterschiedlichen Grade des wirtschaftlichen Risikos bei alternativen Geldanlagen gehen.

A. Die ökonomische Sicherheit

Wie im Kapitel II beschrieben, variiert die Sicherheit von Geldanlagen je nach Anlageprodukt, wobei auf den Finanzmärkten eine geringere Sicherheit in aller Regel mit höheren Renditeerwartungen belohnt wird. Anlageberater sprechen deshalb vom Anlegerstreßfaktor. Dieser ist um so höher, je größer die Schwankungen einer Anlage nach oben und unten sind.

Für ethische Geldanlagen gilt, daß es analog zu konventionellen Geldanlagen eine breite Palette von Anlagemöglichkeiten mit sehr unterschiedlichen Chance-Risiko-Profilen gibt. Die Möglichkeiten reichen von der sehr hohen Sicherheit einer AAA-Anleihe bis zur riskanten Beteiligung an einem neu gegründeten Unternehmen. Damit decken alternative Anlagen in etwa das Spektrum ab, das auch konventionelle Geldanlagen bieten. Die Sicherheit einer Anlage hängt je nach Produkt von unterschiedlichen Merkmalen ab, die im folgenden beschrieben werden.

1. Festgeld, Sparbuch oder Sparbrief

Wird Geld bei einer der Alternativbanken oder kirchlichen Banken angelegt, dann ist es für die Sicherheit der Gelder entscheidend zu wissen, ob die Bank dem Einlagensicherungsfonds angehört. Der Einlagensicherungsfonds gewährleistet, daß die Kundeneinlagen auch dann zurückgezahlt werden, wenn die Bank zahlungsunfähig geworden ist. Für die kirchlichen und alternativen Institute finden Sie diese Information in den im Anhang abgedruckten Portraits.

2. Renten

Die Sicherheit von Rentenpapieren läßt sich zunächst dem Finanzrating entnehmen, das in den Wirtschaftszeitungen neben Laufzeit und Rendite angegeben wird. Es muß aber zusätzlich die Währung der Anleihe berücksichtigt werden. Handelt es sich um eine Anleihe, die in einer Fremdwährung wie US-Dollar, britischem Pfund oder mexikanischen Pesos ausgegeben wurde, so führt eine Abwertung dieser Währung im Vergleich zur DM zu Verlusten. Die im Kapitel II E vorgestellten Emittenten von Anleihen, die auch unter ethischen Aspekten interessant sind, haben ein AAA-Rating und begeben regelmäßig Anleihen in verschiedenen Währungen, darunter auch in DM.

3. Ökofonds

Für die Sicherheit einer Anlage in ökologisch oder ethisch orientierten Investmentfonds gilt zunächst das gleiche wie für konventionelle Fonds: Rentenfonds sind prinzipiell sicherer als gemischte Fonds, die in Anleihen und Aktien investieren, und diese sind wiederum prinzipiell sicherer als Fonds, die nur in Aktien investieren. Um das Chance-Risiko-Verhältnis eines Investmentfonds einschätzen zu können, reicht allerdings die Einordnung in eine dieser drei Kategorien nicht aus. Darüber hinaus müssen genau wie bei Renten das Währungsrisiko abgeschätzt und die Bonität und Größe der Emittenten bzw. der Unternehmen, in die der Fonds bevorzugt investiert, berücksichtigt werden.

Die in Deutschland aufgelegten Ökofonds, ob Renten-, gemischte oder Aktienfonds, legen alle in verschiedenen europäischen und außereuropäischen Währungen an. Die Aktienfonds legen in aller Regel ihren Schwerpunkt auf die Anlage in US-amerikanische Werte und bergen damit ein Währungsrisiko gegenüber dem US-Dollar. In geringerem Maße wird auch in den japanischen Yen und europäische Währungen investiert.

Zu diesem Währungsrisiko tritt das Kursrisiko. Dieses ist bei Rentenfonds gering und wirkt sich für den/die AnlegerIn nur bei stark steigenden Zinsen aus.[58] Bei gemischten Fonds und bei reinen Aktienfonds ist es allerdings ver-

---

[58] Anleihen haben genau wie Aktien Kurse, zu denen sie börsentäglich an- und verkauft werden können. Ihr Kurs hängt davon ab, in welchem Verhältnis ihr Zinssatz zum Zinssatz einer neu aufgelegten Anleihe steht. Steigen die Zinssätze neu aufgelegter Anleihen in kurzer Zeit stark an, dann wird eine Anleihe mit einem vergleichsweise niedrigen Zinssatz unattraktiv, und ihr Kurs sinkt.

gleichsweise hoch, da Ökofonds aufgrund ihrer Kriterien in einem hohen Maße Aktien von kleinen und mittleren Unternehmen halten und nur in geringem Maße auch Titel von Großunternehmen kaufen. Die Kurse kleinerer und mittlerer Unternehmen sind größeren Schwankungen unterworfen als die von Großunternehmen.

Damit sind Ökofonds aber nicht per se unsicherer als konventionelle Fonds, denn das konventionelle Angebot reicht von Investmentfonds, die ausschließlich in deutsche Großunternehmen investieren, also kein Währungsrisiko und ein vergleichsweise geringes Kursrisiko haben, bis hin zu Emerging Market Funds, die auf Aktientitel aus Ländern wie Thailand, Kenia oder Malaysia spezialisiert sind und ein dementsprechend hohes Währungs- und Kursrisiko haben. Ökofonds bewegen sich im Mittelfeld dieses Risikospektrums. Ihre Sicherheit ist vergleichbar mit konventionellen, international anlegenden Aktienfonds, die den Schwerpunkt ihrer Anlage auf kleine und mittlere Unternehmen in Industrieländern legen.

Für den/die AnlegerIn bedeutet dies, daß er/sie zur Einschätzung des „Anlegerstreßfaktors" eines Ökofonds zunächst die Übersicht über die Entwicklung des Fonds in den letzten Jahren kennen sollte. Aus dieser läßt sich ablesen, wie groß und wie lange die Renditeeinbrüche in den vergangenen Jahren gewesen sind und in welchem Verhältnis sie zu den Kurssteigerungen stehen. Außerdem sollte man sich an Hand des letzten Halbjahresberichts darüber informieren, wie stark der Fonds in US-amerikanischen Werten investiert ist und wieviel Prozent der Gelder in jeweils einem Wert investiert sind. Ein hoher US-Anteil bedeutet eine starke Abhängigkeit vom Verlauf des Dollarkurses. Sind die Gelder breit auf eine Vielzahl von Werten und Branchen gestreut und nur zu höchstens 1–2% in einem Wert investiert, bedeutet dies mehr Sicherheit bei Kursverlusten oder Firmenzusammenbrüchen, was besonders bei der Investition in kleine und mittlere Unternehmen wichtig ist. Auch dies läßt sich dem Halbjahresbericht entnehmen.

Bei aller Sorge um das Risiko muß allerdings daran erinnert werden, daß jedes Risiko eine entsprechende Chance beinhaltet. Die Schwankungen des Dollars können auch zu hohen Gewinnen führen, und kleine und mittlere Unternehmen können ein enormes Wachstumspotential haben, das zu schnellen und starken Kurssteigerungen führen kann. Für den/die AnlegerIn ist es auch wichtig, zu einer nüchternen Einschätzung darüber zu kommen, wieviel „Anlegerstreß" er/sie in seiner/ihrer finanziellen Situation vertragen kann.

4. Unternehmensbeteiligungen

Einen im Vergleich zur Anlage in börsennotierte Aktien oder in Aktienfonds höheren Anlegerstreßfaktor haben in aller Regel Direktbeteiligungen an Unternehmen, die als Gesellschaft bürgerlichen Rechts (GbR), Kommanditgesellschaften, GmbH & Co. Kgs oder Genossenschaften firmieren, sowie an Aktiengesellschaften, deren Papiere nicht an einer Börse gehandelt werden.
Diese Beteiligungen unterliegen im Unterschied zu Bankprodukten wie Festgeld, Sparbuch oder Investmentfonds nicht der Aufsicht einer staatlichen Bankaufsichtsbehörde. Das Bundesaufsichtsamt für das Kreditwesen prüft hier lediglich, ob der Anbieter eines solchen Anlageangebots unerlaubte Bankgeschäfte betreibt, d.h. ob er z.B. in seinen Verkaufsunterlagen die Zahlung fester Zinsen verspricht, was nur Banken dürfen.
Unsicher sind diese Beteiligungen vor allem deshalb, weil sie nur schwer wieder zu veräußern sind. Anders als bei börsennotierten Wertpapieren gibt es kaum einen Markt für Beteiligungspapiere. Wenn das Unternehmen in wirtschaftliche Schwierigkeiten gerät, kann die Beteiligung nur sehr schwer wieder verkauft werden. Für eine Kündigung der Beteiligung gelten in der Regel Fristen von sechs bis zwölf Monaten. Ein Totalverlust läßt sich dann oft, obwohl voraussehbar, kaum abwenden.
Weil der/die AnlegerIn mit seiner/ihrer Beteiligung eng an das Schicksal des Unternehmens gebunden ist, sollte er/sie vor einem solchen Engagement das Angebot einer genauen Prüfung unterziehen. Im Fall der Beteiligung an einer GbR oder an einer Genossenschaft ist es vor allem wichtig, darauf zu achten, ob die Haftung der AnlegerInnen über das eingelegte Kapital hinausgeht. Geht die Haftung über die Beteiligungssumme hinaus, kann ein Gläubiger des Unternehmens auf das Privatvermögen der AnlegerInnen zugreifen. Dieser Fall sollte im Vertrag unbedingt ausgeschlossen sein.
Wie sicher Geld bei einer Direktanlage ist, hängt zudem stark von der Art des Projektes ab. Grundsätzlich sind Projekte, bei denen das Kapital in Anlagen fließt, die über das Bestehen der Gesellschaft hinaus ihren Wert behalten, sicherer als solche, in denen das Gros der Gelder z.B. in Personal- oder Entwicklungskosten fließt. Für ökologisch und sozial verantwortliche Anlagen heißt dies, daß Wohnprojekte, bei denen es um den Kauf und die Entwicklung von Grundstücken und Gebäuden geht, oder Windparks, bei denen 75%[59] und mehr des Kapitals in Anlagen fließen, wesentlich sicherer

---

[59] Diese Schätzung ist dem Buch Deml, Max/Gelbrich, Jutta/Prinz, Kirsten/Weber, Jörg: Rendite ohne Reue, Frankfurt am Main 1996, 201 entnommen.

sind als die Beteiligung an einem Dienstleistungsunternehmen, bei dem ein Großteil des Kapitals unwiederbringlich in die Personalkosten fließt. Projekte, bei denen es um die Stromerzeugung geht, haben zusätzlich den Vorteil, daß es in der Regel keine Entwicklungskosten gibt und die Abnahme des Stroms gewährleistet ist, auch wenn es beim Stromabnahmepreis Unsicherheiten gibt. Beteiligt man sich hingegen an einem Unternehmen, das ein neues Produkt auf den Markt bringen will, so fallen neben den erheblichen Entwicklungskosten auch zusätzlich hohe Kosten für die Vermarktung an.

Selbstverständlich sollten vor einem Engagement die in den Angebotsunterlagen gemachten Aussagen über die Rahmenbedingungen und den Stand der Planung, die Ertragsprognose, das Verhältnis von Eigen- zu Fremdkapital und die Kontrollmöglichkeiten der AnlegerInnen studiert und ggf. auf ihre Plausibilität hin überprüft werden. Kann oder will man sich mit diesen Details nicht befassen, so ist es ratsam, hierzu den Rat eines unabhängigen Fachmanns einzuholen.

Bei aller Vorsicht, die gegenüber Beteiligungsangeboten angebracht ist, muß aber betont werden, daß es eine Reihe seriöser und professionell durchgeführter Projekte gibt, in die es sich aus ökologischen und finanziellen Gründen zu investieren lohnt.[60] Wie zuvor gezeigt, sind es schließlich gerade diese Direktbeteiligungen, die ökologisch und sozial vieles bewirken können. Es ist deshalb sehr zu begrüßen, daß sich in Deutschland einige Finanzdienstleister auf die fachmännische Prüfung und Vermittlung von Anteilen an ökologischen Unternehmen und Projekten spezialisiert haben. Diese Vermittler sind dem/der AnlegerIn auf der Suche nach einer Beteiligung mit vertretbarem Risiko behilflich und haben auch einen Markt für Öko-Beteiligungen geschaffen, über den AnlegerInnen ihre Papiere bei Bedarf auch wieder verkaufen können. Hilfreich bei der Suche nach einer geeigneten ökologisch oder sozial sinnvollen Beteiligung ist auch die Fachzeitschrift Öko Invest und das oeco-investment magazin, das im Internet unter http://www.oeco-invest.de abgerufen werden kann.

Wesentlich sicherer als die Beteiligung an einem einzigen Unternehmen ist die Investition in eine grüne *Beteiligungsgesellschaft*, wie sie von einigen Anbietern in Deutschland angeboten wird. Diese Gesellschaften arbeiten nach dem Prinzip von Aktienfonds, indem sie Beiträge von InvestorInnen sammeln, die sie risikomindernd in mehrere Projekte investieren. Kommt es bei einer dieser Beteiligungen zu Verlusten, so gleicht sich dies (hoffentlich)

---

[60] Eine sehr gute Beschreibung von Möglichkeiten und Risiken ökologischer Direktbeteiligungen findet sich ebenso in Rendite ohne Reue, aaO.

durch den Erfolg anderer Projekte aus. Ein weiterer Vorteil ist, daß die Initiatoren dieser Fonds die Möglichkeit haben, alle Projekte gründlich auf ihre Rentabilität hin zu überprüfen. Gerade Beteiligungsfonds für Risikokapital haben ein großes Potential, Geld für ein zukunftsfähiges Wirtschaften zur Verfügung zu stellen. Ein gutes Beispiel für eine ökologische Beteiligungsgesellschaft ist die im Rahmen der GLS-Gemeinschaftsbank aufgelegte GkG, die im Anhang vorgestellt wird.

5. Anmerkung zu Finanzderivaten

Während sich im Bereich der Unternehmensbeteiligungen für den/die verantwortliche/n und risikobereite/n InvestorIn eine Reihe sinnvoller Anlagemöglichkeiten bietet, bleiben ihm die hochspekulativen Finanzderivate der konventionellen Märkte verschlossen. Bei diesen Finanzderivaten geht es im Kern darum, daß Wetten auf die zukünftige Entwicklung von Kursen oder Zinsen abgeschlossen werden und schon geringe Kapitaleinsätze zu hohen Gewinnen und Verlusten führen können. Der Charakter der Wette und der Umstand, daß sich mit Derivaten auch bei fallenden Kursen Gewinne machen lassen, zeigen, daß diese Anlagen nur noch einen indirekten Bezug zur realen Wirtschaft, also zu Gewinnen und Verlusten von Unternehmen oder zur wirtschaftlichen Leistungsfähigkeit eines Landes, haben.

Ethische Geldanlagen zielen hingegen generell darauf ab, die Verbindung zwischen der Geldanlage und der realen Wirtschaft wieder zu intensivieren, indem sie die Beurteilung von Produkten und Dienstleistungen im Hinblick auf ihre Zukunftsfähigkeit in direkten Zusammenhang mit der Bereitstellung von Kapital bringen. Es liegt auf der Hand, daß Finanzderivate, die genau in die entgegengesetzte Richtung streben, sich nicht für ethische AnlegerInnen eignen. In Ökofonds findet sich zwar oft ein marginaler Anteil von Derivaten. Sie dienen allerdings nicht der Spekulation, sondern ausschließlich der Absicherung der Anlegergelder gegen Währungs- und Kursrisiken.

6. Anlegerstreßfaktor

Festgeld, Sparbuch, Sparbrief	gering
AAA DM	gering
Rentenpapier	gering
Rentenfonds mit verschiedenen Währungen	gering
Gemischter Fonds (Aktien/Anleihen)	mittel

International anlegender Aktienfonds	mittel
Direktbeteiligung an GmbH, Kommanditgesellschaft	mittel
GmbH & Co KG, Genossenschaft, GbR, nicht börsennotierte AG	hoch

B. Ethische Geldanlagen und Verbraucherschutz

Eine Reihe von Betrugsfällen in der Bundesrepublik hat gezeigt, daß AnlegerInnen, die ihr Geld sozialverantwortlich investieren möchten, sich vor unseriösen Angeboten in acht nehmen müssen. Der bekannteste dieser Fälle ist die Concorde ARTUS GbR. Hier wurden über einen Strukturvertrieb Sparpläne verkauft. Das Geld floß in ethische Fonds in den USA und Großbritannien. Aufgrund anhaltender Beschwerden über die Verkaufsmethoden des Unternehmens stoppte das Bundesaufsichtsamt für das Kreditwesen (BAK) Ende 1991 den Verkauf und wies die Rückzahlung der Gelder an. Da zum Beginn der Sparpläne Kosten in Höhe von sieben Monatsbeiträgen anfielen, die zum größten Teil bereits als Provision an die Vertriebsmitarbeiter ausgezahlt worden waren, erhielten die AnlegerInnen nur einen Teil ihres Geldes zurück, einige gingen ganz leer aus.

Ein weiteres Beispiel ist die Hanseatische AG. Diese Gesellschaft hatte sechs Jahre lang Gelder bei ökologisch motivierten AnlegerInnen eingeworben, um damit ostdeutsche Elektrizitätswerke zu kaufen, zu modernisieren und zum Teil auf Erdgas oder Kraft-Wärme-Koppelung umzurüsten. Im Mai 1997 verfügte das BAK wegen unerlaubter Einlagengeschäfte die Rückabwicklung der Gelder an die KundInnen. Dies führte zum Konkurs der bereits überschuldeten Gesellschaft. Nach Angaben der Fachzeitschrift Öko Invest ist damit zu rechnen, daß nach Abschluß des Verfahrens die AnlegerInnen bis zu 400 Mio. DM verloren haben werden.[61]

Bei beiden Angeboten waren die ökologischen Aspekte der Anlage, gepaart mit der Aussicht auf hohe Renditen, ein wichtiges Verkaufsargument. Viele AnlegerInnen haben diesen Angeboten, bei denen es nicht nur um Geld, sondern auch um soziale oder ökologische Aspekte ging, ihr Vertrauen entgegengebracht und Abschlüsse unterschrieben, die sie bei konventionellen Angeboten vielleicht näher auf ihre Plausibilität hin überprüft hätten. Auffällig ist zudem, daß sich der Vertrieb in beiden Fällen stark auf unerfahrene AnlegerInnen in den neuen Ländern konzentrierte.

---

[61] Öko Invest 138/1997.

Sicherlich ist das Ausmaß der Schäden bei den Skandalen konventioneller Institute wie z.B. dem Zusammenbruch der BCCI- Bank, dem ruinösen Geschäft mit Derivaten bei der Barings Bank oder den Unregelmäßigkeiten bei der Verwaltung von Risikokapitalfonds bei der Deutsche Morgan Grenfell für die AnlegerInnen oft größer.
Bei den grünen Finanzskandalen kommt aber zu dem Verlust des Geldes der Verlust an Vertrauen in soziale und ökologische Geldanlagen hinzu, der es den ehrlichen Anbietern schwerer macht, KundInnen zu finden, und der Sache insgesamt einen großen Schaden zufügt.
Genau wie auf dem konventionellen Markt der Geldanlageangebote kann zur Zeit auch bei den alternativen Angeboten leider nicht davon ausgegangen werden, daß es zu einem Ende unseriöser Kapitalanlageangebote gekommen ist. Interessierten sei deshalb angeraten, jedes Angebot gründlich zu prüfen und Erkundigungen einzuholen. Im folgenden werden ein paar Hinweise zum Schutz vor Kapitalanlagebetrug gegeben.

1. Die vielfältigen Möglichkeiten des großen und kleinen Betrugs

Die Varianten des unsauberen Verkaufs von Kapitalanlagen sind vielfältig und für einen ahnungslosen Laien oft undurchschaubar. Die Unlauterkeit kann bereits darin liegen, daß potentielle KundInnen nicht ehrlich über Renditeaussichten, Risiken und Kosten der Anlage aufgeklärt werden. Die oft hohen Kosten von Sparplänen werden dann nur im Kleingedruckten erwähnt, die Renditen auf eindrucksvollen Diagrammen geschönt und die in den Verkaufsunterlagen aus juristischen Gründen angeführten Risiken im Beratungsgespräch heruntergespielt.
Eine andere Variante der unsauberen Verwaltung fremder Gelder liegt darin, versteckte Kosten zu verursachen. Dies kann überall dort geschehen, wo eine Vermögensverwaltung oder eine Bank befugt ist, für eine/n AnlegerIn oder eine Anlegergemeinschaft Wertpapiergeschäfte zu tätigen und wie allgemein üblich die Kosten für alle An- und Verkäufe dem Anlegervermögen zu belasten. Hierbei ist es möglich, daß die Vermögensverwaltung oder die Bank direkt an den Einnahmen aus diesen Wertpapiertransaktionen verdient. Dann ist es nicht im Sinne des Managements, die An- und Verkaufskosten für die KundInnen gering zu halten. Es kann also sein, daß Transaktionen nur deshalb durchgeführt werden, um Kosten für die KundInnen zu verursachen und Profite für die Verwaltung oder Bank einzufahren. Im Extremfall kann es sogar sein, daß dem Verwalter ein Teil dieser Spesen als sogenannte Kickback-Zahlungen von dem Makler, der die An- und Verkäufe für ihn an der

Börse tätigt, privat rückvergütet werden. Über all dies wird der/die AnlegerIn nicht informiert, und selbst wenn ihm/ihr die Kosten der Wertpapierkäufe aufgeschlüsselt vorliegen, wird es ihm/ihr ohne fachmännische Hilfe nur schwer gelingen nachzuweisen, daß einzelne Transaktionen nur den privaten Interessen des Verwalters oder der Bank gedient haben, für die Entwicklung seines/ihres Vermögens aber nachteilig waren.

Andere Betrügereien beruhen darauf, daß unverantwortliche Risiken mit den Geldern der AnlegerInnen eingegangen werden. So werden ungesicherte Darlehen evtl. sogar an „befreundete" Gesellschaften vergeben, oder es wird mit Finanzderivaten spekuliert, ohne daß KundInnen zuvor auf die damit zusammenhängenden Risiken aufmerksam gemacht wurden. Oft geschieht dies in dem auf Selbstüberschätzung beruhenden Vertrauen, man habe das schon alles „im Griff". Wenn die den AnlegerInnen versprochenen Gewinne daraufhin ausbleiben, versucht man sich evtl. eine Zeitlang dadurch zu retten, daß man die frisch eingezahlten Gelder neuer KundInnen als Gewinne an die AltkundInnen auszahlt, eine Praxis, die über kurz oder lang zum Scheitern verurteilt ist.

Verdächtig ist auch, wenn Unternehmensbeteiligungen angeboten werden, bei denen die Kosten für die Kapitaleinwerbung oder die Kosten der Geschäftsführung vergleichsweise hoch angesetzt werden. Hier ist zu befürchten, daß das Geld der AnlegerInnen vor allem in die Provisionen der Vermittler und als Geschäftsführungsgehälter getarnt auf die Privatkonten der Initiatoren fließen.

Nicht zuletzt gibt es dann noch den handfesten offenen Betrug, bei dem die Kundengelder direkt in die privaten Taschen der Anbieter fließen. Dieser ist allerdings eben nur die plumpe und vergleichsweise seltene Variante der unseriösen Finanzvermittlung. Für die AnlegerInnen ist es wichtig, sich auch vor den „harmloseren" Methoden der Vernichtung ihres Kapitals zu schützen.

Wie können sich AnlegerInnen vor diesen Tricks schützen?

Für den Bereich der freien Finanzvermittlung außerhalb der staatlichen Bankenaufsicht gibt es eine Reihe von Hilfen zur Identifizierung unseriöser Angebote. So lassen sich Anlagebetrüger oft schon an der Art der Kontaktaufnahme und ihren Produktbeschreibungen erkennen. Es ist z.B. ein bedenkliches Zeichen, wenn Angebote für Geldanlagen unaufgefordert am Telefon unterbreitet werden. Ein weiteres Zeichen für Unseriosität ist die Werbung mit Traumrenditen von 10% und mehr, bei denen Hinweise auf die solchen

Renditeerwartungen entsprechenden Risiken fehlen. Beliebt ist es bei Betrügern auch, Pseudofachbegriffe und Abkürzungen wie „Letter of Credit" oder „Certificates of Deposits" zu verwenden.

Eine wichtige Hilfe für den/die AnlegerIn, um die Spreu vom Weizen zu trennen, sind Informationsdienste, die regelmäßig die Namen dubioser Finanzangebote bekanntgeben. Für den/die an sozialverantwortlichen Geldanlagen Interessierte/n ist hier zuallererst die vierteljährlich in der Zeitschrift Öko Invest erscheinende „graugrüne Liste" zu nennen. Hier führt der Chefredakteur Max Deml all jene Angebote ethischer Anlageangebote auf, die ihm Informationen verweigern, die für die Einschätzung der Seriosität des Angebots nötig sind. Weitere wichtige Anlegerschutz-Informationsdienste sind der „Direkte Anlegerschutz" von Herrn Heinz Gerlach, der auch auf CD erhältlich ist, und die „schwarze Liste" der Verbraucherzentrale Berlin e.V.

Ein Schutz vor Betrügern ist neben dem Erkennen von Tricks und den Listen von „schwarzen Schafen" aber auch ein selbstbewußtes Auftreten gegenüber dem Anlageberater. Lassen Sie sich Zusammenhänge und Fachbegriffe so lange erklären, bis Sie diese wirklich verstanden haben, scheuen Sie sich nicht, Ihren Berater nach seiner Ausbildung zu fragen, und erkundigen Sie sich, ob er für den Fall eines von ihm zu verantwortenden Verlustes von Kundengeldern versichert ist. Unbedingt sollten Sie vor Abschluß einer Geldanlage bei einem privaten Finanzberater ein schriftliches Angebot über Kosten, Risiken und Renditeerwartung vorliegen haben, auf das man sich im Streitfall beziehen kann.

Wendet man sich an eine der staatlichen Aufsicht unterliegende Bank, ist die Gefahr des offenen Betrugs wesentlich geringer. Aber auch hier ist die Aufklärung über mögliche Risiken oft unzureichend. Wie am Beispiel der Kosten für den Wertpapier-An- und -Verkauf gezeigt, besteht auch hier die Möglichkeit unsauberer Praktiken. AnlegerInnen sollten hier unbedingt die Verkaufsunterlagen und Rechenschaftsberichte gründlich studieren und auf ein den eigenen Bedürfnissen entsprechendes Produkt drängen.

Grundsätzlich sollte man sich vor einem Verkaufsgespräch über seine eigene finanzielle Lage, seine Lebensplanung und seine Wünsche so weit wie möglich im klaren sein. Bei sozial verantwortlichen Geldanlagen kommt hinzu, daß man sich Gedanken darüber gemacht haben sollte, welche Rolle die Rendite im Vergleich zu den ethischen Ansprüchen an die Anlage spielt und welche Bereiche des zukunftsfähigen Wirtschaftens einem besonders am Herzen liegen. Eine solche Vorbereitung ist ein guter Schutz davor, eine Geldanlage angedreht zu bekommen, die eher den Provisionsvorstellungen des Beraters als den eigenen Bedürfnissen entspricht.

2. Wer überprüft die Ethik?

Neben der Frage der finanziellen Sicherheit stellt sich das Problem, wie überprüft werden kann, ob eine Geldanlage tatsächlich auch den ethischen Ansprüchen genügt, die dem/der AnlegerIn in Verkaufsprospekten und Werbebroschüren suggeriert werden. Wird das Geld wirklich in „umweltfreundlich arbeitende Unternehmen" investiert, und ist die Anlage wirklich ein „Beitrag zum ökologischen Umbau der Wirtschaft", wie es von seiten der Anbieter gerne behauptet wird? Diese Frage stellt sich um so mehr bei jenen Angeboten, bei denen AnlegerInnen um der sozialverantwortlichen Anlage willen auf Rendite verzichten.

Das Bundesaufsichtsamt für das Kreditwesen, das als Aufsichtsbehörde für die Genehmigung von Fonds in der Bundesrepublik zuständig ist, tut sich gerade wegen des Problems der Überprüfbarkeit ethischer Kriterien schwer damit, Investmentfonds mit ethischen Kriterien zuzulassen.

Eine solche Genehmigung setze die präzise Formulierung und Überprüfbarkeit dieser Kriterien voraus, heißt es. Was das Amt damit meint, läßt sich an den Kriterien des FOCUS Umwelttechnologie Fonds, des einzigen vom BAK genehmigten Ökofonds, ablesen. Dieser Fonds legt gemäß Satzung zum Großteil in Unternehmen an, deren Umsatzerlöse oder Gewinne überwiegend aus der Entwicklung, Herstellung oder dem Vertrieb von Produkten oder Dienstleistungen im Umwelttechnologiebereich stammen und die damit Beiträge zum Umweltschutz leisten. 49% des Fondsvermögens können allerdings auch in Unternehmen investiert werden, in denen der Umwelttechnologie-Bereich weniger als 50% des Umsatzes oder des Gewinns ausmacht. Unternehmen, die keinerlei Aktivitäten im Umweltbereich haben, kommen für diesen Fonds nicht in Frage.

Mit dieser Zielsetzung ist der FOCUS Umwelttechnologie Fonds ein Spezialitätenfonds im Marktsegment „Umwelttechnologie". Die für eine Unterscheidung zu konventionellen Fonds wesentlichen Negativkriterien fehlen. FOCUS kann laut diesen Bedingungen durchaus in ein Unternehmen investieren, das neben Blockheizkraftwerken auch Waffen baut.

Fonds, die neben Positivkriterien auch die aus ethischer Sicht für die Glaubwürdigkeit unabdingbaren Ausschlußkriterien formulieren, erhielten bisher keine Genehmigung. Es wurden allerdings bisher auch keine dementsprechenden Anträge eingereicht. Ein ethischer Fonds müßte, so das Amt, den drei Ansprüchen präziser Anlagekriterien, einer umfassenden Berücksichtigung ethischer Belange und dem Grundsatz der Risikomischung entsprechen. Diese drei teilweise gegensätzlichen Anforderungen unter einen Hut zu bringen, hält man für sehr schwer, wenn nicht für unmöglich. Prinzipiell ist man aber bereit, einen Investmentfonds zu genehmigen, der allen drei Anforderungen gerecht wird.

Die in Deutschland angebotenen Öko- und Ethikfonds wurden deshalb alle in Luxemburg aufgelegt, denn die dortige Bankenaufsicht, die diese Fonds genehmigen muß, legt weniger strenge Maßstäbe an. Für die Überprüfung der Einhaltung der ethischen Kriterien fühlt sich allerdings die Luxemburger Behörde nicht verantwortlich.

Für das Gros der in Deutschland vertriebenen Ökofonds bedeutet das, daß es keine staatliche Kontrolle der in den Verkaufsprospekten aufgestellten ökologischen Kriterien gibt.

Angesichts dieser fehlenden staatlichen Kontrolle wird von seiten des Verbraucherschutzes von den Anbietern die Schaffung einer vollständigen Transparenz auch und gerade hinsichtlich der ethischen Auswahlkriterien und der Veranlagung der Gelder gefordert. Nur eine umfassende Information darüber, wo das Geld tatsächlich angelegt wird, biete Gewähr dafür, daß der/die AnlegerIn weiß, ob seine/ihre persönlichen Wertmaßstäbe auch tatsächlich berücksichtigt werden.[62]

Diese „vollständige Transparenz" beruht in den wichtigsten Merkmalen auf folgenden Informationen:

- Der/Die AnlegerIn muß regelmäßig eine vollständige und erläuterte Übersicht über alle Unternehmen und Projekte erhalten, in die sein/ihr Geld fließt. Eine kurze, sachliche Beschreibung, die auch problematische Punkte thematisiert, ist hier glaubwürdiger als die Konzentration auf einzelne positive Aspekte.
- Die Verkaufsunterlagen sollten die voll ausformulierten ethischen Kriterien enthalten. Diese sollten so präzise wie möglich umschreiben, welche Aktivitäten von der Investition ausgeschlossen werden und in welche Tätigkeiten bevorzugt investiert wird. Allgemeine Absichtserklärungen wie: „Die Investition erfolgt in Unternehmen, die dazu beitragen, eine saubere und gesündere Umwelt zu schaffen", sind wenig hilfreich.
- Der/Die AnlegerIn sollte darüber informiert werden, wie die Auswahl der Unternehmen und Projekte in der Praxis vonstatten geht. Gibt es eine interne Foschungsstelle mit entsprechend qualifiziertem Personal, oder wird die Untersuchung von Unternehmen nach den Kriterien an ein externes Institut

---

[62] Thesenpapier von Thomas Bieler von der Verbraucherzentrale NRW anläßlich des Fachgesprächs „Wie glaubwürdig sind ethische Geldanlagen?" am 18./19. September 1996 in Mülheim/Ruhr.

übergeben? In welchem Verhältnis steht das Auswahlverfahren nach ethischen Kriterien zum Auswahlverfahren nach finanziellen Kriterien?
• Der/die KundIn sollte zudem darüber informiert werden, ob es ein Kontrollgremium gibt, das über die Einhaltung der ethischen Kriterien wacht, und wie dieses Gremium zusammengesetzt ist.

IX. Ethische Geldanlagen für institutionelle Investoren

Institutionelle Investoren wie Kirchen, Stiftungen, Orden, gemeinnützige Vereine und Gewerkschaften befinden sich bei der Anlage ihrer Gelder in mehrfacher Hinsicht in einer anderen Situation als Privatanleger. Ein Vermögensverwalter beschrieb diesen Unterschied einmal folgendermaßen: „Der Privatanleger kann sein Geld mit Herz anlegen, Institutionen können dies nicht." Er meinte damit, daß die Finanzvorstände dieser Organisationen bei der Geldanlage keinesfalls ihren individuellen Vorlieben nachgehen dürfen. Sie tragen die Verantwortung für das langfristige Überleben der Organisation, für die daran hängenden Arbeitsplätze, für die Alterssicherung von Mitgliedern und ehemals Beschäftigten und für den Erhalt von oft traditionsträchtigen Gebäuden.

Angesichts dieser Aufgaben wäre ein Finanzvorstand in der Tat schlecht beraten, wenn er sich bei der Anlage der Gelder von persönlichen Vorlieben und Abneigungen leiten ließe. Die weitsichtige finanzielle Sicherung der Organisation muß für ihn gerade in Zeiten der spärlicher fließenden Mittel die oberste Aufgabe sein. Abgesehen von dieser Verantwortung ist er zudem oft an eine Reihe von Vorschriften gebunden, die den Spielraum bei der Geldanlage im Vergleich zu einem Privatanleger teilweise erheblich einschränken.

Die Situation stellt sich dabei für die verschiedenen Institutionen unterschiedlich dar:

A. Kirchen

Für evangelische und katholische Gemeinden, Landeskirchen bzw. Diözesen gilt allgemein das Prinzip der Mündelsicherheit.

Der Begriff „mündelsicher" entstammt dem bürgerlichen Gesetzbuch (BGB), wo in den Paragraphen 1807 und 1808 festgelegt wird, wie ein Vormund Gelder für sein Mündel anlegen darf. In der Definition des BGB bedeutet Mündelsicherheit, daß das Geld bei einem öffentlich-rechtlichen Kreditinstitut, also bei einer Sparkasse oder Volksbank liegen muß und nur in festverzinsliche, durch inländische Grundstücke oder öffentliche Institutionen besicherte Wertpapiere investiert werden darf. Angelegt werden kann also z.B. in Pfandbriefe, Kommunalobligationen und Bundesanleihen.[63]

Einige kirchliche Verbände haben das Prinzip der Mündelsicherheit gelockert. So ist es für die Evangelische Kirche im Rheinland seit Februar 1992 möglich, 25% des gesamten Kapital- und Rücklagevermögens in deckungsstockfähigen Papieren anzulegen. Dies bedeutet, daß dieser Teil des Kapitals gemäß den Vorschriften für die Anlage des Deckungsstocks von Lebensversicherungen angelegt werden kann. Die Anlage in festverzinsliche Papiere beschränkt sich nach der neueren Regelung für Lebensversicherungen damit nicht mehr auf bundesdeutsche Papiere. Es kann auch in einen Titel investiert werden, der innerhalb der Europäischen Union zum Handel zugelassen ist. Darüber hinaus kann ein Titel des Deckungsstockes auch z.B. in Aktien, GmbH- und Kommanditanteilen sowie in Investmentfonds investiert werden. Voraussetzung ist nur, daß die Unternehmen bzw. Fondsgesellschaften ihren Sitz innerhalb der EU haben. Dies bedeutet, daß sich die rheinische Landeskirche mit einem Teil ihrer Gelder auch an Unternehmen beteiligen und sogar in Windparks investieren kann. In der Praxis investiert sie heute in Immobilien, Rentenpapiere und einen Fonds mit überwiegend festverzinslichen Titeln.

Die Verwaltungsordnung dieser Kirche sieht zudem auch Ausnahmen für das Prinzip der Mündelsicherheit bzw. Deckungsstockfähigkeit vor. Diese müssen aber vom Landeskirchenamt bzw. vom zuständigen Kirchenkreis genehmigt werden. So ist es Gemeinden in der Vergangenheit über entsprechende Empfehlungen von Synoden ermöglicht worden, Anteile der Ökumenischen Entwicklungsgenossenschaft (EDCS) zu kaufen.

Die Vorschriften für die Erzdiözese Köln lauten ähnlich. In der „Anweisung für die Vermögensverwaltung und Haushaltsführung der Kirchengemeinden und Gemeindeverbände in der Erzdiözese Köln" vom 4. Januar 1985 heißt es in bezug auf die Geldanlage: „Substanzkapital ist (wegen des hohen Ertrags) bevorzugt in festverzinslichen Wertpapieren anzulegen. Eine Anlagemöglichkeit ist aber auch der Erwerb von Anteilen an Rentenfonds oder offenen Immobilienfonds (z.B. beim kircheneigenen Aachener Grundfonds)."

Neben der Sicherheit spielt für jenen Teil der kirchlichen Gelder, der für laufende Kosten wie z.B. für die Auszahlung der Löhne und Gehälter verwendet wird, die Liquidität eine große Rolle. Dieses Geld wird vor allem unter dem Aspekt der kurzfristigen Verfügbarkeit auf Konten mündelsicherer In-

---

[63] SÜDWIND e.V. (Hrsg.): Die Kirche und ihr Geld, 79.

stitute geparkt. Zumeist bedient man sich hier der eigenen kirchlichen Banken, die dem Verbund der Volks- und Raiffeisenbanken und ihrem Sicherheitssystem angeschlossen sind.

B. Orden

Für Orden bestehen keine allgemeinen Vorschriften bezüglich der Anlage ihrer Gelder. Je nach Gegebenheiten eines Ordens und dessen Vorhaben wird von den jeweiligen OrdensökonomInnen eine Anlagestrategie entwickelt und verfolgt. Bei Klöstern, die auf jährliche feste Einnahmen aus Kapitalerträgen angewiesen sind, wird auf eine jährliche Verzinsung geachtet und überwiegend in festverzinsliche Papiere und Dividendenpapiere, also in die Aktien großer deutscher Unternehmen bzw. in entsprechende Fonds investiert.

Orden ist es allerdings nicht möglich, fördernde ethische Geldanlagen in größerem Stil zu tätigen, da sie damit fremde Einrichtungen durch günstige Kredite unterstützen würden. Dies kann zu Problemen hinsichtlich der weiteren Anerkennung ihrer Gemeinnützigkeit führen.

C. Gemeinnützige Vereine

Gemeinnützige Vereine sind vom Gesetzgeber gehalten, ihre Gelder zweckgebunden und zeitnah auszugeben. Diese Vorgaben sind nicht mit der Anlage in Wertpapieren oder anderen mittel- und langfristigen Investitionsformen zu vereinbaren. Als Anlageform wird hier deshalb in aller Regel das Festgeld gewählt. Einige Banken bieten gemeinnützigen Vereinen Sonderkonditionen in der Kontoführung an.

D. Stiftungen

Für Stiftungen bestehen keine ins Detail gehenden gesetzlichen Bestimmungen hinsichtlich der Anlage des Stiftungsvermögens. Vom Gesetzgeber ist hier lediglich vorgeschrieben, daß die Verwaltung der Gelder mit besonderer Sorgfalt zu geschehen hat und das Stiftungskapital sicher angelegt werden muß. Einige Stiftungen sind über ihre Satzung an bestimmte Anlageformen gebunden. Dies ist aber die Ausnahme. Die Stiftungsvorstände haben bei der Anlage der Gelder also relativ freie Hand. Diese werden in aller Regel im Sinne des Erhalts des Stiftungsvermögens konservativ, d.h. überwiegend in festverzinsliche und durch Grundstücke besicherte Papiere angelegt. Viele Stiftungen investieren einen kleineren Teil des Vermögens zusätzlich in Titel großer Aktiengesellschaften, um so auch die Chancen des Aktienmarktes zu nutzen.[64]

E. Gewerkschaften

Für Gewerkschaften bestehen keine expliziten gesetzlichen Regeln für die Verwaltung ihrer Gelder. Da es sich um Mitgliedsbeiträge handelt, müssen auch diese Gelder sicher und mit der angemessenen Sorgfalt verwaltet werden. In der Praxis heißt dies, daß jener Teil des Vermögens, der nicht für die laufenden Kosten benötigt wird, in deutsche Rentenpapiere und Rentenfonds investiert wird.

F. Sicherheit ist wichtig, aber nicht alles

Dieser Überblick zeigt, daß alle diese Institutionen eine sehr auf Sicherheit bedachte Anlagestrategie verfolgen müssen und versuchen, innerhalb des ihnen vorgeschriebenen Rahmens möglichst hohe Erträge zu erwirtschaften. Die Anlage in Aktien oder Industrieanleihen ist zwar häufig möglich, wird aber nur in kleinem Rahmen gehandhabt. Wenn sie getätigt wird, beschränkt man sich auf die sogenannten „Blue Chips", also auf die Aktien der ganz großen Unternehmen.
Die Frage nach der Ethik in der Geldanlage wird von diesen Institutionen oft damit beantwortet, daß man sicher anlege. Eine sichere Anlage, die frei von jedem spekulativen Element ist, wird dann mit sozialverantwortlich gleichgesetzt.
Im Kapitel II D und E wurde ausgeführt, warum dies ein Irrglaube ist. Gelder, die in Festgeld oder in festverzinsliche Papiere angelegt werden, können durchaus in ethisch zweifelhafte Projekte fließen, und gerade die spekulative Investition z.B. in ein junges Umweltunternehmen kann aus ökologischen Gründen sehr zu begrüßen sein.
Die Gleichung, daß eine sichere Anlage gleich einer ethischen Anlage sei, geht also nicht auf.

---

[64] Auskunft des Instituts für Stiftung und Gemeinwohl an der Universität Witten-Herdecke.

Dieser Irrtum wäre weniger tragisch, wenn es sich nicht um Kirchen, Gewerkschaften, Stiftungen und gemeinnützige Vereine handelte. Dies sind keine Unternehmen, die ihre Handlungen auf das Erzielen von Gewinnen für die Anteilseigner ausrichten müssen, sondern Institutionen, die vor allem immaterielle Ziele verfolgen. Viele von ihnen treten den Auswüchsen einer auf den materiellen Gewinn ausgerichteten Gesellschaft entgegen und argumentieren dabei mit Werten wie Solidarität, Verantwortung gegenüber der Natur, Spiritualität und kultureller Entfaltung. Ihre Arbeit ist oft gerade deswegen so wertvoll, weil sie sich für ein Miteinander außerhalb des ökonomischen Kalküls einsetzen.

Um so tragischer ist es, wenn die Mittel, die zur finanziellen Sicherung dieser Institutionen eingesetzt werden, ihren eigenen Zielen zuwiderlaufen, wenn Kirchen, die von der sozialen Verantwortung von Unternehmen sprechen, nicht darauf achten, welche Geschäfte eine Hypothekenbank tätigt, von der sie Pfandbriefe kaufen, wenn Umweltstiftungen Anleihen von öffentlich-rechtlichen Institutionen kaufen, die für den Bau von naturzerstörenden Großprojekten mitverantwortlich sind, oder wenn Orden Konten bei Banken führen, die an Minenherstellern beteiligt sind – und das vielleicht nur, weil sie von diesen Banken regelmäßig Spenden erhalten.

In Großbritannien sind sich die Wohltätigkeitsorganisationen dieses Widerspruches bewußt. Viele von ihnen haben Leitlinien für die Anlage ihrer Gelder entwickelt, um grobe Diskrepanzen zwischen der Geldanlage und den Zielen der Organisationen auszuschließen. Das britische Forschungsinstitut EIRIS kommt in einer Studie zu dem Schluß, daß von den 36 Billionen DM, die von den 52 größten Wohltätigkeitsorganisationen des Landes angelegt werden, 30 Billionen DM nach mindestens einem ethischen Kriterium angelegt werden.[65] Wohltätigkeitsorganisationen dürften damit die wichtigsten und einflußreichsten ethischen Investoren des Landes sein.

Leider gibt es hierzulande keine vergleichbare Bewegung.

Abgesehen vom Widerspruch zwischen Selbstverständnis und Geldanlage, der sich aus dieser Untätigkeit ergeben kann, haben gerade die oben genannten Institutionen viel zu verlieren. Ihre Glaubwürdigkeit ist für ihre Verankerung in der Gesellschaft unerläßlich. Jeder Vertrauensverlust nagt an der sozialen Basis dieser Organisationen.

Die Auseinandersetzung um die Kommerzialisierung des Altkleiderhandels hat beispielsweise gezeigt, wie sensibel die Öffentlichkeit reagiert, wenn aufgedeckt wird, daß karitative Organisationen nicht auf die Konsequenzen

[65] EIRIS, Pressemitteilung vom 11. Juli 1997.

ihrer eigenen geschäftlichen Tätigkeiten achten. Die Beschäftigung mit den ethischen Implikationen der eigenen Geldanlage ist deshalb dringend geraten.

Der folgende Vorschlag zeigt für Institutionen einen möglichen Weg zur Umsetzung von Ethik in der Geldanlage auf:

1. Es werden Kriterien ausgearbeitet, die das Selbstverständnis der Organisation berücksichtigen und innerhalb der bewährten finanziellen Rahmenbedingungen anwendbar sind.

2. Dem Finanzvorstand wird eine Person zugeordnet werden, die für die Überwachung dieser Kriterien verantwortlich ist. Sie muß Einblick in die entsprechenden Unterlagen und Mitspracherecht haben.

3. Die vorhandenen Investitionen und Bankverbindungen werden daraufhin überprüft, ob sie den Kriterien entsprechen.

4. Es wird ein Plan für die Umstellung jener Anlagen, die den Kriterien nicht entsprechen, entwickelt.

5. In Zukunft werden alle neuen Anlagen vor der Investition anhand der Kriterien überprüft. In regelmäßigen Abständen werden auch diese Investitionen daraufhin überprüft, ob sie den Kriterien noch entsprechen.

Wie im Kapitel II E ausgeführt, muß eine solche Umstellung keinesfalls mit Nachteilen für Rendite und Sicherheit einhergehen. Sie bedeutet allerdings in jedem Fall einen zusätzlichen Arbeitsaufwand.

X. Steuerliche Aspekte
Von Udo Schneck

Bevor auf die steuerlichen Auswirkungen der verschiedenen Geldanlagemöglichkeiten eingegangen wird, sind ein paar *allgemeine Vorbemerkungen* zu machen:
Es gibt im gesamten deutschen Steuerrecht keine einzige Vorschrift, die spezielle Regelungen für ethische oder ökologische Geldanlagen vorsieht. Es ist also aus steuerlicher Sicht völlig gleichgültig, ob der Anlagesuchende die Absicht hat, z.B. in einen Ethikfonds oder einen beliebigen anderen Fonds zu investieren. In dieser Hinsicht kennt das deutsche Steuerrecht keine Moral und bietet (noch) keinerlei Vergünstigungen oder Sonderbehandlung für verantwortliche Geldanlagen. Dies ist in den Niederlanden anders, wo die Investitionen in bestimmte ökologische Projekte steuerfrei sind.
In diesem Kapitel wird die/der LeserIn also mit den ganz normalen und neutralen Steuerregelungen vertraut gemacht, wie sie für alle Geldanlagen gelten.
Die folgenden Ausführungen gehen davon aus, daß der/die AnlegerIn eine natürliche Person ist, in Deutschland seinen/ihren Wohnsitz hat und die Anlage im Privatvermögen hält. Später wird dann noch auf Besonderheiten bei sog. institutionellen Anlegern wie Verbänden, Kirchen oder Orden eingegangen.

A. Die Einkommensteuer

Von den Steuerarten wird lediglich die *Einkommensteuer* betrachtet, da sie in diesem Zusammenhang die mit Abstand wichtigste Steuerart darstellt und ein Eingehen auf z.B. Vermögens-, Erbschafts- oder Schenkungssteuer den Rahmen dieses Beitrages sprengen würde.
Es wird bei jeder steuerlich relevanten Anlageform, die besprochen wird, ein Beispielkatalog von existierenden verantwortlichen Geldanlagemöglichkeiten angefügt, so daß der/die LeserIn schnell eine Zuordnung zwischen allgemeiner steuerlicher Beschreibung der Anlagekategorie und einer dazu passenden konkreten Geldanlage herstellen kann.
Wem als Ledige(r) nicht mehr als 6.100 DM oder als zusammenveranlagte(r) Verheiratete(r) nicht mehr als 12.200 DM an *Kapitaleinkünften* (Einnahmen minus Werbungskosten aus der entgeltlichen Überlassung von Vermögen zur

befristeten Nutzung) im Jahr zufließen, braucht keine Steuern auf diese Einkünfte zu entrichten. Dabei setzen sich die Freibeträge aus einem Sparerfreibetrag (6.000 DM/12.000 DM) und einem Werbungskostenpauschbetrag (100 DM/200 DM) zusammen. Werden diese Freibeträge überschritten, so sind die übersteigenden Beträge grundsätzlich steuerpflichtig. (Am Rande sei darauf hingewiesen, daß im Zuge der geplanten Steuerreform 1998/1999 eine Halbierung des Sparerfreibetrages vorgesehen ist.)

Werbungskosten können auch in tatsächlicher Höhe geltend gemacht werden, wenn sie höher als die Pauschalen sind. Sind die Kapitalerträge niedriger als 6.100 DM/12.200 DM, lohnt sich der Nachweis von Werbungskosten nicht. Er lohnt sich aber dann, wenn die Werbungskosten höher als die Kapitalerträge sind. Dann entsteht ein Verlust bei den Einkünften aus Kapitalvermögen, der in der Steuerveranlagung mit anderen positiven Einkünften, z.B. aus nichtselbständiger Arbeit, verrechnet wird und somit zu einer insgesamt niedrigeren Steuer führt.

Werbungskosten können z.B. sein:
– Fahrtkosten, Verpflegungskosten, Übernachtungskosten im Zusammenhang mit dem Besuch einer Hauptversammlung, Gesellschafter- oder Genossenschaftsversammlung
– Depotgebühren
– Gebühren der Bank für eine Erträgnisaufstellung
– Fachliteratur, die sich speziell mit Fragen der Vermögensanlage befaßt
– Fahrtkosten für Fahrten zur Bank
– Finanzierungskosten wie Schuldzinsen, Kreditnebenkosten wie Damnum, Bearbeitungsgebühren, Provisionen, Bereitstellungszinsen etc.
– Porto
– Kontoführungsgebühren

Gewinne aus dem *Verkauf* von Wertpapieren sind *steuerfrei*, wenn zwischen Kauf und Verkauf des Wertpapiers ein Zeitraum von mindestens sechs Monaten liegt. Solche Gewinne werden nicht als Erträge aus der Kapitalanlage, sondern als Vermögensvorteile der Kapitalanlage betrachtet. Hier ist vom Gesetzgeber geplant, die Frist auf ein Jahr zu verlängern.

Ebenso wie Veräußerungsgewinne werden auch *Verluste* bei der Veräußerung steuerlich nicht berücksichtigt, wenn die Kapitalanlage mindestens sechs Monate lang gehalten wurde.

Wenn aber Wertpapiere innerhalb von sechs Monaten nach dem Kauf wieder verkauft und dabei ein Gewinn erzielt oder ein Verlust erlitten wird, liegt ein sog. *Spekulationsgeschäft* vor.

Der Spekulationsgewinn/-verlust wird wie folgt ermittelt:

Verkaufserlös minus
- Anschaffungspreis einschl. Nebenkosten (wie Bankspesen, Maklerprovision bei Kauf)
- Veräußerungskosten (z.b. Bankspesen, Maklerprovision bei Verkauf)
- direkt zurechenbare Werbungskosten (z.b. Schuldzinsen während der Besitzzeit, wenn der Kauf auf Kredit erfolgte)

= Spekulationsgewinn/-verlust

Spekulationsgewinne bleiben *steuerfrei*, wenn sie im Kalenderjahr insgesamt unter 1.000 DM liegen, also höchstens 999 DM erreichen. Betragen sie jedoch auch nur eine Mark mehr, ist der gesamte Betrag – und nicht etwa nur der über 999 DM hinausgehende Teil – steuerpflichtig.
Spekulationsverluste können mit Spekulationsgewinnen im gleichen Jahr verrechnet werden und dadurch die steuerpflichtigen Gewinne drücken. Der Verlustausgleich ist jedoch allenfalls bis in Höhe der Spekulationsgewinne möglich. Ein danach verbleibender Verlust aus Spekulationsgeschäften darf nicht mit anderen Einkünften verrechnet werden.
Seit Januar 1993 werden Zinsen aus Kapitalvermögen pauschal mit 30% *Zinsabschlagsteuer* belegt. Die Steuer wird von der Bank direkt einbehalten und an das Finanzamt abgeführt, sobald die Zinsen dem Sparer gutgeschrieben werden. Bei Dividenden werden nur 25% *Kapitalertragsteuer* fällig, wobei das Finanzamt seit 1995 sowohl auf die Zinsabschlagsteuer als auch auf die Kapitalertragsteuer noch den Solidaritätszuschlag erhebt, so daß die tatsächlichen Belastungen über den zuvor genannten Sätzen liegen. Die Zinsabschlagsteuer und die Kapitalertragsteuer sind aber lediglich *Vorauszahlungen* auf die Einkommensteuer. Sie werden bei der Veranlagung durch das Finanzamt auf die Jahressteuer angerechnet.
Das gilt aber nur für Konten im Inland. Wer sein Depot jenseits deutscher Grenzen führen läßt, erhält die Erträge seiner Geldanlage in vielen Ländern abzugsfrei ausgezahlt. Dennoch sind die im Ausland erzielten Einnahmen steuerpflichtig, nämlich im Rahmen der Jahressteuererklärung.
Die Früchte des Vermögens können allerdings auch hierzulande steuerabschlagsfrei fließen. SparerInnen und AnlegerInnen brauchen der Bank lediglich einen *Freistellungsauftrag* zu erteilen. Dann können sie Kapitalerträge bis in Höhe des Sparerfreibetrags/Werbungskostenpauschbetrag von 6.100 DM für Alleinstehende und 12.200 DM für Ehepaare abschlagsfrei vereinnahmen. Das heißt: Sobald der Freistellungsauftrag dem Institut vorliegt, werden Zinsen und Dividenden steuerabzugsfrei gutgeschrieben.

Aktionäre erhalten in diesem Fall sogar die von der Aktiengesellschaft abgeführte Körperschaftsteuer unmittelbar gutgeschrieben.

Ein einziger Freistellungsauftrag über den gesamten Freibetrag reicht aber nur aus, wenn das Geldvermögen ausschließlich bei einer einzigen Bank angelegt ist. Verwalten mehrere Institute jeweils einen Teil des Geldes, muß die Freibetragssumme entsprechend aufgeteilt und jedem Institut ein Extra-Freistellungsauftrag über einen Teilbetrag gegeben werden. Die Gesamtsumme aller Freistellungsaufträge darf dabei die vorgeschriebenen Sparerfreibeträge nicht überschreiten.

Ehepaare, die steuerlich gemeinsam veranlagt werden, müssen ihre Freistellungsaufträge übrigens gemeinsam erteilen, und zwar sowohl für getrennte als auch für gemeinsame Konten. Getrennt veranlagte Eheleute und Partner nichtehelicher Lebensgemeinschaften können dagegen gemeinsame Konten nicht steuerfrei stellen lassen, denn ihre Freistellungsaufträge gelten jeweils nur für Einzelkonten. Für Konten minderjähriger Kinder ist darüber hinaus eine eigene Freistellungsbescheinigung notwendig, die von den Eltern oder dem gesetzlichen Vertreter unterschrieben sein muß.

Wer von vornherein weiß, daß er nicht zur Einkommensteuer veranlagt wird, kann sich vom Finanzamt eine *Nichtveranlagungsbescheinigung* (NV-Bescheinigung) ausstellen lassen. Die Voraussetzung dafür: Das Jahreseinkommen muß so niedrig sein, daß sich unter Berücksichtigung aller Einnahmen im Jahr keine Einkommensteuer ergibt. Das ist bei einem Ledigen zum Beispiel der Fall, wenn sein Einkommen samt Kapitalerträgen den Betrag von 18.303 DM im Jahr nicht überschreitet. Verheiratete können die NV-Bescheinigung bei Einnahmen bis zu 36.606 DM im Jahr erhalten (Stand Juli 1997). Die NV-Bescheinigung gilt üblicherweise für drei Jahre. Gegen Einreichung bei der Bank zahlt das Institut ebenso wie beim Freistellungsauftrag alle Kapitalerträge ohne Steuerabzug aus. Für jedes konto- oder depotführende Institut wird aber wiederum eine eigene NV-Bescheinigung benötigt.

Für die NV-Bescheinigung gibt es keine Kapitalertragsgrenzen. Sie gilt auch, wenn die Kapitalerträge den Sparerfreibetrag überschreiten. Wer beispielsweise seinen Kindern ohne eigenes Einkommen Vermögen überträgt, kann für diese NV-Bescheinigungen ausstellen lassen. Dann können die Kinder mehr als 6.100 DM Zins- und Dividendeneinnahmen kassieren – ohne Steuerabzug und ohne spätere Steuererklärung.

B. Die Anlageformen im einzelnen

1. Investmentfonds
(Aktienfonds, Rentenfonds, Geldmarktfonds, gemischte Fonds, offene Immobilienfonds)

Die *Erträge* eines Investmentfonds – dazu gehören z.B. die Zinsen und Dividenden – sind als Einkünfte aus Kapitalvermögen bei dem/der AnlegerIn *einkommensteuerpflichtig.* Dies gilt unabhängig davon, ob die Erträge ausgeschüttet (ausgezahlt) oder thesauriert (weiterhin angelegt) werden. *Veräußerungsgewinne,* die von einem Fonds erwirtschaftet werden, und der *Wertzuwachs des Sondervermögens* bleiben *steuerfrei.* Das gilt derzeit auch für Veräußerungsgewinne, die innerhalb der Spekulationsfrist realisiert werden. Wer sein Geld durch einen Investmentfonds verwalten läßt, hat insoweit einen Vorteil gegenüber dem Einzelanleger, der auch Veräußerungsgewinne versteuern muß, die innerhalb der Spekulationsfrist anfallen.

Im Steuerreformgesetz 1999 ist vorgesehen, daß in Zukunft auch die Spekulationsgewinne, die im Wertpapiersondervermögen eines Investmentfonds anfallen, zu den steuerpflichtigen Einkünften der Anteilsinhaber zählen.

Soweit die Erträge *ausgeschüttet* werden, muß derjenige, der die Fondsanteile am Ausschüttungstag besitzt, die Erträge des ganzen abgelaufenen Jahres versteuern, unabhängig davon, wie lange er die Fondsanteile in seinem Besitz hatte. Wenn die Erträge *thesauriert* (nicht ausgeschüttet) werden, muß derjenige, der die Fondsanteile am Tag des Geschäftsjahresendes besitzt, die Erträge des ganzen abgelaufenen Geschäftsjahres versteuern, unabhängig davon, wie lange er die Fondsanteile im Besitz hatte.

Wer Investmentanteile während des Jahres kauft, kann die *Zwischengewinne,* die in der Zeit vom Geschäftsjahresanfang des Fonds bis zum Kauftermin entstanden sind, als negative Einnahmen aus Kapitalvermögen abziehen. Diese Zwischengewinne werden in der Regel in der Kaufabrechnung über die Anteile gesondert ausgewiesen. Dementsprechend müssen bei einem Verkauf von Investmentanteilen die Zwischengewinne, die in der Zeit vom Geschäftsjahresanfang des Fonds bis zum Verkaufstermin entstanden sind, als Einnahmen angesetzt werden.

Auch bei Investmentfonds können Spekulationsgewinne entstehen, wenn Fondsanteile innerhalb der Spekulationsfrist von derzeit sechs Monaten an- und verkauft werden und die Freigrenze von 999,99 DM im Kalenderjahr überschritten wird.

Ausländische Quellensteuern, die beim Zufluß ausländischer Dividenden und Zinsen an den Fonds einbehalten und die dem Fonds nicht erstattet

wurden, werden dem/der AnlegerIn bei seiner/ihrer Einkommensteuerveranlagung als vorausbezahlte Steuern angerechnet. Die Quellensteuern müssen zu diesem Zweck im Rahmen der Einkommensteuererklärung angegeben werden.
Ausländische Investmentfonds, z.B. die Fonds aus Luxemburg, werden insoweit benachteiligt, weil sie dem/der AnlegerIn keinen Anspruch auf Anrechnung ausländischer Quellensteuern verschaffen können. Die Anrechnungsbeträge sind allerdings in der Regel so gering, daß sie keinen wesentlichen Einfluß bei der Entscheidung für einen bestimmten Investmentfonds haben.
AnlegerInnen, die einen Fonds mit deutschen Aktien erworben haben, wird ein *Körperschaftsteuerguthaben* bescheinigt. Auch dieses Körperschaftsteuerguthaben wird als Steuervorauszahlung bei der Einkommensteuerveranlagung angerechnet. Investmentfonds ausländischer Kapitalanlagegesellschaften, z.B. Fonds aus Luxemburg, können deutschen Kapitalanlegern kein Körperschaftsteuerguthaben bescheinigen.
Welche Erträge bei einem Investmentfonds zu versteuern sind und wie hoch die anrechenbaren Steuern sind, wird jeweils von der Fondsgesellschaft bekanntgegeben.
Bei Investmentanteilen deutscher Kapitalanlagegesellschaften und bei Investmentanteilen, die im Depot einer Bank im Inland lagern, wird von den thesaurierten oder ausgeschütteten Erträgen und von den Zwischengewinnen ein Zinsabschlag in Höhe von 32,25% (einschl. Solidaritätszuschlag) einbehalten, wenn kein Freistellungsauftrag erteilt wurde oder die Erträge höher sind als die Freibeträge.
Anlagebeispiele finden sich im Anhang im Abschnitt „Investmentfonds"

2. Spendenfonds

Bei Spendenfonds verfügt der Anteilsinhaber, daß ihm die Ausschüttung des Fonds nicht persönlich ausgezahlt, sondern einer bestimmten *gemeinnützigen Einrichtung* gespendet wird. Von der jeweils begünstigten Einrichtung erhält der Fondssparer dann eine *Spendenquittung* über den Ausschüttungsbetrag, die er als unbeschränkt abzugsfähige *Sonderausgabe* im Rahmen der Steuererklärung absetzen kann, wobei – je nach sozialem Zweck – Spenden in Höhe von maximal zehn Prozent des Einkommens anerkannt werden. Gleichzeitig zählt der *Ausschüttungsbetrag* beim Fondssparer aber zu den *Einkünften aus Kapitalvermögen*. Liegen seine gesamten Zinseinkünfte jedoch unterhalb des Sparerfreibetrages, erzielt der Fondssparer unter dem Strich eine reale Steuerersparnis durch die Spende der Ausschüttung.

Spendenfonds können sowohl Aktien-, Renten- als auch Immobilienfonds sein.
Anlagebeispiele befinden sich im Anhang im Abschnitt „Spendenfonds".

3. Guthaben und Einlagen bei Kreditinstituten (Sparbuch, Fest- und Termingelder, vermögenswirksame Sparverträge, Kontensparen, Prämiensparen, Zuwachssparen, Versicherungssparen, Sparbriefe, Guthaben auf Girokonten)

Steuerpflichtig sind nicht nur die *Zinsen*, sondern auch besondere Vergütungen für das Guthaben bzw. die Einlage, wie beispielsweise *Bonus* oder *Sparprämie*.
Anlagebeispiele finden sich im Anhang im Abschnitt „Banken" bei Ökobank, GLS-Gemeinschaftsbank und der Alternativen Bank Schweiz sowie unter „Sparangebote bei konventionellen Instituten".

4. Festverzinsliche Wertpapiere mit regelmäßiger Zinszahlung (Anleihen, Obligationen, Schuldverschreibungen)

Die *Zinsen* werden halbjährlich oder jährlich gezahlt und sind in dem betreffenden Jahr auch *zu versteuern*.
Bei *Kauf oder Verkauf* eines festverzinslichen Wertpapieres mitsamt Zinsscheinen werden *Stückzinsen* berechnet. Als VerkäuferIn erhält man von dem/der KäuferIn für die Zeit vom letzten Zinstermin bis zum Verkaufstag Stückzinsen gezahlt. Diese Stückzinsen müssen genauso wie „normale" Zinsen versteuert werden. Als KäuferIn muß man dem/der VerkäuferIn für die Zeit vom letzten Zinstermin bis zum Kauftag Stückzinsen bezahlen. Die bezahlten Stückzinsen können steuermindernd als sog. *negative Einnahmen* im Jahr der Zahlung von anderen steuerpflichtigen Kapitalerträgen abgezogen werden. Beim nächsten Zinstermin erhält man Zinsen für das ganze Jahr bzw. Halbjahr, die dann voll zu versteuern sind.
Anlagebeispiele finden sich im Anhang im Abschnitt „Banken" mit dem Beschäftigungsbrief der Bank für kleine und mittlere Unternehmen sowie in Kapitel II E mit dem Beispiel: Der soziale Entwicklungsfonds des Europarats.

5. Auf- oder abgezinste Wertpapiere und Wertpapiere mit unregelmäßiger Zinszahlung (Zerobonds oder Nullkuponanleihen, auf- oder abgezinste Sparbriefe)

Hier besteht die Verzinsung nicht aus regelmäßigen Zahlungen, sondern in einem *Wertzuwachs*, der erst bei *Einlösung* oder bei *vorzeitigem Verkauf* des Wertpapiers *zu versteuern* ist. Wird das Wertpapier über die gesamte Laufzeit gehalten, ergibt sich der steuerpflichtige Betrag stets aus der Differenz zwischen Ausgabe- und Rückzahlungsbetrag. Wird hingegen ein auf- oder abgezinstes Wertpapier während der Laufzeit ge- oder verkauft, ist der aufgelaufene Wertzuwachs nur entsprechend der Besitzzeit steuerpflichtig. Sofern solche Finanzanlagen mit einer laufenden Verzinsung – wenngleich in unterschiedlicher Höhe – ausgestattet sind, müssen die vereinnahmten Zinsen im Jahr der Zahlung versteuert werden. Das gilt auch für eventuell vereinnahmte Stückzinsen.

Bei Papieren ohne laufende Verzinsung entsteht der Ertrag überhaupt erst zum Zeitpunkt der Einlösung oder Veräußerung (z.B. Zerobonds). In beiden Fällen ist dieser Ertrag zum Zeitpunkt der Einlösung oder Veräußerung steuerpflichtig.

Besteuert wird grundsätzlich nur der Ertrag, der auf die Besitzzeit entfällt.

6. Aktien und andere Anteile (Aktien, GmbH- und Genossenschaftsanteile, Genußscheine und -rechte)

Diese Beteiligungserträge unterliegen nicht der Zinsabschlagsteuer von 30%, sondern der Kapitalertragsteuer von 25%. Außerdem ist mit diesen Erträgen – mit Ausnahme von Genußscheinen und Genußrechten – ein Körperschaftsteuer-Guthaben verbunden, sofern die Gesellschaft überhaupt körperschaftsteuerpflichtig ist.

Zu den Erträgen aus diesen Anteilen gehören:
– Dividenden
– *Gewinnausschüttungen*
– *Boni, die zusätzlich zur Dividende gezahlt werden*

Steuerfrei sind erzielte *Kursgewinne* bei Verkauf der Anteilscheine außerhalb der Spekulationsfrist von sechs Monaten sowie Kurssteigerungen während der Besitzzeit.

Sofern kein Freistellungsauftrag erteilt wurde oder das Freistellungslimit überschritten ist, bekommt man von einer Gewinnausschüttung des Unternehmens lediglich eine Nettodividende von 52,5% auf das Konto überwiesen. Gleichzeitig steht dem Bezugsberechtigten ein Steuerguthaben (einbehaltene Kapitalertragsteuer und anrechenbare Körperschaftsteuer) von 47,5% des Ausschüttungsbetrages zu. Dieses Steuerguthaben wird auf die Steuerschuld angerechnet. Da der persönliche Steuersatz in den meisten Fällen wohl unter 47,5% liegen dürfte, erhält man einen Teil davon vom Finanzamt erstattet!

So wird bei Dividenden gerechnet (ab 1994):

	DM	%
Gewinnausschüttung des Unternehmens (Beispiel)	20,00	100
- Körperschaftsteuer des Unternehmens	- 6,00	30
= Bardividende	= 14,00	70
- Kapitalertragsteuer (25% der Bardividende)	- 3,50	17,5
= Nettodividende	= 10,50	52,5
+ anzurechnende Kapitalertragsteuer	+ 3,50	17,5
+ Körperschaftsteuer-Guthaben $^3/_7$ der Bardividende	+ 6,00	30
= Bruttodividende (steuerpflichtiger Kapitalertrag)	= 20,00	100

Anlagebeispiele finden sich im Anhang im Abschnitt „Direktbeteiligungen".

7. Lebensversicherungen

Lebensversicherungen sind doppelt steuerbegünstigt: Während der Laufzeit können die *Beiträge* im Rahmen des Vorsorgehöchstbetrages als *Sonderausgaben* abgezogen werden (Ausnahme: fondsgebundene Lebensversicherungen), und bei Auszahlung bleiben die in der Versicherungssumme enthaltenen rechnungsmäßigen *Zinsen* sowie die darüber hinausgehenden *Überschußanteile* (außerrechnungsmäßige Zinsen) *steuerfrei*.

Folgende Versicherungen auf den Erlebens- oder Todesfall sind begünstigt:
- Risikoversicherungen, die nur für den Todesfall eine Leistung vorsehen;
- Rentenversicherungen, bei denen das Kapital nicht in einer Summe, sondern in monatlichen oder jährlichen Raten ausgezahlt wird;
- Rentenversicherungen mit Kapitalwahlrecht gegen laufende Beitragsleistung, wenn das Kapitalwahlrecht nicht vor Ablauf von zwölf Jahren seit Vertragsabschluß ausgeübt werden kann;
- Kapitalversicherungen gegen laufende Beitragsleistung mit Sparanteil,

wenn der Vertrag für die Dauer von mindestens zwölf Jahren abgeschlossen worden ist.
Anlagebeispiel: siehe Anhang, Abschnitt „Lebensversicherungen".
Lebensversicherungen, die diese Voraussetzungen nicht erfüllen, sind *steuerschädlich:* Das bedeutet, daß die rechnungsmäßigen Zinsen und die Überschußanteile im Jahr der Auszahlung steuerpflichtig sind und davon bei Auszahlung von der Versicherungsgesellschaft eine Kapitalertragsteuer von 25% einbehalten wird. Außerdem können die Beiträge/Prämien nicht als Sonderausgaben abgezogen werden.

8. Stille Gesellschaft oder partiarisches Darlehen

Die typische stille Beteiligung und das partiarische Darlehen sind zwei Möglichkeiten, sich am Erfolg eines Unternehmens zu beteiligen, ohne selbst unternehmerisch tätig zu werden und nach außen in Erscheinung zu treten. Bei der stillen Beteiligung ist wesentliches und unverzichtbares Merkmal die *Beteiligung am Gewinn.* Ist eine *Verlustbeteiligung* vereinbart, können Verluste anteilig als *Werbungskosten* bei den Einkünften aus Kapitalvermögen abgezogen werden. Wird beim *Verkauf* einer stillen Beteiligung ein Betrag erzielt, der den Nennwert übersteigt, ist der so erzielte *Mehrerlös nicht steuerpflichtig.* Beim partiarischen Darlehen wird statt oder neben einer festen Verzinsung ein Gewinnanteil vereinbart; ein Verlust ist hier stets ausgeschlossen. Sowohl die *Zinsen* als auch die *Gewinnanteile* sind *steuerpflichtig.*
Anlagebeispiel: Siehe Anhang, Abschnitt „Direktbeteiligungen" und „Beteiligungsgesellschaften".

9. Sonstige Kapitalforderungen

Zinsen aus einem *Darlehen,* das einem Unternehmen gewährt worden ist, sind *steuerpflichtig.* Es muß aber während des Jahres keine Zinsabschlagsteuer abgeführt werden.
Anlagebeispiele: siehe Anhang, Abschnitt „Direktbeteiligungen".

10. Unternehmerische Beteiligungen

Wer sich in der Form an einem Unternehmen beteiligen will, in der er Unternehmerrisiko und Unternehmerinitiative (wie bei dem atypischen stillen Gesellschafter) entfalten kann, hat keine Einkünfte aus Kapitalvermögen mehr, sondern entweder Einkünfte aus Vermietung und Verpachtung oder

Einkünfte aus gewerblicher Tätigkeit, je nachdem, welchen Zweck das Unternehmen verfolgt. Diese Einkünfte werden steuerlich ganz anders behandelt als die zuvor beschriebenen Kapitaleinkünfte. Hier ist es angeraten, im Einzelfall fachmännischen Rat einzuholen.

C. Exkurs: Gemeinnützige Vereine, Kirchen, Orden und ähnliche Institutionen

Diese Einrichtungen erhalten vom Finanzamt einen Steuerbescheid, in dem bescheinigt wird, daß sie von der Körperschaft- und Gewerbesteuer befreit sind *(Freistellungsbescheid)*. Damit sind sie im Rahmen der Verfolgung ihrer satzungsmäßigen Zwecke befugt, *steuerfreie Einnahmen* zu erzielen. Insbesondere betrifft das hier die steuerfreie Vermögensverwaltung.

Die steuerfreie Vermögensverwaltung umfaßt Einkünfte aus Kapitalvermögen (Zinsen aus Bank- und Sparguthaben, Wertpapiererträge etc.) und Einkünfte aus Vermietung und Verpachtung.

Nun wird aber zunächst einmal grundsätzlich von allen Kapitalerträgen *Kapitalertrag- bzw. Zinsabschlagsteuer* einbehalten.

Die als gemeinnützig anerkannten und daher von der Körperschaftsteuer befreiten Vereine etc. können die Einbehaltung des Zinsabschlages bzw. der Kapitalertragsteuer dadurch vermeiden, daß sie ihrem Kreditinstitut durch eine Bescheinigung des für den Verein zuständigen Finanzamtes ihren Status als körperschaftsteuerbefreite inländische Körperschaft nachweisen *(sog. NV 2 B-Bescheinigung)*. Anstelle dieser Bescheinigung kann der Verein seinem Kreditinstitut jedoch auch eine amtlich beglaubigte Kopie des für ihn zuletzt erteilten Freistellungsbescheides (z.B. Gem 2 für gemeinnützige Körperschaften) überlassen. Diese Möglichkeit gilt aber nur dann, wenn der Freistellungsbescheid für einen Veranlagungszeitraum erteilt worden ist, der vom Zeitpunkt des Kapitalertrages gesehen nicht länger als fünf Jahre zurückliegt.

Die Möglichkeit der Erteilung eines *Freistellungsauftrages* unmittelbar an das Kreditinstitut – wie bei Privatpersonen – haben die gemeinnützigen Vereine nicht.

XI. Konkrete Möglichkeiten ethischer Geldanlagen – ein Überblick

Dem Anhang können Sie Daten zu einer Reihe von ethischen Anlagemöglichkeiten in Deutschland entnehmen. Es werden Informationen zu einem breiten Spektrum von Anlagemöglichkeiten aufgeführt. Die Angaben erheben allerdings keinerlei Anspruch auf Vollständigkeit. Besonders im Bereich der Direktbeteiligungen bestehen im deutschsprachigen Raum mehr als die hier angeführten Angebote. Die Angebote wurden nicht auf ihre Seriosität hin überprüft, es wurden allerdings entsprechende Anmerkungen gemacht, wenn in der Öffentlichkeit Nachteiliges über den Anbieter bekannt wurde.

Die in den Portraits aufgeführten Daten wurden über eine Fragebogenaktion von den Anbietern erhoben. *Die Daten beruhen damit auf den Angaben der Anbieter und wurden nicht auf ihre Richtigkeit hin überprüft.* Sie wurden, wo nötig, leicht gekürzt.

A. Banken

Neben den klassischen Instituten der sozialverantwortlichen Geldanlage wie der Ökobank oder der Alternativen Bank Schweiz werden in diesem Abschnitt auch die 15 kirchlichen Institute in der Bundesrepublik vorgestellt. Dies liegt darin begründet, daß diese Banken durch den in ihrer Satzung festgeschriebenen Kundenkreis in ihrer Kreditvergabe beschränkt sind. Die Kredite gehen ausschließlich in den kirchlichen Bereich und werden z.B. für den Bau und den Erhalt von Krankenhäusern und Altenheimen, aber auch für die Instandhaltung von Kirchen und kirchlichen Gebäuden verwendet. Gelder, die nicht für die Kreditvergabe verwendet werden, werden zumeist über die jeweilige Zentrale der Genossenschaftsbanken weiterverliehen. Da die kirchlichen Institute in aller Regel wesentlich höhere Einlagen haben, als Nachfragen an Krediten bestehen, fließen allerdings nicht unerhebliche Summen über diese Banken in nichtkirchliche Bereiche. Für die Veranlagung dieser Gelder bestehen in aller Regel keine ethischen Kriterien.

1. Alternative Bank ABS

Adresse des Hauptsitzes: Leberngasse 17, CH- 4601 Olten
Telefon: 0041 62 – 21 20 085   Fax: 0041 62 – 21 20 294
Ansprechpartner: Hans Peter Vieli
Gegründet im Jahr: 1990
Bilanzsumme Mitte 1997: 260 Mio. SFr (ca. 315 Mio. DM)

Produkte

- Welche Angebote gibt es für PrivatkundInnen?
  Lohnsparkonto, Sparkonto, Anlagekonto, Förder-Obligationen
- Welche Angebote gibt es für institutionelle Kunden?
  Beratung, besondere Kreditlinien
- Welche Kommunikationsmöglichkeiten/Geldtransfermöglichkeiten gibt es?
  Überweisungen per Post, ec-direkt, Eurokarten
- Gehört die Bank einem Einlagensicherungsfonds an?
  Nein, diese Einrichtung gibt es in der Schweiz nicht.

Ethische Aspekte

- Welche ethischen Anlagemöglichkeiten bietet die Bank an?
  Förder-Kassaobligationen in den unten aufgeführten Bereichen, normale Kassaobligationen und Kontoanlagen mit alternativen Zielen, ABS3-Stiftung (zusätzliche Altersvorsorge mit Steuerspareffekt), ABS2-Freizügigkeitsstiftung (Erhaltung des Vorsorgeschutzes), Direktinvestitionen, ABS-Aktien
- Gelten für den gesamten Aktivbereich ethische Mindestkriterien? Wenn ja, wie lauten diese und wo sind sie verankert?
  Gemäß dem Leitbild der Bank wird vor der Gewährung eines Kredites der Kunde nach den ethischen Ansprüchen der Bank abgeklopft. Liegen krasse Verletzungen gegen die allgemeinen Ziele der Bank vor, kommt es nicht zu einer Kreditvergabe.
  Allgemein fördert die ABS ein ökologisch und sozial nachhaltiges Wirtschaften, speziell wird Wert auf folgende Punkte gelegt: Ökologische und umweltverträgliche Produkte, umweltschonende Produktionsweise, Gleichstellung der Geschlechter, Mitsprache- und Mitbestimmungsrechte der MitarbeiterInnen, Transparenz im Betrieb, faire Entlohnung.
  ABS arbeitet vor allem in folgenden Bereichen: Ökologische und soziale Unternehmen, biologische Landwirtschaft, Frauenprojekte, alternative und soziale Wohnformen, Bildung und Kultur, Entwicklungszusammenarbeit, alternative Energien, soziale Projekte.

- Wie und worüber werden die KundInnen informiert?
  Kundenzeitung „MONETA", hier werden u.a. sämtliche Kredite veröffentlicht und die Geschäftspolitik und der Geschäftsgang offengelegt.
  Besonderheiten:
  Wichtige Prinzipien sind Kredittransparenz, die Förderbereiche mit ethisch-ökologischen Kriterien, Gewinn ist nicht die oberste Priorität, die ABS ermöglicht Zinsverzicht, was dem Kreditnehmer unmittelbar zugute kommt.

2. Bank für Kiche und Diakonie e.G. (BKD)

Adresse des Hauptsitzes: Am Burgacker 37, 47051 Duisburg
Telefon: 02 03 – 29 54 0   Telefon: 02 03 – 29 54-161
Ansprechpartner: Frau Hain, Herr Hasley
Adresse von Filialen:
Berlin: Ziegelstr. 30, 10117 Berlin, Tel. 030 – 3 08 89 10,
Fax 030 – 2 81 60 82
Magdeburg: Leibnizstr. 50, 39104 Magdeburg, Tel. 03 91 – 59 70 4-0,
Fax Tel. 03 91 – 59 70 4-19
Gegründet im Jahr: 1953
Bilanzsumme Mitte 1997: 3,3, Mrd. DM

Produkte
- Welche Angebote gibt es für PrivatkundInnen?
  Gebührenfreies Girokonto, Sparbuch, Festgeld, Sparbriefe, Wertpapierhandel, Kredite und Darlehen
- Welche Angebote gibt es für institutionelle Kunden?
  Gebührenfreier Giroverkehr, Kompensation
- Welche Kommunikationsmöglichkeiten/Geldtransfermöglichkeiten gibt es?
  Überweisungen per Post, BTX, BANKOFON, Electronic Banking, Eurokarten etc.
- Gehört die Bank einem Einlagensicherungsfonds an?
  Ja, der Sicherungseinrichtung des Bundesverbandes der Deutschen Volks- und Raiffeisenbanken BVR.

Ethische Aspekte
- Welche ethischen Anlagemöglichkeiten bietet die Bank an?
  In Kooperation mit der Ev. Darlehensgenosenschaft Münster DGM den Ökofonds „ÖkoLux" und den Diakonie-Sparbrief.

- Gelten für den gesamten Aktivbereich ethische Mindestkriterien? Wenn ja, wie lauten diese und wo sind sie verankert?
  Bonität vor Sicherheit in der Kreditvergabe, Finanzierung von Aufgaben von Kirche und Diakonie.
- Wie und worüber werden die KundInnen informiert?
  Regelmäßig 2–3monatlich durch Info-Brief, Infos über Geld- und Kapitalmarkt, Neuigkeiten aus dem Bankensektor, Beratung über gesetzliche Neuheiten, die den Kundenkreis betreffen, Lagebericht an Mitglieder.
- Besonderheiten:
  Eingeschränkter Kundenkreis: kirchliche und diakonische Einrichtungen sowie deren Mitarbeiter.

3. Freie Gemeinschaftsbank BCL

Adresse des Hauptsitzes: Oberer Ziegelweg 60, CH-4143 Dornach
Telefon: 00 41 61 – 70 69 200   Fax: 00 41 61 – 70 69 219
Ansprechpartner: Paolo Wegmüller
Gegründet im Jahr: 1984
Bilanzsumme Mitte 1997: ca. 101,7 Mio. SFr.

Produkte
- Welche Angebote gibt es für PrivatkundInnen?
  Einlagekonto, Anlagekonto, Kontokorrent, Festgeld
- Welche Angebote gibt es für institutionelle Kunden?
  Betriebsberatung, Steuerberatung, Vermögensberatung
- Welche Kommunikationsmöglichkeiten/Geldtransfermöglichkeiten gibt es?
  Nur über die Post
- Gehört die Bank einem Einlagensicherungsfonds an?
  Nein, diese Einrichtung gibt es in der Schweiz nicht.

Ethische Aspekte
- Welche ethischen Anlagemöglichkeiten bietet die Bank an?
  Die Freie Gemeinschaftsbank BCL bezweckt die Förderung gemeinnütziger Initiativen. Sie baut in ihren grundlegenden Impulsen auf der Geisteswissenschaft Rudolf Steiners auf.
- Gelten für den gesamten Aktivbereich ethische Mindestkriterien? Wenn ja, wie lauten diese und wo sind sie verankert?
  In den Statuten der Bank ist festgeschrieben, daß sie die Förderung gemeinnütziger oder sonst der Allgemeinheit dienender Initiativen be-

zweckt. Bei der Kreditvergabe wird auch auf die Umsetzung ökologischer Prinzipien geachtet.
Förderbereiche sind: Die biologische Landwirtschaft, Heilpädagogik, Sozialtherapie und Medizin, Freie Schulen und Bildungsstätten, Kunst- und Kulturprojekte, Gewerbe, Handel und Restaurants, Gemeinschaftliche Wohnprojekte, ökologische Projekte.
- Wie und worüber werden die KundInnen informiert?

Mit regelmäßig erscheinenden Rundbriefen und ab Juni 1997 mit der Kundenzeitung „Transparenz".

4. Bank im Bistum Essen e.G.

Adresse des Hauptsitzes: Zwölfling 14, 45127 Essen
Telefon: 0201 – 22 09 0   Fax: 0201 – 22 09 200
Ansprechpartner: Herr Kahlert
Gegründet im Jahr: 1966
Bilanzsumme Mitte 1997: 1,9 Mrd. DM

Produkte
- Welche Angebote gibt es für PrivatkundInnen?

Girokonten, Sparkonten, Festgeldkonten, Inhaberschuldverschreibungen, kurz-, mittel- und langfristige Kredite
- Welche Angebote gibt es für institutionelle Kunden?

Siehe PrivatkundInnen
- Welche Kommunikationsmöglichkeiten/Geldtransfermöglichkeiten gibt es?

Überweisungen, EC-Scheck, Scheckverkehr, T-Online, Kreditkarten
- Gehört die Bank einem Einlagensicherungsfonds an?

Ja, der Sicherungseinrichtung des Bundesverbandes der Deutschen Volks- und Raiffeisenbanken BVR

Ethische Aspekte
- Welche ethischen Anlagemöglichkeiten bietet die Bank an?

Z.Zt. keine besonderen Anlageformen
- Gelten für den gesamten Aktivbereich ethische Mindestkriterien? Wenn ja, wie lauten diese und wo sind sie verankert?

Das Aktivgeschäft ist beschränkt auf katholische Kirchengemeinden, karitative Institutionen und deren hauptamtliche MitarbeiterInnen im Bistum Essen. Dies ist in unserer Satzung verankert.
- Wie und worüber werden die KundInnen informiert?   Keine Angaben

5. Bank für Sozialwirtschaft GmbH (BfS)

Adresse des Hauptsitzes: Wörthstr. 15–17, 50668 Köln
Telefon: 0221 – 97 35 60   Fax: 0221 – 97 35 61 17
Filialen in Berlin, Dresden, Essen, Erfurt, Hannover, Karlsruhe, Leipzig, Magdeburg, München, Stuttgart
Ansprechpartner für die Anlageberatung: MitarbeiterInnen der Vermögensanlage in Köln und Berlin
Gegründet im Jahr: 1923
Bilanzsumme Mitte 1997: ca. 3,5 Mrd. DM

Produkte

- Welche Angebote gibt es für PrivatkundInnen?
  Kein Privatkundengeschäft
- Welche Angebote gibt es für institutionelle Kunden?
  Kostenfreies Girokonto, multifunktionales Kontonummernsystem, spezielle Beratung, besondere Kreditprogramme, Seminare etc.
- Welche Kommunikationsmöglichkeiten/Geldtransfermöglichkeiten gibt es?
  Telefon, Telefax, Datenträger, Online
- Gehört die Bank einem Einlagensicherungsfonds an?
  Ja.

Ethische Aspekte

- Welche ethischen Anlagemöglichkeiten bietet die Bank an?
  Da die BfS nur KundInnen aus dem Bereich der Sozialwirtschaft hat, bietet die Bank BfS-Orderschuldverschreibungen sowie Sparbriefe mit verschiedenen Laufzeiten an. Diese Gelder gehen dann wieder in Form von Krediten an die KundInnen. Außerdem bietet sie den ökologischen Rentenfonds „Luxinvest SecuraRent" (siehe Portrait im Abschnitt „Investmentfonds" im Anhang) an.
- Gelten für den gesamten Aktivbereich ethische Mindestkriterien? Wenn ja, wie lauten diese und wo sind sie verankert?
  In der Anlage werden auch im festverzinslichen Bereich ethische Mindestkriterien beachtet, vermieden wird z.B. die Rüstungsproduktion. Zur Zeit der Apartheid wurden Investitionen in Südafrika gemieden.
- Wie und worüber werden die KundInnen informiert?
  Monatlich wird eine Informationsbroschüre mit aktuellen Informationen der Bank und ihren Konditionen sowie Hinweisen für die freie Wohlfahrtspflege an die KundInnen verschickt.

6. Bank für kleine und mittlere Unternehmen AG (BkmU)
Adresse des Hauptsitzes: Torstr. 6–8, 10119 Berlin
Telefon: 030 – 24 00 82 24   Fax: 030 – 24 00 82 70
Ansprechpartnerin: Frau Graf
Gegründet im Jahr: 1994
Bilanzsumme Mitte 1997: ca. 270 Mio. DM

Produkte
- Welche Angebote gibt es für PrivatkundInnen?
  Nur eigene Produkte: Bankschuldverschreibungen, Wechsel, eigene Aktien
- Welche Angebote gibt es für institutionelle Kunden?
  Siehe PrivatkundInnen
- Welche Kommunikationsmöglichkeiten/Geldtransfermöglichkeiten gibt es?
  Per Überweisungsträger
- Gehört die Bank einem Einlagensicherungsfonds an?
  Nein, da das Einlagengeschäft nicht betrieben wird.

Ethische Aspekte
- Welche ethischen Anlagemöglichkeiten bietet die Bank an?
  Alle Anlageformen dienen der Schaffung von Arbeitsplätzen.
- Gelten für den gesamten Aktivbereich ethische Mindestkriterien? Wenn ja, wie lauten diese und wo sind sie verankert?
  Die vergebenen Kredite müssen der Arbeitsplatzförderung dienen.
- Wie und worüber werden die KundInnen informiert?
  In Mitteilungen und Foren werden die KundInnen über Geschäftsentwicklung und Anlagemöglichkeiten informiert.

7. Darlehenskasse Münster e.G.
Adresse des Hauptsitzes: Breul 26, 48143 Münster
Telefon: 0251 – 51 01 30   Fax: 0251 – 51 01 31 15
Ansprechpartner: Herr Wobbe, Durchwahl: 0251 – 51 01 31 20 0
Gegründet im Jahr: 1961
Bilanzsumme Mitte 1997: 2,7 Mrd.

Produkte
- Welche Angebote gibt es für PrivatkundInnen?
  Girokonto, Sparbuch, Festgeld, Inhaberschuldverschreibungen, Kredite
- Welche Angebote gibt es für institutionelle Kunden?

Kein besonderes Angebot
- Welche Kommunikationsmöglichkeiten/Geldtransfermöglichkeiten gibt es?
EC-Schecks, T-Online, Kreditkarten
- Gehört die Bank einem Einlagensicherungsfonds an?
Ja, der Sicherungseinrichtung des Bundesverbandes der Deutschen Volks- und Raiffeisenbanken BVR

Ethische Aspekte
- Welche ethischen Anlagemöglichkeiten bietet die Bank an?
Spendenfonds Pro Mundo (siehe den Anbschnitt „Spendenfonds" im Anhang)
- Gelten für den gesamten Aktivbereich ethische Mindestkriterien? Wenn ja, wie lauten diese und wo sind sie verankert?
Keine Angaben
- Wie und worüber werden die KundInnen informiert?
Alle KundInnen erhalten vierteljährlich zum Quartalsschluß das DKM-Journal. Es enthält die Zinssätze, den Lagebericht und aktuelle Informationen.
- Besonderheiten:
Das Geschäft ist beschränkt auf katholische Kirchengemeinden, karitative Institutionen und deren hauptamtliche Mitarbeiter.

8. Darlehenskasse im Erzbistum Paderborn e.G.
Adresse des Hauptsitzes: Kamp 17
Telefon: 05251 – 121–0
Gegründet im Jahr: 1972
Bilanzsumme Mitte 1997: 3,2 Mrd.
Die Bank ist mit dem Ziel gegründet worden, ihre Mitglieder, insbesondere Einrichtungen kirchlicher und karitativer Art, bei der Durchführung ihrer Aufgaben wirtschaftlich zu fördern. Die Aktivitäten liegen primär im Bereich des Erzbistums Paderborn.
Die Bank machte keine weiteren Angaben.

9. Ev. Darlehens-Genossenschaft e.G. Münster (DGM)
Adresse des Hauptsitzes: Friesenring 40, 48147 Münster
Telefon: 0251 – 20 20 10   Fax: 0251 – 20 20 118
Ansprechpartner: Martin Kolthof

Gegründet im Jahr: 1927
Bilanzsumme Mitte 1997: ca. 2,5 Mrd. DM

Produkte
- Welche Angebote gibt es für PrivatkundInnen?
Girokonto, Dispositionskredite, Anschaffungsdarlehen, Festgelder, Spareinlagen, Sparbrief, Rentensparbrief, Solidaritätssparbrief „Eine Welt", GFS-Sparbrief, ÖkoLux, Wertpapiere, Investmentfonds, Lebensversicherungen, Bausparen (VL)
- Welche Angebote gibt es für institutionelle Kunden?
Kontokorrentkredite, Darlehen, Tagesgelder, Spareinlagen, Sparbriefe, Solidaritätssparbrief „Eine Welt", GFS-Sparbrief, Beratung
- Welche Kommunikationsmöglichkeiten/Geldtransfermöglichkeiten gibt es?
Alle gängigen Möglichkeiten, insbesondere Telefon, BTX und Electronic-Banking
- Gehört die Bank einem Einlagensicherungsfonds an?
Ja, der Sicherungseinrichtung des Bundesverbandes der Deutschen Volks- und Raiffeisenbanken BVR.

Ethische Aspekte
- Welche ethischen Anlagemöglichkeiten bietet die Bank an?
ÖkoLux Luxinvest (siehe Portrait im Anhang, Abschnitt „Investmentfonds"), Fördersparbrief: GFS-Sparbrief, Sparbrief für Gerechtigkeit, Frieden und Bewahrung der Schöpfung, „Eine-Welt"-Sparbrief (im Anhang im Abschnitt „Sparangebote bei konventionellen Instituten")
- Gelten für den gesamten Aktivbereich ethische Mindestkriterien? Wenn ja, wie lauten diese und wo sind sie verankert?
Kredite und Darlehen gehen nur an Kirche und Diakonie sowie bei Privatpersonen zur Hausfinanzierung. Dies ist in unserer Satzung verankert.
- Wie und worüber werden die KundInnen informiert?
1. Rundschreiben zu aktuellen Themen, 2. Regionalkonferenzen, 3. Generalversammlung
- Besonderheiten:
Die DGM ist die Hausbank für Kirche und Diakonie und deren MitarbeiterInnen in Westfalen, Lippe und Nordwestdeutschland.

10. Evangelische Kreditgenossenschaft (EKK) Kassel e.G.

Adresse des Hauptsitzes: Seiderstr. 6, 34117 Kassel
Telefon: 0561 – 78 870   Fax: 0561 – 78 87 370
Ansprechpartner: Herr Stein
Adresse von Filialen: Eisenach, Frankfurt, Hannover, Karlsruhe, Speyer, Stuttgart
Gegründet im Jahr: 1969
Bilanzsumme Mitte 1997: 5,5 Mrd. DM

Produkte
- Welche Angebote gibt es für PrivatkundInnen?
  Girokonto, Sparbuch, Festgeld, Sparbriefe, Wertpapiere, Kredite, VISA-Card
- Welche Angebote gibt es für institutionelle Kunden?
  Siehe PrivatkundInnenen
- Welche Kommunikationsmöglichkeiten/Geldtransfermöglichkeiten gibt es?
  Überweisungen per Post, BTX, Telefonbanking, EKK-Service-PC
- Gehört die Bank einem Einlagensicherungsfonds an?
  Ja, der Sicherheitseinrichtung des Bundesverbandes der Deutschen Volks- und Raiffeisenbanken.

Ethische Aspekte
- Welche ethischen Anlagemöglichkeiten bietet die Bank an?
  KD Fonds Öko-Invest (siehe Anhang im Abschnitt „Investementfonds")
- Gelten für den gesamten Aktivbereich ethische Mindestkriterien? Wenn ja, wie lauten diese und wo sind sie verankert?
  Ausleihungen gehen ausschließlich an unsere KundInnen aus Kirche und Diakonie.
- Wie und worüber werden die KundInnen informiert?
  Monatliche EKK-Info über aktuelle Bankthemen und Konditionen als Beileger zu den Kontoauszügen

11. Evangelische Darlehensgenossenschaft e.G. Kiel

Adresse des Hauptsitzes: Sophienblatt 78, 24114 Kiel
Telefon: 0431 – 6632-0
Filiale: Bachstraße 1–2, 10555 Berlin
Gegründet im Jahr: 1968
Die Bank machte keine Angaben.

12. Gemeinschaftsbank e.G. (GLS)

Adresse des Hauptsitzes: Oskar-Hoffmann-Str. 25, 44789 Bochum
Telefon: 0234 – 30 79 30   Fax: 0234 – 30 79 333
E-Mail: GLS.Bochum@t-online.de
Ansprechpartner: Stephan Rotthaus (Öffentlichkeitsarbeit)
Durchwahl: 0234 – 30 79 337   Fax: 0234 – 30 79 357
Adresse von Filialen:
Hamburg: Ansprechpartner Dirk Grah, Mittelweg 147, 20148 Hamburg
Telefon: 040 – 41 47 620   Fax: 040 – 41 47 62 44
E-Mail: GLS. Hamburg@t-online.de
Stuttgart: Ansprechpartner Gerhard Waterstradt, Haußmannstr. 50, 70188 Stuttgart
Telefon: 0711 – 23 89 50 Fax: 0711 – 23 60 812
E-Mail: GLS.Stuttgart@t-online.de
Gegründet im Jahr: 1974
Bilanzsumme Mitte 1997: 241,2 Mio. DM

Produkte
- Welche Angebote gibt es für PrivatkundInnen?
 GLS-Sparbrief, GLS-Sparkonto, „Das Grüne Konto", Termingeld „Regenerative Energien", div. Landwirtschaft, div. Energiefonds, Freies Rücklagenkonto, keine Girokonten
- Welche Angebote gibt es für institutionelle Kunden?
 Siehe PrivatkundInnen, Kontokorrentkonten nur in Sonderfällen
- Welche Kommunikationsmöglichkeiten/Geldtransfermöglichkeiten gibt es?
 Telefonische Beratung, persönliche Beratung, Kommunikation mit den KundInnen per Post, Fax, BTX, und E-Mail
- Gehört die Bank einem Einlagensicherungsfonds an?
 Ja, der Sicherungseinrichtung des Bundesverbandes der Deutschen Volks- und Raiffeisenbanken BVR

Ethische Aspekte
- Welche ethischen Anlagemöglichkeiten bietet die Bank an?
 Siehe PrivatkundInnen
 Aus den ihr anvertrauten Geldern hat die GLS-Gemeinschaftsbank e.G. in den letzten 23 Jahren viele tausend Kredite für Biohöfe und regenerative Energien, für pädagogische Initiativen, ökologisch orientierte Gewerbebetriebe und soziale Projekte vergeben können.
- Gelten für den gesamten Aktivbereich ethische Mindestkriterien? Wenn ja, wie lauten diese und wo sind sie verankert?

Es werden vorrangig gemeinschaftliche und am Gemeinwohl orientierte Projekte gefördert. Die Entscheidungskriterien werden am einzelnen Projekt unter Einbeziehung der beteiligten Menschen und ihrer Intentionen entwickelt. Die Tätigkeiten der Kreditnehmer sollen darauf gerichtet sein, einen in kultureller, sozialer oder ökologischer Hinsicht positiven gesellschaftlichen Beitrag zu leisten. Den Aktivitäten sollte ein tatsächlicher Bedarf zugrunde liegen. Eine nachhaltige Wirtschaftlichkeit und deren Grundlagen müssen dargelegt werden. Ausführliche Hinweise enthält das kostenlos erhältliche „Kreditinfo".

- Wie und worüber werden die KundInnen informiert?
Kunden- und Mitgliederzeitschrift „Bankspiegel", Erscheinungsweise vierteljährlich. Diese enthält u.a. Detailangaben (Betrag, Verwendungszweck) über die gegebenen Kredite.
- Besonderheiten:
Aus der Präambel der Satzung der GLS-Gemeinschaftsbank e.G.:
„Das Ziel des Zusammenschlusses ist gegenseitige Hilfe, nicht die Gewinnerzielung für das einzelne Mitglied oder für die Genossenschaft. Wer Geld bei dieser Bank einlegt, tut dies in erster Linie mit Rücksicht auf den Geldbedarf anderer Mitglieder und um im volkswirtschaftlichen Interesse einen Ausgleich des Gesamtetats aller Mitglieder zu erreichen."
Die GLS-Gemeinschaftsbank e.G. arbeitet eng mit der 1961 gegründeten gemeinnützigen Treuhandstelle e.V. Bochum (GTS), einem Zusammenschluß von 266 gemeinnützigen Vereinen, zusammen. Sie verfügt über vielfältige Erfahrungen bei der Gestaltung von Schenkungen und Sondervermögen sowie in Testaments- und Erbschaftsfragen. Die GTS fördert die sozialen, ökologischen und kulturellen Vorhaben ihrer gemeinnützigen Mitgliedsorganisationen.
Die GKG-Beteiligungsgesellschaft wurde 1995 gegründet. Sie soll Unternehmen, die mit der Gemeinschaftsbank zusammenarbeiten, bei der Beschaffung von Eigenkapital unterstützen.

13. Integra Spar- und Kreditgenossenschaft e.G.
Adresse des Hauptsitzes: Goethestr. 74, 80336 München
Telefon: 089 – 54 41 620   Fax: 089 – 54 41 62 33
Ansprechpartner: Herr Casademont, Herr Mussenbrock
Gegründet im Jahr: 1973
Bilanzsumme Mitte 1997: 30 Mio. DM

Produkte
- Welche Angebote gibt es für PrivatkundInnen?
  Girokonto, Sparbuch, Festgeld, Sparbriefe, Wertpapierhandel, Stufenzinsanleihe (Spareinlage mit steigenden Zinsen)
- Welche Angebote gibt es für institutionelle Kunden?
  Spezielle Beratung, u.U. Sonderkonditionen
- Welche Kommunikationsmöglichkeiten/Geldtransfermöglichkeiten gibt es?
  Überweisungen per Post, BTX, Internet
- Gehört die Bank einem Einlagensicherungsfonds an?
  Derzeit noch nicht, ist aber in Planung.

Ethische Aspekte
- Welche ethischen Anlagemöglichkeiten bietet die Bank an?
  Auf Anfrage
- Gelten für den gesamten Aktivbereich ethische Mindestkriterien? Wenn ja, wie lauten diese und wo sind sie verankert?
  Ein ausführlicher Prospekt wird derzeit erstellt und kann auf Anfrage bezogen werden.
- Wie und worüber werden die KundInnen informiert?
  Neue Produkte, auf Wunsch vermittelt die Bank Kontakte zu gemeinnützigen Projekten und Vereinen.
- Besonderheiten:
  Ein Prospekt wird demnächst die Besonderheiten der Integra-Bank herausstellen.

14. Landeskirchliche Kredit-Genossenschaft Sachsen e.G. (LKG)

Adresse des Hauptsitzes: Kreuzstr. 7, 01067 Dresden
Telefon: 0351 – 49 24 23 40   Fax: 0351 – 49 24 23 99
Ansprechpartner: Frieder Neidhold
Gegründet im Jahr: 1925
Bilanzsumme Mitte 1997: ca. 650 Mio. DM

Produkte
- Welche Angebote gibt es für PrivatkundInnen?
  Spareinlagen, Renditesparen, Festgeld, Sparbrief, Ratensparbrief, LKG-Beitragsdepot, Solidaritätssparbrief „Eine Welt", Luxinvest ÖkoLux, DKU-Fonds, Wertpapierinvestmentfonds, festverzinsliche Wertpapiere

und Aktien. Darüber hinaus kostenfreier Zahlungsverkehr für KundInnen aus Kirche, Diakonie und Caritas.
- Welche Angebote gibt es für institutionelle Kunden?
Gleiches Angebot wie für Privatkunden. Darüber hinaus kostenfreier Zahlungsverkehr für kirchliche, diakonische und karitative Einrichtungen
- Welche Kommunikationsmöglichkeiten/Geldtransfermöglichkeiten gibt es?
Post und Telefon, T-Online sowie Electronic-Banking (Bankcard-online, Bankcard-ec, Eurocard, Visacard)
- Gehört die Bank einem Einlagensicherungsfonds an?
Ja, der Sicherungseinrichtung des Bundesverbandes der Deutschen Volks- und Raiffeisenbanken BVR

Ethische Aspekte
- Welche ethischen Anlagemöglichkeiten bietet die Bank an?
Investmentfonds ÖkoLux Luxinvest (siehe Portrait im Anhang im Abschnitt „Investmentfonds"), Solidaritätssparbrief „Eine Welt" (siehe Anhang, Abschnitt „Sparbriefe bei konventionellen Instituten")
- Gelten für den gesamten Aktivbereich ethische Mindestkriterien? Wenn ja, wie lauten diese und wo sind sie verankert?
Kredite und Darlehen werden nur an den unter „Besonderheiten" genannten Personenkreis ausgereicht. Hinzu kommen private Baufinanzierungen. Die Kriterien sind in der Satzung verankert.
- Wie und worüber werden die KundInnen informiert?
Regelmäßige Kundenbesuche, wöchentliche Sprechtage in der Region, Kundenveranstaltungen/Fachseminare, Informationsschreiben zu aktuellen Themen, jährliche Generalversammlung
- Besonderheiten:
Hausbank kirchlicher, diakonischer und karitativer Körperschaften, Einrichtungen und Institutionen sowie der dort beschäftigten MitarbeiterInnen. Das Geschäftsgebiet ist Sachsen.

15. LIGA Spar- und Kreditgenossenschaft e.G. Regensburg
Adresse des Hauptsitzes: Dr.-Theobald-Schrems-Str. 3, 93055 Regensburg
Telefon: 09 41 – 40 95-0   Fax: 09 41 – 40 95-116
Die Bank machte keine Angaben.

16. Ökobank e.G.

Adresse des Hauptsitzes: Hauptbahnhof 6, 60069 Frankfurt
Ansprechpartnerinnen:
Geldanlage: Conny Fricke, Telefon: 069 – 25 61 01 52
Finanzierungen: Martina Maurer, Telefon: 069 – 25 61 01 57
Presse: Jutta Gelbrich, Telefon: 069 – 25 61 02 10
Filialen in Berlin, Frankfurt a.M., Freiburg
Gegründet im Jahr: 1988
Bilanzsumme Mitte 1997: 265 Mio. DM

Produkte
- Welche Angebote gibt es für PrivatkundInnen?

Girokonto: Servicekonto, ÖkoDirekt (Telefonbanking), Firmenkonto, Förderkonto, GenoDirekt (electronicbanking-BTX); Termineinlagen: Sparbriefe, Festgeld; Spareinlagen: Sparkonto, Sparverträge; andere Kapitalanlagemöglichkeiten: Investmentfonds, Direktbeteiligungen (geschlossene Immobilienfonds, Windparks etc.), Kapitaldepot mit Einzahlung in eine Rentenversicherung, Vermittlung von Versicherungen; Finanzierungen: alle Arten von Finanzierungen (z.B. Immobilienfinanzierungen, Anschaffungsdarlehen)
- Welche Angebote gibt es für institutionelle Kunden?

Ggfs. Fördergirokonto (verbilligte Kontoführung); höherverzinste Förderanlagen; ökologisch und sozial orientierte Vermögensverwaltung (u.a. Wertpapierdepots in Zusammenarbeit mit der genossenschaftlichen Zentralbank); Förderkredite (zinsgünstige Darlehen)
- Welche Kommunikationsmöglichkeiten/Geldtransfermöglichkeiten gibt es?

EC-Karte und EC-Schecks, Eurocard; per Post, Telefon (Callcenter für Privatkunden), per Fax, T-Online, persönlich in den Filialen
- Gehört die Bank einem Einlagensicherungsfonds an?

Ja, der Sicherungseinrichtung des Bundesverbandes der Deutschen Volks- und Raiffeisenbanken BVR

Ethische Aspekte
- Welche ethischen Anlagemöglichkeiten bietet die Bank an?

Zweckgebundene Förderfondssparbriefe für Ökologie, soziales Engagement und Emanzipation; Projekt-Sparbriefe für einzelne Vorhaben (z.B. gepa-GmbH, fairer Handel mit den Entwicklungsländern; Wohnen in Dresden (sozialverträgliches Wohnen); Neue Arbeit in Freiburg (Wohn- und Gewerbeprojekt usw.)

- Gelten für den gesamten Aktivbereich ethische Mindestkriterien? Wenn ja, wie lauten diese und wo sind sie verankert?

Kein Geld für Rüstung, Atomkraft und menschenrechtsverletzende Vorhaben. Dies gilt für alle Geschäftsbereiche, und die Kriterien ergeben sich aus der Gründungsgeschichte bzw. sind die Folge des in der Satzung definierten Geschäftszweckes der Genossenschaft.

- Wie und worüber werden die KundInnen informiert?

Ökorrespondenz (Kundenzeitung), erscheint dreimal im Jahr und enthält im Juni den kompletten Geschäftsbericht. Außerdem sind darin die Geschäftsentwicklung, Mittelverwendung, Projektberichte, neue Produkte und Konditionen und allgemeine Entwicklungen beschrieben. Einmal im Jahr findet eine Strategiewerkstatt statt, zu der alle KundInnen eingeladen sind (wechselnde Themen, strategische Ziele werden zur Diskussion gestellt). Ebenso findet einmal im Jahr eine Vertreter-Versammlung (Mitgliederversammlung der Genossenschaft) statt. Hier wird der Geschäftsbericht vorgelegt, über die Gewinnverwendung entschieden, werden Satzungsfragen diskutiert und wird der Aufsichtsrat gewählt.

- Besonderheiten:

Die Ökobank unterteilt ihr Geschäftsfeld in einen Förder- und in einen sogenannten Normalbereich. Im Förderbereich bietet sie die oben genannten ethisch-ökologischen Anlagemöglichkeiten und (refinanziert von diesen) zinsgünstige Förderdarlehen an. Die Förderrichtlinien und die Empfehlungen, welcher Kreditantragsteller ein Förderdarlehen erhalten soll, entwickeln unabhängige Beiräte. Förderkredite erhalten Betriebe, Projekte und auch Privatpersonen für besonders ökologische und/oder soziale Vorhaben.

Im Normalbereich bieten wir alle banküblichen Dienstleistungen zu marktorientierten Konditionen an. Auch für diesen Geschäftsbereich gelten die Negativkriterien.

17. Pax Bank e.G., Köln

Adresse des Hauptsitzes: Von Werth-Straße 25–27, 50670 Köln
Telefon: 02 21 – 16 01 50
Filialen in Berlin, Essen, Aachen, Trier, Mainz, Erfurt
Gegründet im Jahr: 1917
Die Bank machte keine Angaben.

18. Spar- und Kreditbank in der Ev. Kirche in Bayern e.G. (SKB)

Adresse des Hauptsitzes: Lorenzer Platz 10, 90402 Nürnberg
Telefon: 09 11 – 23 570   Fax: 09 11 – 23 57 269
Ansprechpartner: Paul Schmidt, Direktwahl: 09 11 – 23 57 18-0
Gegründet im Jahr: 1922
Bilanzsumme Mitte 1997: ca. 1,33 Mrd. DM

Produkte

- Welche Angebote gibt es für PrivatkundInnen?
  Privatkonto, KontoDirekt, Sparkonto, Sparbriefe, Termingeld-Anlagen, Sparplan mit Versicherungsschutz, VL-Sparen, Wertpapiergeschäfte, KD-Union-Fonds, Inhaberschuldverschreibungen, EC-Karte, Eurocard, Dispo-Kredit, Darlehen, Wohnungsbaudarlehen, Bausparzwischenfinanzierung
- Welche Angebote gibt es für institutionelle Kunden?
  Kassenkonto, Kollektenabrechnung für Dekanate, Belegloser Datenträgeraustausch, Sparkonto, Sparbriefe, Rücklagenverwaltung, Tagesgeldanlagen, Termingeldanlagen, Inhaberschuldverschreibungen, Genußscheine, Schuldscheindarlehen, Wertpapierspezialfonds, Finanzierung von Investitionen, Verwaltung von Treuhandverträgen
- Welche Kommunikationsmöglichkeiten/Geldtransfermöglichkeiten gibt es?
  KontoDirekt, Telefax, Brief, Servicetelefon 8.00–19.00 Uhr.
- Gehört die Bank einem Einlagensicherungsfonds an?
  Ja, der Sicherungseinrichtung des Bundesverbandes der Deutschen Volks- und Raiffeisenbanken BVR

Ethische Aspekte

- Welche ethischen Anlagemöglichkeiten bietet die Bank an?
  Keine speziellen ethischen Anlagemöglichkeiten
- Gelten für den gesamten Aktivbereich ethische Mindestkriterien? Wenn ja, wie lauten diese und wo sind sie verankert?
  Im Aktivbereich beschränkt sich das Engagement auf die Einrichtungen in Kirche, Diakonie und Caritas und deren Mitarbeiter in Anlehnung an die in der Satzung für eine Mitgliedschaft definierten Gruppierungen.
- Wie und worüber werden die KundInnen informiert?
  Beim KD-Union-Fonds durch Rechenschaftsberichte, Halbjahresberichte und Verkaufsprospekt.

19. Spar- und Kreditbank Evangelisch-Freikirchlicher Gemeinden e.G.

Adresse des Hauptsitzes: Friedberger Str. 101, 61350 Bad Homburg v.d.H.
Telefon: 06172 – 82 155   Fax: 06172 – 84 701
Ansprechpartner: verschiedene Kundenberater
Gegründet im Jahr: 1927
Bilanzsumme Mitte 1997: 180 Mio. DM

Produkte
- Welche Angebote gibt es für PrivatkundInnen?
Gebührenfreier Giroverkehr, Sparbuch, Festgeld, Wertpapierhandel
- Welche Angebote gibt es für institutionelle Kunden?
Keine besonderen Angebote für Institutionen
- Welche Kommunikationsmöglichkeiten/Geldtransfermöglichkeiten gibt es?
Überweisungen per Post, BTX, Eurokarten
- Gehört die Bank einem Einlagensicherungsfonds an?
Ja, der Sicherungseinrichtung des Bundesverbandes der Deutschen Volks- und Raiffeisenbanken BVR

Ethische Aspekte
- Welche ethischen Anlagemöglichkeiten bietet die Bank an?
Es gibt keine besonderen Anlagemöglichkeiten
- Gelten für den gesamten Aktivbereich ethische Mindestkriterien? Wenn ja, wie lauten diese und wo sind sie verankert?
Aufgrund der Satzung werden Kredite grundsätzlich nur an Gemeinden sowie diakonische/soziale Einrichtungen im Bund der Evangelischen Freikirchlichen Gemeinden vergeben.
- Wie und worüber werden die KundInnen informiert?
Über konkrete Geldanlagemöglichkeiten durch persönliche Kundenanschreiben sowie durch unseren Jahresbericht; durch Anzeigen in kirchlichen Publikationen sowie durch Präsentation mit Infoständen bei Veranstaltungen im Bund Ev.-Freik. Gemeinden
- Besonderheiten:
Seit Bestehen der Bank hat es im Kreditgeschäft keinen Ausfall gegeben.

20. Spar- und Kreditbank des Bundes Freier evangelischer Gemeinden e.G.

Adresse des Hauptsitzes: Goltenkamp 4, 58452 Witten

Telefon: 0 23 02 – 9 30 30-0   Fax: 0 23 02 – 9 30 30-34
Die Bank machte keine Angaben.

21. Steyler Missionssparinstitut St. Augustin GmbH

Adresse des Hauptsitzes: Arnold-Janssen-Str. 22, 53757 Sankt Augustin
Telefon: 02241 – 23 73 37   Fax: 02241 – 20 21 28
E-Mail: stey.bank@t-online.de
Ansprechpartner: Norbert Wolf
Gegründet im Jahr: 1964
Bilanzsumme Mitte 1997: ca. 245 Mio. DM

Produkte

- Welche Angebote gibt es für PrivatkundInnen?
Sparkonten und Festgeldkonten mit unterschiedlichen Kündigungsfristen: Girokonten, Eurocard, Baufinanzierungen, Vermietung von Schließfächern, An- und Verkauf aller ausländischen Währungen
- Welche Angebote gibt es für institutionelle Kunden?
Geldanlagegeschäfte, Cash-Management, Inlandszahlungsverkehr, Auslandszahlungsverkehr
- Welche Kommunikationsmöglichkeiten/Geldtransfermöglichkeiten gibt es?
Überweisungen per Post, Homebanking, EC-Karten und Eurocard, Postbarauszahlungen
- Gehört die Bank einem Einlagensicherungsfonds an?
Ja, Mitglied im Einlagensicherungsfonds der deutschen Banken

Ethische Aspekte

- Welche ethischen Anlagemöglichkeiten bietet die Bank an?
Die Bank versucht das Bankgeschäft mit dem Engagement für die Armen und Unterdrückten zu verbinden. Der Grundsatz für die Bank heißt: „Für uns zählt das Gewissen und nicht der maximale Profit." Sie investiert in sozial-karitative Projekte, in Kommunalobligationen, die zur Finanzierung von Gemeinschaftseinrichtungen der Kommunen benötigt werden. Des weiteren gewährt sie Grundschulddarlehen an Privatkunden, die zum Bauen, bzw. Kaufen von Wohneigentum dienen.
- Gelten für den gesamten Aktivbereich ethische Mindestkriterien? Wenn ja, wie lauten diese und wo sind sie verankert?
Die Bank beteiligt sich prinzipiell nicht an Geldgeschäften mit Firmen, die Leben vernichten oder die Umwelt in Gefahr bringen.

- Wie und worüber werden die KundInnen informiert?
  Keine Angaben
- Besonderheiten:
  Die Gewinne fließen nicht an Aktionäre oder Genossen, sondern der Bankgewinn des Sparinstituts geht direkt an die Steyler Mission und an deren Hilfsprojekte in der ganzen Welt. Es besteht die Möglichkeit des Zinsverzichts, was unmittelbar den Missionaren zugute kommt.

22. UmweltBank AG

Adresse des Hauptsitzes: Laufertorgraben 6, 90489 Nürnberg
Telefon: 0911 – 53 080   Fax: 0911 – 53 08 129
Ansprechpartner: Georg Hetz
Gegründet im Jahr: 1994 als D.U.D. Umweltvermögensverwaltung AG
                     1997 Umfirmierung in UmweltBank AG
Bilanzsumme Mitte 1997: 40 Mio. DM

Produkte
- Welche Angebote gibt es für PrivatkundInnen?
  UmweltPluskonto, UmweltSparkonto, UmweltSparvertrag, Umwelt-Schatzbrief, Umweltfonds, Versicherungen, Steuersparende Beteiligungen, Finanzierungen, keine Girokonten
- Welche Angebote gibt es für institutionelle Kunden?
  UmweltFirmenkonto
- Welche Kommunikationsmöglichkeiten/Geldtransfermöglichkeiten gibt es?
  Callcenter, BTX, T-Online
- Gehört die Bank einem Einlagensicherungsfonds an?
  Nein

Ethische Aspekte
- Welche ethischen Anlagemöglichkeiten bietet die Bank an?
  Div. ökologische Investmentfonds, div. ökologische Lebensversicherungen
- Gelten für den gesamten Aktivbereich ethische Mindestkriterien? Wenn ja, wie lauten diese und wo sind sie verankert?
  Die UmweltBank garantiert allen ihren Anlagekunden, daß kein Geld für Atomkraft, für die Rüstungsindustrie oder in umwelt- und sozialschädliche Projekte fließt.
  Positivkriterien sind: Regenerative Energiegewinnung, Energiesparmaßnahmen, umweltfreundliches Bauen, Kreislaufwirtschaft/Recycling,

Schadstoffverringerung und Schadstoffbeseitigung, nachhaltige Wirtschaftsweise, ökologische Landwirtschaft. Für die Einhaltung dieser Kriterien sorgt ein sogenannter Umweltrat, der die Aufgaben eines Aufsichtsrates hat.
- Wie und worüber werden die KundInnen informiert?
Zeitung für alle KundInnen und Gesellschafter „Bank und Umwelt", erscheint alle zwei Monate und informiert über Angebote, über beispielhafte Finanzierungsprojekte und Energiesparmaßnahmen etc.

B. Investmentfonds

Die folgenden Seiten geben einen Überblick über die im deutschsprachigen Raum vertriebenen ökologischen Fonds. Es werden sowohl Fonds mit ökologischen *und* sozialen Kriterien als auch Investmentfonds vorgestellt, die sich auf die Umwelttechnologiebranche spezialisiert haben.

Bis auf den FOCUS Umwelttechnologie Fonds sind alle diese Investmentfonds in Luxemburg aufgelegt, haben aber Vertriebszulassungen für den deutschsprachigen Raum und werden vor allem hier verkauft. Zwei dieser Fonds, der ÖkoLux Luxinvest und der KD Fonds Öko-Invest, wurden in Zusammenarbeit mit kirchlichen Banken aufgelegt. An der Auflage des Öko-Lux Luxinvest war die Darlehensgenossenschaft Münster (DGM) beteiligt, der KD-Fonds Öko-Invest wurde zusammen mit der Evangelischen Kreditgenossenschaft Kassel (EKK) aufgelegt. Die kirchlichen Institute sind auch in den jeweiligen Anlageausschüssen vertreten. Ein dritter Ökofonds mit kirchlichem Hintergrund, der HYPO Umweltfonds, wurde inzwischen aufgelöst. Das gleiche Schicksal ereilte einen von der österreichischen Raiffeisenbank aufgelegten Ökofonds.

Die Kurse dieser Fonds werden regelmäßig im Handelsblatt bekanntgegeben. Hintergrundinformationen zur Funktionsweise von Investmentfonds können dem Kapitel II G entnommen werden, im Kapitel V wird die Aufstellung ethischer Kriterien für Investmentfonds diskutiert.

I. Credit Suisse Equity Fund (Lux) Eco Efficiency (früher: Oeko Protec)
Art des Fonds: Internationaler Aktienfonds, Öko-Effizienz Fonds
Adresse: Credis Fund Service AG, Uraniastr. 9, CH-8070 Zürich
Telefon: 00411 – 33 38 599   Fax: 00411 – 33 38 834

Ansprechpartnerin: Frau Heidi Guhl, Product Manager
Datum der Auflage: Unter dem Namen Credis Equity Fund Oeko-Protec am 8. Oktober 1990.
Neuausrichtung: Seit dem 1. April 1997 wurde der Fonds neu auf ökoeffiziente Unternehmen ausgerichtet und trägt seit dem 1. September 1997 den neuen Namen.
Volumen zum 30. Juni 1997: 19 Mio. SFr

Gebühren:
1. Ausgabeaufschlag: 2%
2. Laufende Gebühren: 1,92% p.a. (incl. Courtage)
3. Stempelsteuern: 0,165%
Mindestanlage: 1 Anteilsschein

Rendite nach BVI berechnet:
- Durchschnittliche Jahresrendite der letzten fünf Jahre bis zum 30. Juni 1997: 4,14% p.a.
Da der Fonds zum April 1997 neu ausgerichtet wurde, sind derzeit Performancemessungen nicht aussagekräftig. Die obige Berechnung bezieht sich also auf die ehemalige Ausrichtung.
- Schlechteste Rendite eines Kalenderjahres: Keine Angabe
- Beste Rendite eines Kalenderjahres: Keine Angabe

Zur ethischen Qualität des Fonds:
- Ausschlußkriterien: keine
- Positivkriterien: Jeder Titel wird nach Produktion, Produkt, Beschaffung und Transport, Entsorgung, Umweltmanagement und Umweltstrategie analysiert. Die ausgewählten Unternehmen werden dann mit dem Branchendurchschnitt verglichen, woraus eine Rangliste resultiert, die dann die Unternehmen aufzeigt, die dem Anspruch eines ökoeffizienten Wirtschaftens entsprechen.
- Welche ökologisch, sozial oder entwicklungspolitisch kompetenten Organisationen sind im Beirat oder Anlageausschuß vertreten?
Keine Angaben
- Wie hoch sind durchschnittlich die Ausgaben für das Ethik-Research im Jahr?
Keine Angaben
- Wie werden die AnlegerInnen informiert?
Die Fondsgesellschaft publiziert einen Halbjahres- und einen Jahresbericht sowie Kurzprofile, Branchen- bzw. Länderprofile.

2. FOCUS GT Umwelttechnologie Fonds

Art des Fonds: International anlegender Aktienfonds, Schwerpunkt Umwelttechnologie
Adresse: LGT Invest Kapitalanlagegesellschaft mbH;
         Bleichstr. 60–62; 60313 Frankfurt am Main
Telefon: 069 – 29 80 73 46   Fax: 069 – 29 80 73 52
Ansprechpartnerin: Frau Michaela Arndt
Datum der Auflage: 18. Oktober 1990
Volumen zum 30. Juni 1997: 6 Mio. DM

Gebühren:
1. Ausgabeaufschlag: 4,5%
2. Laufende Gebühren: 1,31% p.a.

Mindestanlage: 5.000 DM

Rendite nach BVI berechnet:
- Durchschnittliche Jahresrendite der letzten fünf Jahre bis zum 30. Juni 1997: 4,44% p.a.
- Durchschnittliche Jahresrendite seit Auflage bis zum 30. Juni 1997: 3,81% p.a.
- Schlechteste Rendite eines Kalenderjahres: –11,97% im Jahr: 1994
- Beste Rendite eines Kalenderjahres: 21,75% im Jahr: 1996

Zur ethischen Qualität des Fonds:
- Ausschlußkriterien: In Unternehmen ohne Umwelttechnologieanteil in Umsatz oder Ertrag darf nicht investiert werden. Unternehmen mit signifikanten bedenklichen Aktivitäten (Rüstung, Nukleartechnik) werden nicht gekauft.
- Positivkriterien: Der Fonds muß mit mindestens 51% des Vermögens in börsennotierten Umweltwerten investiert sein, die mehr als 50% des Umsatzes oder Ertrags mit Leistungen im Umweltbereich erzielen.
- Welche ökologisch, sozial oder entwicklungspolitisch kompetenten Organisationen sind im Beirat oder Anlageausschuß vertreten?
  Keine Angaben
- Wie hoch sind durchschnittlich die Ausgaben für das Ethik-Research im Jahr?
  30.000 DM
- Wie werden die AnlegerInnen informiert?
  Monatliche Kurzinformation; halbjährliche Rechenschaftsberichte.
- Besonderheiten:

Der Fonds unterliegt besonders strengen Kriterien und Bestimmungen, insbesondere in bezug auf die Einzelwerteauswahl. Die Einhaltung der Kriterien wird von einem externen Wirtschaftsprüfer jährlich testiert.

3. HYPO Eco Tech
Art des Fonds: International investierender Aktienfonds, Schwerpunkt Umwelttechnologie
Adresse: HYPO-INVEST, Apianstr. 5, 85774 Unterföhring
Telefon: 089 – 99 22 63 31   Fax: 089 – 99 22 63 98
Ansprechpartner: Sebastian Brunner
Datum der Auflage: 30. April 1990
Volumen zum 30. Juni 1997: 66,2 Mio. DM

Gebühren:
1. Ausgabeaufschlag: 5%
2. Laufende Gebühren: 1,3% p.a.
Mindestanlage: Ein Anteilsschein

Rendite nach BVI berechnet:
- Durchschnittliche Jahresrendite der letzten fünf Jahre bis zum 30. Juni 1997: 13,23% p.a.
- Durchschnittliche Jahresrendite seit Auflage bis zum 30. Juni 1997: 10,31% p.a.
- Schlechteste Rendite eines Kalenderjahres: –11,2% im Jahr: 1994
- Beste Rendite eines Kalenderjahres: 28,9% im Jahr: 1993

Zur ethischen Qualität des Fonds:
- Ausschlußkriterien: Rüstungsindustrie, Tabakindustrie, Nuklearenergie und Kosmetikproduzenten, die Tierversuche anstellen
- Positivkriterien: Die Anlagestrategie konzentriert sich darauf, überwiegend in Unternehmen zu investieren, die umweltfreundliche Produkte und Technologien entwickeln. Das umfaßt alle Bereiche der Umwelttechnologien wie Luftreinhaltung, Recycling, Abfallentsorgung, Biotechnik, geothermische Energieversorgung etc.
- Welche ökologisch, sozial oder entwicklungspolitisch kompetenten Organisationen sind im Beirat oder Anlageausschuß vertreten?
Keine Angaben
- Wie hoch sind durchschnittlich die Ausgaben für das Ethik-Research im Jahr?

Keine Angabe
- Wie werden die AnlegerInnen informiert?
Rechenschaftsberichte, aktuelle Informationen
- Besonderheiten:
Kein Kriterium zur Aufnahme eines Unternehmens ist, daß es umweltfreundliche Produktionsabläufe hat oder ausschließlich ökologische Produkte herstellt. Es gibt hier keinen absoluten Anspruch. Die Einschaltung einer Öko-Rating-Agentur ist deshalb nicht erforderlich, auf spezielle Info-Dienste wie Öko-Invest wird nur für zusätzliche Unternehmensinformationen zurückgegriffen. Der Fonds ist damit nicht mit reinen Umwelt- oder Ethikfonds zu vergleichen, sondern vielmehr ein Spezialitätenfonds, der auf Umwelttechnologien ausgerichtet ist.

4. KD Fonds Öko-Invest

Art des Fonds: Internationaler Aktienfonds
Adresse: DG CAPITAL, Platz der Republik, 60325 Frankfurt am Main
Telefon: 069 – 74 47 28 36   Fax: 069 – 74 47 70 89
Ansprechpartner: Hanno Roth
Datum der Auflage: 29. August 1991
Volumen zum 30. Juni 1997: ca. 30 Mio. DM

Gebühren:
1. Ausgabeaufschlag: 5%
2. Laufende Gebühren: 1% p.a.
Mindestanlage: 5.000 DM

Rendite nach BVI berechnet:
- Durchschnittliche Jahresrendite der letzten fünf Jahre bis zum 30. Juni 1997: 5,54% p.a.
- Durchschnittliche Jahresrendite seit Auflage bis zum 30. Juni 1997: 4,45% p.a.
- Schlechteste Rendite eines Kalenderjahres: –8,1% im Jahr: 1994
- Beste Rendite eines Kalenderjahres: 7,6% im Jahr: 1993

Zur ethischen Qualität des Fonds:
- Ausschlußkriterien: Atomenergie, Rüstung
- Positivkriterien: umweltfreundliche Energiegewinnung; Technologien zur Verringerung und Beseitigung von Schadstoffbelastungen in der Umwelt;

Spezialisierung auf die Entwicklung, die Herstellung, den Vertrieb und die Verwertung umweltfreundlicher Produkte; Umstellung von umweltschädlichen Roh-, Hilfs- und Betriebsstoffen auf umweltverträgliche Alternativen; Förderung naturnaher Verfahren im Gesundheits- und Ernährungswesen
- Welche ökologisch, sozial oder entwicklungspolitisch kompetenten Organisationen sind im Beirat oder Anlageausschuß vertreten?
Keine
- Wie hoch sind durchschnittlich die Ausgaben für das Ethik-Research im Jahr?
Keine Angaben
- Wie werden die AnlegerInnen informiert?

Monatlich erhalten alle AnlegerInnen das Informationsblatt „KD Fonds Öko-Invest auf einen Blick", hierin wird die aktuelle Struktur des Fonds aufgezeigt. Außerdem wird ein Unternehmen, in dem der Fonds investiert ist, kurz vorgestellt. Außerdem gibt es einen Jahres- und Halbjahresbericht.

5. Luxinvest ÖkoLux

Art des Fonds: international anlegender Aktienfonds
Adresse: BfG Luxinvest, 6B, Route de Trèves, L-2633 Senningerberg/Luxembourg
Telefon: 00352 – 34 69 411   Fax: 00352 – 34 69 40
Ansprechpartner: Klaus Pyter
Adresse in Deutschland: BfG Invest, Ben-Gurion-Ring 158–162, 60457 Frankfurt am Main
Telefon: 069 – 95023-154   Fax: 069 – 95023-155
Ansprechpartner: Andreas Höllinger
Datum der Auflage: 19. Februar. 1992
Volumen zum 30. Juni 1997: 46 Mio. DM

Gebühren:
1. Ausgabeaufschlag: 4,5%
2. Laufende Gebühren: 0,8% p.a.
Mindestanlage: 5.000 DM

Rendite nach BVI berechnet:
- Durchschnittliche Jahresrendite der letzten fünf Jahre bis zum 30. Juni 1997: 5,1%

- Durchschnittliche Jahresrendite seit Auflage bis zum 30. Juni 1997: 4,77%
- Schlechteste Rendite eines Kalenderjahres: –13,13% im Jahr: 1994/95
- Beste Rendite eines Kalenderjahres: 19,39% im Jahr: 1995/96

Zur ethischen Qualität des Fonds:
- Ausschlußkriterien: Bei den Wertpapieranlagen finden diejenigen Unternehmen keine Berücksichtigung, deren Geschäftstätigkeit folgenden Bereichen zuzuordnen ist: Rüstungsproduktion; Kernenergie; Suchtmittel (z.B. Drogen, Alkohol, Tabak, Glücksspiel), oder die für die Herstellung ihrer Produkte Tierversuche durchführen.
- Positivkriterien: Technologien zur Einsparung natürlicher Ressourcen; Entwicklung erneuerbarer Energien; Reinhaltung von Luft, Boden oder Wasser; Vermeidung/Verminderung, umweltverträgliche Verwertung/Beseitigung von Schadstoffen und Abfällen; Wiederaufbereitung oder Recycling von Rohstoffen oder anderen Vorprodukten; schienengebundener Verkehr oder sonstige ökologische Verkehrssysteme; umweltorientierte Beratung und Planung bei Investitionsvorhaben; Geschäftszweck kann auch die Erbringung von Leistungen in den Bereichen Sozial-, Gesundheits- oder Bildungswesen sein.
- Als Nachweis für diese Kriterien dienen die Geschäftsunterlagen wie Satzung, Emissionsprospekte bzw. Geschäftsberichte. Zusätzlich werden Expertisen bzw. Öko-Ratings externer Organisationen berücksichtigt.
- Welche ökologisch, sozial oder entwicklungspolitisch kompetenten Organisationen sind im Beirat oder Anlageausschuß vertreten?
Der Umweltbeauftragte der Evangelischen Kirche in Deutschland (EKD)
- Wie hoch sind durchschnittlich die Ausgaben für das Ethik-Research im Jahr? 40.000 DM
- Wie werden die AnlegerInnen informiert?
Kurzinformationen; Rechenschaftsberichte; Halbjahresberichte

6. Luxinvest SecuraRent
Art des Fonds: internationaler Rentenfonds
Adresse: BfG Luxinvest, 6B, Route de Trèves, L-2633 Senningerberg/Luxbg.
Telefon: 00352 – 34 69 411   Fax: 00352 – 34 69 40
Ansprechpartner: Klaus Pyter
Adresse in Deutschland: BfG Invest, Ben-Gurion-Ring 158–162, 60457 Frankfurt am Main
Telefon: 069 – 95023-154   Fax: 069 – 95023-155

Ansprechpartner: Andreas Höllinger
Datum der Auflage: 5. Dezember 1989
Volumen zum 30. Juni 1997: 48 Mio. DM

Gebühren:
1. Ausgabeaufschlag: 3%
2. Laufende Gebühren: 0,5% p.a.
Mindestanlage: 5.000 DM oder monatlich 100 DM

Rendite nach BVI berechnet:
- Durchschnittliche Jahresrendite der letzten fünf Jahre bis zum 30. Juni 1997: 7,84%
- Durchschnittliche Jahresrendite seit Auflage bis zum 30. Juni 1997: 7,12%
- Schlechteste Rendite eines Kalenderjahres: −1,69% im Jahr: 1994/95
- Beste Rendite eines Kalenderjahres: 11,19% im Jahr: 1992/93

Zur ethischen Qualität des Fonds:
- Ausschlußkriterien: Es wird darauf geachtet, daß keine Anlagen in Vermögenswerte getätigt werden, deren Ursprung z.b. in Ländern liegt, die die Menschenrechte mißachten, oder in solchen Unternehmenswerten, die auf der Basis von Rüstungsgeschäften aufgebaut wurden.
- Positivkriterien: Bevorzugt werden Aussteller, deren Geschäftstätigkeit auf die Erbringung von Leistungen im privaten Wohnungsbau, im Bereich von Kommunikationstechniken sowie Sozial-, Gesundheits- oder Bildungswesen eindeutig ausgerichtet ist oder deren Geschäftstätigkeit zu einem wesentlichen Teil darin besteht, durch Entwicklung, Herstellung oder Vertrieb von Produkten oder Dienstleistungen im Bereich Umwelttechnologie Beiträge zum Umweltschutz zu leisten, wie z.B. Technologien zur Einsparung natürlicher Ressourcen; Entwicklung erneuerbarer Energien, Reinhaltung der Luft, Boden oder Wasser, Vermeidung oder Verminderung, umweltverträgliche Verwertung oder Beseitigung von Schadstoffen und Abfällen, Wiederaufbereitung oder Recycling; oder deren Geschäftstätigkeit überwiegend darauf ausgerichtet ist, die Inanspruchnahme des schienengebundenen Verkehrs zu fördern. Diese beschriebenen Geschäftsfelder müssen bei den Ausstellern im Geschäftszweck eindeutig schriftlich festgelegt sein und/oder sich überwiegend in Umsatzerlösen oder Gewinnen niederschlagen.
- Welche ökologisch, sozial oder entwicklungspolitisch kompetenten Organisationen sind im Beirat oder Anlageausschuß vertreten?

BfS (Bank für Sozialwirtschaft GmbH)
- Wie hoch sind durchschnittlich die Ausgaben für das Ethik-Research im Jahr?
  20.000 DM
- Wie werden die AnlegerInnen informiert?
  Kurzinformationen; Rechenschaftsberichte; Halbjahresberichte

7. OekoSar (Sustainable Development Fund)

Art des Fonds: gemischter Fonds, angelegt wird in internationale Aktien- und Rentenpapiere, Öko-Effizienz Fonds
Adresse: Bank Sarasin & Cie., Elisabethenstr. 62, CH-4002 Basel
Telefon: 0041 61 – 277 77 77   Fax: 0041 61 – 277 76 88
Ansprechpartner: Marcel Chevrolet, Marketing, Andreas Knörzer, Management, Frank Figge, Research
Datum der Auflage: 16. Februar 1994
Volumen zum 30. Juni 1997: 73,54 Mio. DM

Gebühren:
1. Ausgabeaufschlag: max. 5%
2. Laufende Gebühren: 1,5% p.a.
Mindestanlage: 10.000 DM

Rendite nach BVI berechnet:
- Durchschnittliche Jahresrendite seit Auflage bis zum 30. Juni 1997: 7,01%
- Schlechteste Rendite eines Kalenderjahres: –6,3% im Jahr: 1994
- Beste Rendite eines Kalenderjahres: 12,3% im Jahr: 1996

Zur ethischen Qualität des Fonds:
- Ausschlußkriterien: Unternehmen, die mehr als 5% ihres Umsatzes mit der Erzeugung atomaren Stroms, im Rüstungsgeschäft, in der Chlor- und der Agrochemie oder dem Automobilbau erarbeiten. In Unternehmen, die in der Gentechnik tätig sind, wird nur in geprüften Einzelfällen investiert.
- Positivkriterien: Die Unternehmen werden nach den vier Beurteilungsdimensionen Umweltstrategie/Politik, Produktionsprozeß, Produkte, Umweltmanagementsysteme untersucht. Es werden jene ausgewählt, die überdurchschnittlich abschneiden.
- Welche ökologisch, sozial oder entwicklungspolitisch kompetenten Organisationen sind im Beirat oder Anlageausschuß vertreten?
  Klaus Günther, future e.V.

Margit Huber-Berninger, Schweizer Gesellschaft für Umweltschutz (SGU)
- Wie hoch sind durchschnittlich die Ausgaben für das Ethik-Research im Jahr?
Es sind 3 Stellen für das Umwelt-Research eingerichtet.
- Wie werden die AnlegerInnen informiert?
Viermal im Jahr: Hintergrundberichte in der „Foliage" und Übersicht über den Fonds und seine Titel, Halbjahresbericht, Jahresbericht.

8. ÖKOVISION
Art des Fonds: Internationaler Aktienfonds
Adresse: Ökobank e.G., Am Hauptbahnhof 6, 60069 Frankfurt a.M.
Telefon: 069 – 2 56 10-244   Fax: 069 – 2 56 10-219
Versiko AG, Fichtenstraße 42, 40233 Düsseldorf
Telefon: 0211 – 9737170   Fax: 02 11 – 9 73 71 79
Datum der Auflage: 2. Mai 1996
Volumen zum 30. Juni 1997: 27,6 Mio. DM

Gebühren:
1. Ausgabeaufschlag: 5%
2. Laufende Gebühren: 1,76% p.a.
Mindestanlage: 10.000 DM

Rendite nach BVI berechnet:
- Durchschnittliche Jahresrendite seit Auflage bis 31. Juli 1997: 20,2%

Zur ethischen Qualität des Fonds:
- Ausschlußkriterien:
Nicht erworben werden dürfen Werte von Unternehmen (Gruppe N1), die
a) Kriegswaffen oder Militärgüter herstellen oder vermarkten oder deren Absatz fördern,
b) Atomenergie erzeugen, vermarkten oder deren Gebrauch unterstützen,
c) umweltschädigende Technologien verwenden oder deren Herstellung oder Verwendung fördern,
d) Menschen aus rassischen, politischen oder sozialen Gründen oder aus dem Grund der Geschlechtszugehörigkeit diskriminieren oder mit ihren Investitionen Länder unterstützen, in denen entsprechende Diskriminierungen legalisiert sind,

e) Tierversuche vornehmen oder fördern.
Sowie von Unternehmen (Gruppe N2),
a) die Kapitalbeteiligungen an Unternehmen der Gruppe N1 halten,
b) an deren Kapital Unternehmen der Gruppe N1 beteiligt sind, sofern diese Beteiligung einen Prozentsatz erreicht, der nach dem jeweiligen nationalen Recht eine Sperrminorität darstellt oder einen vergleichbaren Einfluß auf die Geschäftsführung erlaubt,
c) die Zulieferbetriebe für Firmen der Gruppe N1, N2 (a) und/oder (b) sind oder diese auf vergleichbarem Wege fördern.

- Positivkriterien:
Aufnahme in den Fonds sollen vornehmlich Werte von Unternehmen finden, die
a) umweltfreundliche Technologien verwenden,
b) umweltfreundliche oder die Umwelt nicht belastende Produkte herstellen und damit handeln,
c) umweltfreundliche Energie gewinnen, damit handeln oder deren Absatz fördern,
d) Technologien zur Verringerung oder Beseitigung der Umweltbelastung entwickeln oder anwenden,
e) humane Arbeitsbedingungen schaffen und/oder eine demokratische Unternehmensstruktur haben,
f) Maßnahmen ergriffen haben zum Abbau von Diskriminierung.
d) Bei Unternehmen, die zwar die vorstehenden Kriterien erfüllen, gleichzeitig aber aufgrund von Kapitalbeteiligungen zu der Gruppe N2 gerechnet werden müssen, ist im Zusammenwirken mit dem Anlageausschuß eine Entscheidung darüber herbeizuführen, ob die Förderungswürdigkeit des fraglichen Unternehmens die Zugehörigkeit zur Gruppe N2 aufwiegt.

- Welche ökologisch, sozial oder entwicklungspolitisch kompetenten Organisationen sind im Beirat oder Anlageausschuß vertreten?
Fördergesellschaft für Umwelt mbH (WWF), Bund für Umwelt und Naturschutz Deutschland (BUND), Institut für ökologische Wirtschaftsforschung (IÖW), Naturschutzbund Deutschland e.V., Deutscher Naturschutzring, werkstatt Ökonomie e.V., Die Verbraucher Initiative e.V. TransFair e.V., SÜDWIND e.V.

- Wie hoch sind durchschnittlich die Ausgaben für das Ethik-Research im Jahr?
Die Managementgesellschaft verfaßt jährlich 30–40 umfangreiche Berichte zu Unternehmen, die viermal jährlich auf den Sitzungen des Anlageausschusses besprochen werden.

- Wie werden die AnlegerInnen informiert?

Durch ausführliche Halb- und Jahresberichte, die nicht nur die Vermögenssituation ausführlich beschreiben, sondern alle Anlagen im einzelnen inkl. der Entscheidung des Anlageausschusses beschreiben. Ebenso werden Diskussionen und Problemfelder des Anlageausschusses dargestellt.

9. SBC Eco Performance Portefolio – World Equities
Art des Fonds: Internationaler Aktienfonds, Öko-Effizienz Fonds
Adresse: Schweizerischer Bankverein, Postfach, CH-4002 Basel
Telefon: 0041 61 – 28 85 656   Fax: 0041 61 – 28 87 821
Ansprechpartner: Infoline
Datum der Auflage: 13. Juni 1997
Volumen zum 30. Juni 1997: 62,9 Mio. SFr

Gebühren:
1. Ausgabeaufschlag: 2%
2. Laufende Gebühren: 1,92%
Mindestanlage: ca. 600 DM

Wertentwicklung nach BVI berechnet:
- Durchschnittliche Jahresrendite seit Auflage bis zum 30. Juni 1997: 0,71%

Zur ethischen Qualität des Fonds:
- Ausschlußkriterien: Überprüfung nach Plausibilitätskriterien führt zu einer Auf- bzw. Abwertung der ökologischen Analyseergebnisse.
- Positivkriterien: Es wird ein siebenteiliges Analyseraster, das branchenspezifisch angepaßt wird, zur Bewertung herangezogen. Hierdurch sollen Unternehmen gefunden werden, die ökologische/ressourceneffiziente Produkte und Dienstleistungen herstellen bzw. anbieten und die damit zur Umweltentlastung beitragen.
- Welche ökologisch, sozial oder entwicklungspolitisch kompetenten Organisationen sind im Beirat oder Anlageausschuß vertreten?
  E.U. von Weizsäcker, Wuppertal Institut
  Amory Lovins, Rocky Mountains Institut
  Ruth Kaufmann, Universität Bern
- Wie hoch sind durchschnittlich die Ausgaben für das Ethik-Research im Jahr? Es gibt drei volle Stellen beim SBV, anteilig Portfolio-Manager und 1,6 Stellen bei Ökomedia
- Wie werden die AnlegerInnen informiert?

Salesfolder, Global-Artikel, Erläuterung der größten Fondspositionen auf Anfrage, Jahresabschluß, monatliche Informationen im Internet, Prospekte

10. SUN LIFE ECOLOGICAL PORTFOLIO

Art des Fonds: internationaler Aktienfonds
Adresse: Sunlife Global Management ltd. Hamburger Allee 26–28, 60468 Frankfurt am Main
Telefon: 069 – 70 79 01 45   Fax: 069 – 70 79 01 44
Ansprechpartner: Herr Walleczek
Datum der Auflage: 1. Dezember 1992
Volumen zum 30. Juni 1997: 9,8 Mio. DM

Gebühren:
1. Ausgabeaufschlag: 6,5%
2. Laufende Gebühren: 1,5% p.a.
Mindestanlage: 5.000 DM

Rendite nach BVI berechnet:
- Durchschnittliche Jahresrendite seit Auflage bis zum 30. Juni 1997: 11,6%
- Schlechteste Rendite eines Kalenderjahres: –18% im Jahr: 1994
- Beste Rendite eines Kalenderjahres: 23% im Jahr: 1993

Zur ethischen Qualität des Fonds:
- Ausschlußkriterien: Der Fonds versucht Unternehmen zu vermeiden, die gegen die Umweltgesetzgebung verstoßen, Waffen produzieren, umweltschädliche Chemikalien herstellen, Tierversuche durchführen oder die Atomindustrie beliefern.
- Positivkriterien: Idealerweise stammen 25% der Umsätze aus umweltfreundlichen Aktivitäten, dazu zählen: Schadstoffkontrolle, Abfallbehandlung und -beseitigung, Recycling, umweltfreundliche Energieformen, Wasserbehandlung, Umweltberatung, die Produktion und Lieferung umweltfreundlicher Produkte und Ausrüstung für die Umweltüberwachung.
- Welche ökologisch, sozial oder entwicklungspolitisch kompetenten Organisationen sind im Beirat oder Anlageausschuß vertreten?
Keine
- Wie hoch sind durchschnittlich die Ausgaben für das Ethik-Research im Jahr?
keine Angaben

- Wie werden die AnlegerInnen informiert?
  Halbjährlich durch Rechenschaftsberichte.

C. Spendenfonds

Neben ökologisch ausgerichteten Fonds existieren in der Bundesrepublik etliche Spendenfonds. Diese Fonds funktionieren nach dem Prinzip von Investmentfonds. Die Gelder von AnlegerInnen werden risikomindernd in eine Anzahl von Wertpapieren investiert. Die Erträge dieser Anlage werden allerdings nicht an die/den AnlegerIn ausgezahlt, sondern an eine gemeinnützige Einrichtung gespendet. Die/der AnlegerIn kann dies in seiner Steuererklärung geltend machen. Die Einlage bleibt allerdings im Besitz der Anlegerin/des Anlegers und kann jederzeit gekündigt werden.
Obwohl diese Fonds karitativen Charakter haben, sind sie bei ihren Investitionen an keine ökologischen oder sozialen Kriterien gebunden. Interessierte AnlegerInnen können Anteile an diesen Fonds über ihre Hausbank oder über eine Filiale der hinter dem jeweiligen Fonds stehenden Bank erwerben.

Folgende Spendenfonds werden in Deutschland angeboten:

Deka Lux Pro Missio
Fondsgesellschaft: Deka International SA
Dahinterstehende Bank: Sparkassen
Begünstigte Organisation: Internationale Katholische Missionswerke e.V. (Missio)
Größe: 23 Mio. DM

DKU-Fonds
Fondsgesellschaft: Union Invest
Dahinterstehende Bank: Westdeutsche Genossenschafts-Zentralbank (WGZ), die Zentralbank der Volks- und Raiffeisenbanken
Begünstigte Organisation: Unicef
Besonderheiten: An Unicef gehen 50% der Ausschüttungen und 50% des Ausgabeaufschlags.
Größe: 4 Mio. DM

DWS-Bildungsfonds
Fondsgesellschaft: Deutsche Gesellschaft für Wertpapiersparen
Dahinterstehende Bank: Deutsche Bank

Begünstigte Organisation: Universität Witten-Herdecke
Größe: 11,3 Mio. DM

Gmeiner-Kinderdorf-Fonds (GKD)
Fondsgesellschaft: Deutsche Gesellschaft für Wertpapiersparen
Dahinterstehende Bank: Deutsche Bank
Begünstigte Organisation: SOS-Kinderdörfer
Größe: 276 Mio. DM

Panda Renditefonds DWS
Fondsgesellschaft: Deutsche Gesellschaft für Wertpapiersparen
Dahinterstehende Bank: Deutsche Bank
Begünstigte Organisation: Der World Wildlife Fund of Nature (WWF), hier besonders ein Projekt zur Erhaltung des Lebensraums der Waldelefanten in der Zentralafrikanischen Republik. Der Ausgabeaufschlag beträgt 3 %, davon gehen 1 % an den WWF. Die Rendite erhält der/die AnlegerIn.
Größe: 9 Mio. DM

Pro-Mundo-Fonds
Fondsgesellschaft: Union Investment Gesellschaft
Dahinter stehende Bank: Westdeutsche Genossenschafts-Zentralbank (WGZ), Zentralbank der Volks- und Raiffeisenbanken
Begünstigte Organisationen: Kindermissionswerk Päpstliches Missionswerk der Kinder in Deutschland, Malteser Werke e.V., Bischöfliches Hilfswerk Misereor e.V., Internationales Katholisches Missionswerk missio e.V.
Größe: 60 Mio. DM

D. Ethische Lebensversicherungen

In der Bundesrepublik werden mehrere Lebensversicherungen vertrieben, die auf verschiedene Weisen versuchen, ethische Ansprüche bei der Anlage von Geldern aus Lebensversicherungen umzusetzen. Es sind dabei drei Varianten auf dem Markt.
1. Die häufigste Variante der hierzulande angebotenen ökologischen Lebensversicherungen ist die *fondsgebundene Lebensversicherung*. Hierbei fließen die Prämien minus den anfallenden Kosten direkt in ökologische Fonds. Der Vorteil ist, daß der Verbleib der Gelder direkt nachvollziehbar ist. Bei einigen Policen kann der Kunde sogar wählen, in welchen der ökologischen

Fonds seine Prämien angelegt werden sollen. Da es sich bei den Ökofonds zumeist um internationale Aktienfonds handelt, nehmen die Gelder im Unterschied zu normalen Lebensversicherungen in starkem Maße an den höheren Gewinnchancen des Aktienmarktes teil. Nachteilig sind die Ertragsschwankungen, denen diese Fonds dadurch unterworfen sind. Eine fondsgebundene Lebensversicherung bietet damit nicht die gleiche Sicherheit wie eine Police, bei der die Prämien hauptsächlich in festverzinsliche Papiere angelegt werden. Außerdem entstehen zusätzliche Gebühren, da neben den Kosten für die Lebensversicherung die Ausgabeaufschläge der Fonds bezahlt werden müssen.

2. Die Versicherungsbeiträge werden zusammen mit den Geldern aus konventionellen Policen in einem Deckungsstock konventionell verwaltet. Die Versicherungsgesellschaft verpflichtet sich aber, Darlehen an Projekte zu vergeben, die bestimmten ökologischen und sozialen Kriterien entsprechen. Die Höhe dieser Darlehen muß der Summe der von ethisch motivierten Versicherten eingezahlten Raten entsprechen. Die Konditionen der Darlehen sind die jeweils banküblichen, stellen also keine Förderung der Projekte durch geringere Kreditzinsen dar. Dieser Weg wurde von dem Versicherungsmakler „SecurVita" mit der Police „Vitarent" eingeschlagen. Zur Zeit arbeitet dieser Anbieter sein Konzept um.

3. Für die Sparbeiträge ethisch motivierter Versicherter wird ein eigener Deckungsstock geschaffen. In diesen Deckungsstock werden nur Wertpapiere hineingekauft, die einem bestimmten Kriterienkatalog entsprechen. Die daraus resultierenden Überschüsse werden nach den gleichen ethischen Kriterien angelegt. Der ethisch verwaltete Deckungsstock kann entweder innerhalb einer bestehenden konventionellen Versicherungsgesellschaft oder durch die Gründung einer neuen, eigens auf ethische oder ökologische Policen ausgerichteten Versicherungsgesellschaft geschaffen werden. Da die neue Regelung für die Anlage des Deckungsstocks auch Aktien und Unternehmensbeteiligungen zuläßt, kann ein Teil der Gelder der Versicherten auch in junge innovative Betriebe oder Windenergieanlagen investiert werden.

1. Vitarent

Name der Versicherungsgesellschaften: Deutscher Herold Lebensversicherung AG
Adresse des Vertriebs: SECURVITA Versicherungsmakler GmbH, Weidenstieg 8–10, 20259 Hamburg
Telefon: 040 – 4 91 90 06   Fax: 040 – 4 91 60 18
Das Angebot wird zur Zeit umgearbeitet.

2. transparente

Name der Versicherungsgesellschaft: neue leben Lebensversicherung AG
- Welche Varianten der Lebensversicherung werden angeboten?
Rentenversicherung, Kapitallebensversicherung inkl. Berufsunfähigkeitsversicherung
Adresse der Vertriebszentrale: H & H Versicherungskontor Hamburg Versicherungsmakler GmbH, Luruper Chaussee 125, 22761 Hamburg
Telefon: 040 – 8 90 22 36   Fax: 040 – 89 31 50
Ansprechpartner: Andreas Wietholz, Andreas Hartwieg
Datum der Auflage der Police: Oktober 1996
Prämienvolumen der Police per 30. Juni 1997:
Ende 1997 ca. 6–7 Mio DM
Gesamtkosten in Prozent der Bruttobeiträge der Versicherungsgesellschaft: keine

Zur ethischen Qualität der Versicherung:

Der Verein für alternative Versorgungskonzepte e.V. empfiehlt der Versicherungsgesellschaft neue leben Lebensversicherung AG ökologisch-soziale Anlagemöglichkeiten gemäß den Anlagerichtlinien für die „transparente" und legt seinen Mitgliedern regelmäßig einen Bericht über die in diesem Zusammenhang vom Versicherer getätigten Anlagen und Neuprojekte vor. Die neue leben garantiert, daß sie mindestens in Höhe der Beitragszahlungen für die „transparente" Refinanzierungsmittel für ökologisch-soziale Kapitalanlagen zur Verfügung stellt.

- Welche Kriterien gibt es?
Investiert wird vorzugsweise in:
Ökologische Architektur und Bauweisen, umweltfreundliche Energiegewinnung, fortschrittliche Bildungseinrichtungen, sozial sinnvolle Wohnprojekte, Unternehmen mit vorbildlichen Sozialleistungen, ökologisch sinnvolle Verkehrssysteme, ökologisch effiziente Produktherstellung und -vermarktung.
Dagegen ist eine Beteiligung an Unternehmen, Gesellschaften und/oder Projekten ausgeschlosesn, die in irgendeiner Form direkt oder indirekt gefährliche Produkte, wie z.B. Waffen oder Giftstoffe, herstellen oder vertreiben, der Autoindustrie zuzurechnen sind und/oder diese z.B. als wesentliche Zulieferer unterstützen, Produktionsverfahren anwenden, die unverantwortliche Umweltbelastungen auslösen, sozial unverantwortlich handeln, z.B. Minderheiten diskriminieren.

- Durchschnittliche Ausgaben für das Ethik-Research im Jahr?
  Übernimmt der VAV e.V.
- Wie und worüber werden die AnlegerInnen informiert?
  Regelmäßige Berichte über Anlagen und Neuprojekte

3. Continentale Lebensversicherung AG

Lebensversicherungspolicen: 1. GSR-Fonds-Police/Green Selection, 2. Flexible-Fonds-Police/Life Time Öko
- Welche Varianten der Lebensversicherung werden angeboten?
  Fondsgebundene Lebensversicherung
  Adresse der Vertriebszentrale: Einsteinstr. 7, 85221 Dachau
  Telefon: 08131 – 31 90 10   Fax: 08131 – 31 90 20
  Ansprechpartner: Herr Asam
  Datum der Auflage der Police: 1. Januar 1995
  Prämienvolumen der Police per 30. Juni 1997:
  1) Green Selection: 2.775.320 DM, 2) Life Time Öko: 5.581.000 DM
  Gesamtkosten in Prozent der Bruttobeiträge der Versicherungsgesellschaft:
  1. GSR-Fonds-Police/Green Selection: keine Angabe
  2. Flexible Fonds Police/Life Time Öko: 6,7%
  Garantierte Mindestverzinsung: gibt es bei fondsgebundenen Lebensversicherungen nicht

Zur ethischen Qualität der Versicherung:
- In welcher Weise werden die Prämien der Versicherten ethisch sinnvoll eingesetzt?
  1) Green Selection: Die Police investiert zu 50% in die Fonds HYPO Eco Tech und Sarasin OekoSar.
  2) Life Time Öko: Die Police investiert zu 25% in den Fonds HYPO Eco Tech und zu 75% in den Fonds OekoSar.
- Welche Kriterien gibt es?
  Siehe die Kriterien der beiden Fonds im Abschnitt „Investmentfonds"
- Welche ökologisch, sozial oder entwicklungspolitisch kompetenten Organisationen sind an der Auswahl der Projekte, Fonds oder Wertpapiere beteiligt?
  Siehe Angaben der beiden Fonds im Abschnitt „Investmentfonds".
- Durchschnittliche Ausgaben für das Ethik-Research im Jahr?
  Keine Angaben
- Wie und worüber werden die AnlegerInnen informiert?
  Keine Angaben

4. Continentale Lebensversicherung AG (Vertrieb: Versiko AG)
1. **Versi Rente**
2. **Versi Life**
3. **Öko-Versorgungswerk**

Name der Versicherungsgesellschaften: 1. Versi Rente + 2. Versi Life: Continentale und zu 3. Öko-Versorgungswerk: Continentale und Schweizerische Rentenanstalt

- Welche Varianten der Lebensversicherung werden angeboten?
  1. Versi Rente: Rentenversicherung
  2. Versi Life: Öko-Fondsgebundene Lebensversicherung
  3. Öko-Versorgungswerk: Lebensversicherung, Rentenversicherung, Berufsunfähigkeitsversicherung

Adresse der Vertriebszentrale:
1. Versi Rente + 2. Versi Life: versiko AG, Fichtenstraße 42, 40233 Düsseldorf, Telefon: 02 11 – 97 37 0, FAX: 02 11 – 97 37 11 0
3. Öko-Versorgungswerk: ökowerk e.V., Fichtenstr. 42, 40233 Düsseldorf
Telefon: 1. Versi Rente + 2. Versi Life: 0211 – 97 370
        3. Öko-Versorgungswerk: 0211 – 97 37 152
Fax: alle: 0211 – 97 37 110
Ansprechpartner: Frank Kittel
Datum der Auflage der Police:
1. Versi Rente: 1992
2. Versi Life: 1995
3. Öko-Versorgungswerk: 1988
Prämienvolumen der Police per 30. Juni 1997:
1. Versi Rente: 450 Mio. DM
2. Versi Life: 28 Mio. DM
3. Öko-Versorgungswerk: 340 Mio. DM
Gesamtkosten in Prozent der Bruttobeiträge der Versicherungsgesellschaft:
1. Versi Rente: 8 %
2. Versi Life: 9 %
3. Öko-Versorgungswerk: 6 %
Garantierte Mindestverzinsung:
1. Versi Rente: 4 %
2. Versi Life: gibt es bei fondsgebundenen Lebensversicherungen nicht
3. Öko-Versorgungswerk: 4 %

Zur ethischen Qualität der Versicherung:
- In welcher Weise werden die Prämien der Versicherten ethisch sinnvoll eingesetzt?
  1. Versi Rente: Mindestens 22% der Beiträge werden in ökologische Fonds (Z.Zt. OekoSar und ÖkoVision) oder andere sozial verantwortbare Vorhaben investiert.
  2. Versi Life: Die Prämien werden in drei unterschiedliche Öko-Fonds investiert: ÖkoVision, OekoSar und H.C.M. Eco Tech, die letzteren kaufen ihrerseits Aktien und festverzinsliche Wertpapiere nach festgelegten Kriterien.
  3. Öko-Versorgungswerk: Mindestens 10% der Beiträge werden nach ethisch/ökologischen Kriterien angelegt (Z.Zt. in ÖkoVision).
- Welche Kriterien gibt es?
  Siehe die jeweiligen Fondskriterien im Abschnitt „Investmentfonds"
- Welche ökologisch, sozial oder entwicklungspolitisch kompetenten Organisationen sind an der Auswahl der Projekte, Fonds oder Wertpapiere beteiligt?
  1. Versi Rente + 2. Versi Life: Soweit die Gelder im ÖkoVision angelegt sind: siehe Angaben zu diesem Fonds im Abschnitt „Investmentfonds"
  3. Öko-Versorgungswerk: siehe Angaben zu ÖkoVision im Abschnitt „Investmentfonds".
- Durchschnittliche Ausgaben für das Ethik-Research im Jahr?
  Keine Angaben
- Wie und worüber werden die AnlegerInnen informiert?
  1. Versi Rente: Regelmäßige Kontoauszüge, Fondsberichte, allgemeine Informationen über ökologische Anlagemöglichkeiten.
  2. Versi Life: Vollkommene Transparenz der Prämienverwendung durch jährliche Kontoauszüge mit 100%-igem Nachweis der Geldanlage, auf Wunsch Geschäftsberichte
  3. Öko-Versorgungswerk: Regelmäßige Kontoauszüge über die Entwicklung der Versicherungswerte sowie dreimal jährlich Verbandsinformationen mit Darstellung von neuen ökologischen Geldanlagen.
- Besonderheiten:
  1. Versi Rente: Hohe Flexibilität durch umfangreiches Bausteinsystem. Mischung aus ökologischer und konventioneller Geldanlage, um eine gleichbleibend hohe Verzinsung zu erreichen.
  2. Versi Life: Der Todesfallschutz ist minimiert, um eine möglichst hohe Sparleistung bei gleichzeitiger Nutzung der Steuerbefreiung zu gewährleisten. Ein Fondswechsel ist jederzeit möglich, ebenso eine vorzeitige Auszahlung.

3. Öko-Versorgungswerk: Die Versicherungen können nur von Vereinsmitgliedern in Anspruch genommen werden. Eine Mitgliedschaft ist möglich für ökologische Betriebe und ökologisch arbeitende Selbständige.

5. Mannheimer Lebensversicherung AG

Name der Lebensversicherungspolice: Ökolife
Welche Varianten der Lebensversicherung werden angeboten?
Alle gängigen Varianten wie Kapitallebensversicherung, Rentenversicherung, Berufsunfähigkeitsversicherung
Adresse der Vertriebszentrale: Augustaanlage 66, 68165 Mannheim
Telefon: 0621 – 45 74 78 7   Fax: 0621 – 45 74 04 5
AnsprechpartnerIn: Frau Christ (Service Center)
Datum der Auflage der Police: Mai 1995
Prämienvolumen der Police per 30. Juni 1997: 358.000 DM
Gesamtkosten in Prozent der Bruttobeiträge der Versicherungsgesellschaft: 4,9% der gebuchten Bruttobeiträge
Garantierte Mindestverzinsung: 4%

Zur ethischen Qualität der Versicherung:

- In welcher Weise werden die Prämien der Versicherten ethisch sinnvoll eingesetzt?
Sowohl der Deckungsstock als auch die Überschüsse werden nach folgenden Kriterien angelegt:
- Ausschlußkriterien: Ausgeschlossen sind Wertpapiere, Namenspapiere und Schuldscheindarlehen von Unternehmen, die der Rüstungsproduktion angehören, der Atomindustrie angehören oder Hersteller oder Zulieferer sind, die Menschenrechte verletzen oder mißachten, Tierversuche im Zuge ihrer Produktion anwenden, umweltschädigende Aktivitäten bewußt betreiben.
- Positivkriterien: Für die Anlage dürfen ausschließlich Wertpapiere, Namenspapier und Schuldscheindarlehen von Unternehmen erworben werden, die ökologisch sinnvoll wirtschaften, Luft, Wasser und Boden rein halten oder deren Belastung auf ein Minimum reduzieren, Energie einsparen und/oder erneuerbare Energie nutzen oder herstellen, Abfälle vermeiden oder vermindern, Wiederaufbereitung und Recycling betreiben, Schadstoffe und Abfälle entsorgen.
- Welche ökologisch, sozial oder entwicklungspolitisch kompetenten Organisationen sind an der Auswahl der Projekte, Fonds oder Wertpapiere beteiligt?
Keine

- Durchschnittliche Ausgaben für das Ethik-Research im Jahr?
  Keine Angabe
- Wie und worüber werden die AnlegerInnen informiert?
  Die AnlegerInnen werden einmal im Jahr informiert. Es ist geplant, daß sie eine vollständige Aufstellung der Investitionen erhalten.

6. oeco capital Lebensversicherung AG
Lebensversicherungspolicen: oeco cap, oeco rent, oeco risk
- Welche Varianten der Lebensversicherung werden angeboten?

Das komplette Spektrum an Alters- und Hinterbliebenenversorgung: Kapitalbildende Versicherungen, Rentenversicherungen, Risikoversicherungen, Berufsunfähigkeits-Zusatzversicherungen
Adresse der Vertriebszentrale: Nördliche Auffahrtsallee 22, 80638 München
Telefon: 089 – 15 70 040 Fax: 089 – 15 70 04 99
Ansprechpartner: Leiter Marketing: Arnold Willfurth
Umweltbeauftragter: Andreas Grohmann
Datum der Auflage der Police: Zulassung durch das Bundesaufsichtsamt für das Versicherungswesen: 14. Mai 1996
Prämienvolumen der Police per 30. Juni 1997: ca. 6 Mio. DM
Gesamtkosten in Prozent der Bruttobeiträge der Versicherungsgesellschaft: Keine Angaben
Garantierte Mindestverzinsung: 4 %

Zur ethischen Qualität der Versicherung:
- In welcher Weise werden die Prämien der Versicherten ethisch sinnvoll eingesetzt?

Kapitalanlage zu 100% in ökologisch und gesellschaftlich sinnvolle Projekte. Grundlage hierfür sind Satzung, Umweltleitlinien sowie ein Öko-Rating.
- Welche Kriterien gibt es?

Umweltleitlinien, Satzung, K.O. (Ausschluß-) und O.K. (Positiv-)-Kriterien, Öko-Rating, Orientierung am Frankfurt-Hohenheimer-Leitfaden
Aus der Präambel zur Satzung: „Es werden keine Wertpapiere, Schuldscheindarlehen oder Namenspapiere von Unternehmen gezeichnet, die Produkte herstellen oder Produktionsverfahren einsetzen, bei denen bewußt eine Schädigung oder Belastung der Umwelt in Kauf genommen wird oder die in ihren Produktionsstätten unzumutbare soziale oder ökologische Mißstände zulassen bzw. menschenrechtsverletzende Aktivitäten in Kauf nehmen."

- Ausschlußkriterien: Rüstungsindustrie; Atomindustrie; Gentechnologie; Rohstoffindustrie, sofern es sich nicht um nachwachsende Rohstoffe handelt; Automobilindustrie; Chemieindustrie; artwidrige Tierhaltung; Verstöße gegen das Washingtoner Artenabkommen; Kinderarbeit.
- Positivkriterien: Klima-, Gewässer- und Bodenschutz; Natur und Artenschutz; Lärm- und Strahlenschutz; regenerative Energien; Energieeinsparung und Recycling; Abluft- und Abwasserreinigung; Altlastensanierung; Verringerung von Flächenverbrauch; Chancengleichheit ohne Ansehen von Geschlecht, Rasse, Religion und sexueller Orientierung; ökologische Produktgestaltung.
- Welche ökologisch, sozial oder entwicklungspolitisch kompetenten Organisationen sind an der Auswahl der Projekte, Fonds oder Wertpapiere beteiligt?
  Öko-Rating Agentur ökom GmbH, zudem gibt es auch einen ökologischen Beirat.
- Durchschnittliche Ausgaben für das Ethik-Research im Jahr:
  120.000 DM
- Wie und worüber werden die AnlegerInnen informiert?
  Einmal im Jahr mit Kapitalanlageinformation, durch allgemeines Prospektmaterial und durch den Umweltbericht.
- Besonderheiten:
  Die oeco capital ist der erste deutsche Lebensversicherer, der das Kapital seiner Kunden zu 100 % ökologisch anlegt. Eine Einschränkung auf einen bestimmten Prozentsatz des Anlagevolumens oder auf bestimmte Tarife gibt es nicht.

7. Skandia Lebensversicherung AG

Name der Lebensversicherungspolicen:
1. Pro Vita Ökologische Investment Police
2. Pro Vita Ökologische Investment Rente
- Welche Varianten der Lebensversicherung werden angeboten?
  1. Fondsgebundene Lebensversicherung
  2. Fondsgebundene Rentenversicherung

Adresse der Vertriebszentrale: Burgenlandstr. 44d, 70469 Stuttgart
Telefon: 0711 – 81 06 767   Fax: 0711 – 81 06 771
Ansprechpartner: Stefan Maiss
Datum der Auflage der Police:
1. Investment Police: Tarif FLM Oktober 1994; Tarif FLA März 1995
Prämienvolumen der Police per 30. Juni 1997: ca. 30 Mio. DM
Kosten: 216 DM Policierungskosten, einmalig im ersten Jahr, 7%–8% aus

dem Nettoinventarwert bis zum 5. Jahr, 0,75 % aus dem Nettoinventarwert bis zum Ende der Laufzeit, 60 DM Stückkosten pro Jahr.

Garantierte Mindestverzinsung: nur nach Aufschubzeit in der Ökologischen Investment Rente in Höhe von 4 %

Zur ethischen Qualität der Versicherung:
- In welcher Weise werden die Prämien der Versicherten ethisch sinnvoll eingesetzt?

Zur Auswahl stehen folgende Ökofonds: HYPO Eco Tech, KD Fonds Oeko Invest, Luxinvest OekoLux, Credit Suisse Equity Fund (Lux) Eco Efficiency (früher: Credis Equity Oeko Protec B), Sun Life GP Ecological
- Welche Kriterien gibt es?

Siehe Angaben der beiden Fonds im Abschnitt „Investmentfonds"
- Welche ökologisch, sozial oder entwicklungspolitisch kompetenten Organisationen sind an der Auswahl der Projekte, Fonds oder Wertpapiere beteiligt?

Siehe Angaben der beiden Fonds im Abschnitt „Investmentfonds"
- Durchschnittliche Ausgaben für das Ethik-Research im Jahr?

Keine Angaben
- Wie und worüber werden die AnlegerInnen informiert?

Die AnlegerInnen erhalten Informationen über die einzelnen Rechenschaftsberichte der Fonds, Kurzinformationen sowie regelmäßige Anschreiben.
- Besonderheiten:
Größte Auswahl an Umweltfonds in Deutschland

E. Andere Anbieter

In diesem Abschnitt werden vier Angebote von Anbietern aufgeführt, die keiner der anderen Kategorien zuzuordnen sind, aber eine wichtige Rolle bei der Entwicklung ethischer Geldanlage hierzulande spielten und spielen. Die Angebote sind sehr unterschiedlich und variieren von Angeboten der vermeidenden Variante, die sich von ökologischen Investmentfonds zumeist nur in ihrer rechtlichen Konstruktion unterscheiden, bis zu fördernden Geldanlagen, die sich auf bestimmte Förderbereiche wie z.B. Genossenschaften in Entwicklungsländern spezialisiert haben und damit einen Bereich abdecken, der in dieser Form nicht bei anderen Anbietern fördernder Anlagen zu finden ist.

1. EDCS – Ökumenische Entwicklungsgenossenschaft

Rechtsform des Anbieters: Genossenschaft
Rechtsform der Anlegergemeinschaft: gemeinnütziger Verein
Adresse: Adenauer Allee 37, 53113 Bonn
Telefon: 0228 – 26 79 861 / 26 79 862   Fax: 0228 – 26 79 865
Ansprechpartnerin: Ulrike Chini
Datum der Auflage: 1975
Volumen zum 30. Juni 1997: 170 Mio. DM

- Kurze Beschreibung des Angebots:
Die EDCS vergibt Kredite an sozial und ökologisch orientierte Kleinunternehmen im Süden der Erde. Ohne die EDCS hätten diese Menschen keinen Zugang zu fairem Kreditkapital, da sie als nicht kreditwürdig gelten. Die PartnerInnen der EDCS sind im Bereich Landwirtschaft und Lebensmittelverarbeitung, Energiegewinnung und Kleingewerbe tätig. Sie nutzen die Darlehen als Investitionskapital zur Schaffung von Arbeitsplätzen und zur Sicherung ihrer wirtschaftlichen Existenz. Investiert wird vor allem in entwicklungsfördernde Kleinunternehmen im Süden. (Siehe Beispiel der philippinischen Kooperative im Kapitel IV A). Die AnlegerInnen der EDCS werden Mitglied in einem Förderkreis, der das Geld treuhänderisch verwaltet.

Gebühren:
Laufende Gebühren:
Mitgliedsbeitrag für Privatpersonen 40 DM im Jahr
und für Institutionen 100 DM im Jahr
Mindesteinlage: 450 DM

- Durchschnittliche Jahresrendite der letzten fünf Jahre bis zum 30. Juni 1997: 2 % p.a.

Nach welchen Kriterien werden die Projekte ausgewählt?
Die Darlehen werden nur an Projekte mit folgenden Merkmalen vergeben: Nutzen für viele arme und benachteiligte Menschen, genossenschaftliche Strukturen, Beitrag zum sozialen und wirtschaftlichen Fortschritt der Region, Beteiligung von Frauen an Entscheidungen und Durchführung, ökologische Verträglichkeit, Wirtschaftlichkeit und kompetentes Management, Notwendigkeit für ausländische Finanzhilfe.

- Welche ökologisch/sozial/entwicklungspolitisch kompetenten Organisationen wirken bei der Auswahl der Projekte mit?
Alternative Handelsorganisationen, lokale Nichtregierungsorganisationen

- Wie und worüber werden die AnlegerInnen informiert?
Es gibt einen vierteljährlich erscheinenden Rundbrief. Im Jahresbericht werden einzelne Projekte vorgestellt, und es wird eine vollständige Liste aller Projekte mit Darlehenssumme und Konditionen aufgeführt.
- Wie wird die Sicherheit der Anlegergelder kontrolliert?
Jährliche Prüfung aller Anlagen und Förderkreise durch einen Wirtschaftsprüfer.
- Unterliegt die Gesellschaft der Aufsicht des BAK?
Nein
- Besonderheiten:
15 Regionalbeauftragte betreuen die Partner in den Entwicklungsländern, nicht zuletzt auch dadurch sind die Menschen hoch motiviert, die gewährten Kredite zurückzuzahlen. Sie verwenden die Gelder als Investitionskapital zur Schaffung von Arbeitsplätzen und zur Sicherung ihrer wirtschaftlichen Existenz.

2. EthIK Vermögensverwaltung[66]

Rechtsform des Anbieters: Aktiengesellschaft
Rechtsform der Anlegergemeinschaften: GbR
Adresse: Seyengasse 2, 50678 Köln
Telefon: 0221 – 32 52 72   Fax: 0221 – 33 18 383
Ansprechpartner: Dörte Best; Gérard Jänichen u.a.
1. **EthIK plus**
2. **EthIK S & R**
Datum der Auflage:
1. EthIK plus: Dezember 1988
2. EthIK S & R: Dezember 1990
Volumen zum 30. Juni 1997:
1. EthIK plus: 22 Mio.
2. EthIK S & R: 9 Mio.
- Kurze Beschreibung des Angebots:
1. EthIK plus: Gemeinschaftsdepot mit internationalen ökologisch und

---

[66] EthIK wurde in der Vergangenheit von verschiedenen Seiten vorgeworfen, daß die für die Anfangsjahre angegebenen Renditen für EthIK-Plus unkorrekt sind und so mit überhöhten Renditen geworben wird. Ein weiterer Vorwurf lautet, daß der Geschäftsführer des Unternehmens, Hans Berner, Kick-back-Zahlungen von einem Broker, über den die Wertpapierkäufe der KundInnen abgewickelt wurden, auf sein Privatkonto erhalten habe. (taz, 23. Mai 1997, ÖkoInvest Nr. 137,139, 1997). Eine Gruppe von Anlegern strengte daraufhin eine Klage auf Offenlegung der Geschäftsunterlagen an.

sozial verträglichen Aktien (Schwerpunkt Dollarbereich)
2. EthIK S & R: Gemeinschaftsdepot mit DM-Anleihen ökologisch und sozial verträglicher Emittenten.

Gebühren (beide):
1. Ausgabeaufschlag: 4%
Verwaltungsgebühren: 1,2% p.a.
Mindesteinlage: 5000 DM oder 100 DM monatliche Sparrate

- Durchschnittliche Jahresrendite der letzten fünf Jahre bis zum 30. Juni 1997:
  1. EthIK plus: 2,3%
  2. EthIK S & R: 6,8%
- Schlechteste Rendite eines Kalenderjahres :
  1. EthIK plus: –20,1% im Jahr: 1994
  2. EthIK S & R: –1,2% im Jahr: 1994
- Beste Rendite eines Kalenderjahres :
  1. EthIK plus: 50,7% im Jahr: 1989
  2. EthIK S & R: 12,1% im Jahr: 1992

Nach welchen Kriterien werden die Projekte ausgewählt (beide)?
- Ausschlußkriterien: Militär, Atomindustrie, vermeidbare Umweltbelastungen, Gesundheitsschäden, unzumutbare Produktionsbedingungen in Entwicklungsländern, Menschenrechtsverletzungen, keine ausreichende soziale Absicherung, Benachteiligungen von Frauen, Tierversuche
- Positivkriterien: regenerative Energien, Umwelt-Technologien, Schadstoffbegrenzungen, ökologisch sinnvolle Verkehrssysteme, Minimierung von Umweltbelastungen, naturgemäße Produktionsweisen, fairer Handel, humane Arbeitsbedingungen, Förderung diskriminierter Gruppen.
- Welche ökologisch/sozial/entwicklungspolitisch kompetenten Organisationen wirken bei der Auswahl der Projekte mit? (beide)
Die Auswahl der Unternehmen erfolgt durch einen unabhängigen Anlageausschuß, den die AnlegerInnen alle zwei Jahre auf der Gesellschaftsversammlung wählen.
- Wie und worüber werden die AnlegerInnen informiert?
Durch einen vierteljährlich erscheinenden Rundbrief
- Wie wird die Sicherheit der Anlegergelder kontrolliert?
Treuhänder-Prüfung durch Prüfungsausschuß oder Wirtschaftsprüfer. AnlegerInnen haben umfassende Mitbestimmungs- und Mitwirkungsrechte.
- Unterliegt die Gesellschaft der Aufsicht des BAK?
Nein

- Besonderheiten:
Ältester Anbieter im deutschsprachigen Raum mit eigener Forschungsstelle und AnlegerInnendemokratie. Neben EthIK plus und EthIK S&R Depots besteht das EthIK Cash Depot für die kurzfristige Geldanlage und EthIk Venture.

3. international-ethic & innovation HerMerlin Incorporation

Rechtsform des Anbieters: 1. Incorporation
Rechtsform der Anlegergemeinschaften: Stille Beteiligung ohne Stimmrecht
Adresse:
British Virgin Islands Tortola Island, Tortola, Wickham's Cay
Deutsche Kontaktadresse:
Untere Hauptstraße 44, 91799 Langenaltheim
Telefon: 09145 – 496   Fax: 09145 – 497
Ansprechpartner: Jürgen K. Herrmannsdörfer
Datum der Auflage: 1986
Volumen zum 30. Juni 1997: 17 Mio DM
- Kurze Beschreibung des Angebots:
Die international-ethic & innovation HerMerlin Incorporation schuf u.a. neun Anlagemöglichkeiten in Wertpapiere mit unterschiedlichen Schwerpunktsetzungen, wie z.b. deutsche Aktiengesellschaften, US-amerikanische Aktiengesellschaften, festverzinsliche Wertpapiere etc.

Gebühren:
Aufnahmegebühr: 0–6%
Verwaltungsgebühren: 0,2–1%
Mindesteinlage: 20.000 DM, Ratenzahlung möglich

- Durchschnittliche Jahresrendite 1992–1997: je nach Fonds zwischen 5,78 und 9,58 %
- Schlechteste Rendite eines Kalenderjahres eines der Fonds: 3,6 %
- Beste Rendite eines Kalenderjahres eines der Fonds: 20 %

Nach welchen Kriterien werden die Projekte ausgewählt?
- Ausschlußkriterien: Tierversuche, Rüstungsgeschäfte, Atomkraft, Rassendiskriminierung, Ausbeutung der „Dritten Welt", unlautere Werbung, Glücksspiel, Suchtmittel.

- Positivkriterien: Energieeinsparung, Emissionsverringerung, Abwasserreinigung, Abfallvermeidung, Wiederverwertung von Rohstoffen, umweltfreundliche Produkte, Transparenz, Umweltmanagement, Spendentätigkeit.
- Welche ökologisch/sozial/entwicklungspolitisch kompetenten Organisationen wirken bei der Auswahl der Projekte mit?
  Keine Angaben
- Wie und worüber werden die AnlegerInnen informiert?
  Durch Aktionärsrundbriefe fünfmal im Jahr. Es gibt zudem informelle Treffen der AnlegerInnen
- Wie wird die Sicherheit der Anlegergelder kontrolliert?
  Durch den Aufsichtsrat der AG
- Unterliegt die Gesellschaft der Aufsicht des BAK?
  Nein
- Besonderheiten:
  HerMerlin schuf 1997 zusätzlich eine Beteiligungsgesellschaft für ökologische Unternehmen, in die Papiere z.B. von der Rapunzel AG, Body Shop, B.A.U.M. EPAG gekauft werden.

4. Die Paritätische Geldberatung
Rechtsform des Anbieters: Genossenschaft
Adresse: Loher Str. 7, 42283 Wuppertal
Telefon: 0202 – 28 22 340   Fax: 0202 – 28 22 344
Ansprechpartner: Wilfried Theißen-Boljahn
Datum der Auflage: 1986
Volumen zum 30. Juni 1997: ca. 4 Mio. DM
- Kurze Beschreibung des Angebots:
  Dieser Fonds wurde vom Paritätischen Wohlfahrtsverband in Kooperation mit der Bank für Sozialwirtschaft aufgelegt. Das Geld wird in Form von Sparguthaben angelegt. Der/die SparerIn erhält eine Fernsparurkunde. Verzinst wird z.Zt. mit 2,5%. Der/Die Sparerin kann alle Kontobewegungen telefonisch oder schriftlich veranlassen. Die Zinsen werden automatisch gutgeschrieben. Die Kündigungsfrist beträgt 3 Monate. Ein Kreditrisiko besteht nicht, da die Paritätische Geldberatung über die Bank für Sozialwirtschaft rückversichert ist.

Gebühren:
1. Ausgabeaufschlag: Keine

Verwaltungsgebühren: Keine
Mindesteinlage: Keine

- Durchschnittliche Jahresrendite der letzten fünf Jahre bis zum 30. Juni 1997:
2,5% p.a.

Nach welchen Kriterien werden die Projekte ausgewählt?
1. Mitgliedsorganisation im Paritätischen Wohlfahrtsverband.
2. Bei Darlehen werden Sicherheiten und wirtschaftliche Situation geprüft. Bevorzugt wird die Absicherung über Bürgengemeinschaften oder Tilgungsgemeinschaften.
3. Bedürftigkeit und Nachhaltigkeit des Projektes werden geprüft, insbesondere bei Zuschüssen.
4. Inhaltlich gibt es keine Auswahl. Grundsätzlich wird das gesamte Spektrum des Paritätischen berücksichtigt.
5. Die Förderung ist in der Regel nachrangig nach anderen Förderungen.

- Welche ökologisch/sozial/entwicklungspolitisch kompetenten Organisationen wirken bei der Auswahl der Projekte mit?
Paritätischer Wohlfahrtsverband
Die Projekte werden durch die Geschäftsführung beraten, entschieden wird ca. monatlich vom Vorstand der Genossenschaft. Gehört wird immer die örtliche Ebene sowie die Fachberatung des Paritätischen. Neben dem Vorstand hat die Genossenschaft einen Aufsichtsrat, der dreimal im Jahr gemeinsam mit dem Vorstand tagt.
- Wie und worüber werden die AnlegerInnen informiert?
Ein- bis zweimal im Jahr werden die AnlegerInnen über die Projekte und anstehende Entscheidungen informiert.
- Wie wird die Sicherheit der Anlegergelder kontrolliert?
Genossenschaftsverband, Revision BfS
- Unterliegt die Gesellschaft dem BAK?
Ja, indirekt über BfS

F. Direktbeteiligungen

1. B.A.U.M. EPAG Environment-Protection AG
Die B.A.U.M. EPAG wurde 1994 mit dem Ziel gegründet, die Aktivitäten des Bundesdeutschen Arbeitskreises für Umweltbewußtes Management e.V. (B.A.U.M.) und der Aktionsgemeinschaft Umwelt Gesundheit und Ernäh-

rung e.V. (A.U.G.E.) zu koordinieren und zu unterstützen. Die B.A.U.M. EPAG besteht aus sechs unabhängigen GmbHs, über die zahlreiche Dienstleistungen in den Bereichen Verlagswesen/Kommunikation, Beratung/Consulting und Aus- und Weiterbildung angeboten werden. Das Unternehmen entwickelte z.b. eine CD ROM, mit deren Hilfe Privathaushalte ihre Umweltbilanz errechnen können, bietet Kommunen Beratung beim kommunalen Umweltmanagement an und gibt mit dem Emil-Grünbär-Magazin eine Zeitschrift zum Umweltschutz für Kinder und Jugendliche heraus.
Über eine Kapitalerhöhung sucht die B.A.U.M. EPAG weitere AktionärInnen. Die Mindestanlage liegt bei 1.000 DM

B.A.U.M. EPAG Environment-Protection AG
Tinsdaler Kirchenweg 211
22559 Hamburg
Telefon: 040 – 81 01 01
Fax: 040 – 81 01 26

2. El Puente GmbH

Die El Puente, Import und Vertrieb von Gebrauchsgegenständen und Kunstgewerbeartikeln zur Förderung von Kleinbetrieben und Genossenschaften in Entwicklungsländern GmbH, betreibt seit 25 Jahren den partnerschaftlichen Handel mit Produzenten in den Entwicklungsländern. Die Handelsorganisation arbeitet mit 62 Projektpartnern in Mittel- und Südamerika, Asien und Afrika zusammen, deren Waren sie an ca. 1000 Dritte-Welt-Läden und Aktionsgruppen vermittelt. Der Handel wird nach dem Prinzip der Kostendeckung abgewickelt und beruht nicht auf dem Prinzip der Gewinnmaximierung. In der Regel erhalten die Produzenten 33% des Endverkaufspreises für ihre Ware.

Mit dem steten Wachstum des alternativen Handels nahm auch der Finanzierungsbedarf des Unternehmens zu. Dieser Bedarf kann nicht nur über vergleichsweise teure Kredite bei konventionellen Banken gedeckt werden. Über 1,5 Mio. DM werden bereits über private Darlehen, die in Form von Stillen Beteiligungen geführt werden, finanziert. Außerdem besteht eine Zusammenarbeit mit der GLS-Gemeinschaftsbank. Diese stellt El Puente Kredite zu günstigen Konditionen zur Verfügung, wenn Kleinbürgschaften von jeweils 5.000 DM von Privatpersonen vorliegen. Beide Finanzierungsmöglichkeiten dienen auch dazu, die Kredite bei konventionellen Banken abzulösen.

El Puente GmbH
Bischofskamp 24a
31137 Hildesheim
Telefon: 05121 – 76 630
Fax: 05121 – 51 51 17

3. Energiekontor EK GmbH

Die Energiekontor EK GmbH wurde 1990 gegründet. Seitdem betreibt das Unternehmen acht Windparks mit insgesamt 48 Windrädern. Die Anlagen liegen vor allem an der Nordseeküste, einige aber auch in Nordrhein-Westfalen. Die bereits realisierten Projekte erzeugen jährlich über 120 Mio. kWh an Elektrizität, was der Stromversorgung für eine Kleinstadt entspricht. Außerdem werden ökologische Wohnprojekte geplant und umgesetzt, bei denen durch den Einsatz von Solarenergienutzung der Energiebedarf weit unter dem Durchschnitt liegt. Das Unternehmen plant zahlreiche weitere Windparks und Bauprojekte, für die es AnlegerInnen sucht. Die Beteiligung ist jeweils an ein bestimmtes Projekt gebunden. Die/der AnlegerIn beteiligt sich an diesen Projekten als Kommanditist. Die Mindesteinlage liegt in der Regel bei 20.000 DM, wobei für einen gewissen Teil der Projektsumme auch Beteiligungen ab 5.000 DM vorgesehen sind. Die Verträge für die Windkraftprojekte laufen zumeist über 10 bis 20 Jahre.

Energiekontor EK GmbH
Stresemannstr. 46
27570 Bremerhaven
Telefon: 04 71 – 1 40 70
Fax: 04 71 – 14 02 09

4. gepa – Fair Trade Beteiligungsgesellschaft

Die gepa – Gesellschaft zur Förderung der Partnerschaft mit der Dritten Welt wurde 1975 mit dem Ziel gegründet, durch die Schaffung eines fairen Handels mit den Entwicklungsländern einen Beitrag zur weltwirtschaftlichen Gerechtigkeit zu leisten. Seitdem vertreibt das Unternehmen eine Vielfalt an Kunsthandwerk sowie Nahrungs- und Genußmitteln wie Kaffee, Tee und Schokolade über Eine-Welt-Läden und über einen Versandkatalog. Die gepa unterstützt ihre Lieferanten einerseits dadurch, daß sie einen vergleichsweise hohen Preis für diese Produkte zahlt. Zum anderen finanziert sie einen

Großteil der Waren im voraus und unterhält langfristige Lieferbeziehungen. Dies gibt den Produzenten eine verläßliche wirtschaftliche Basis.
Die gepa war zudem einer der Hauptinitiatoren der Siegel-Organisation „TRANSFAIR", über die fair gehandelte Produkte den Einzug in die Supermärkte schafften.
Die Hauptgesellschafter der GmbH sind das Bischöfliche Hilfswerk Misereor e.V. und der Kirchliche Entwicklungsdienst KED der Evangelischen Kirche in Deutschland.
Das Unternehmen sucht DarlehensgeberInnen. Die Mindestsumme liegt bei 1.000 DM, maximal können 50.000 DM von einem/einer DarlehensgeberIn eingezahlt werden.

gepa – Fair Trade Beteiligungsgesellschaft mbH
Gewerbepark Wagner
Bruch 4
42279 Wuppertal
Telefon: 02 02 – 2 66 83-43
Fax: 02 02 – 2 66 83-10

5. Öko-Test-Verlag GmbH & CoKG

Seit 1985 berichtet die Zeitschrift Öko-Test über die Umweltaspekte von Produkten und Dienstleistungen. Jede Ausgabe des monatlich erscheinenden Magazins enthält die Ergebnisse von Tests, in denen die Wirkungen von Konsumprodukten auf Umwelt und Gesundheit untersucht wurden, sowie Hintergrundberichte und Nachrichten aus dem Bereich kritischer Konsum. Der Verlag sucht weitere KommanditistInnen. Die Mindesteinlage beträgt 500 DM.

Öko-Test-Verlag GmbH & CoKG
Kasseler Str. 1a
60486 Frankfurt am Main
Telefon: 069 – 97 77 71 34 oder 069 – 97 77 70
Fax: 069 – 97 77 71 39

6. Rapunzel Naturkost AG

Haldergasse 9
87764 Legau

Telefon: 0 83 30 – 91 00
Fax: 0 83 30 – 91 01 88
(siehe Portrait in Kapitel VI C)

7. SOLVIS Energiesysteme GmbH & Co KG

Die Solvis Energiesysteme GmbH & Co KG stellt seit über 14 Jahren Solaranlagen für die Warmwasseraufbereitung her. Diese Anlagen bestehen aus Sonnenkollektoren, die auf Hausdächern montiert werden, den für den Betrieb der Anlage nötigen Warmwasserspeichern sowie Regelsystemen. Über die Sonnenkollektoren können rund 70% des Warmwasserbedarfs eines Ein- oder Zweifamilienhauses gedeckt werden. Bei Großanlagen für Mehrfamilienhäuser, Kindergärten oder Krankenhäuser kann der Solaranteil der Warmwasseraufbereitung sogar noch höher liegen. Die 70.000 Quadratmeter Kollektorfläche, die Solvis in den letzten 13 Jahren geliefert hat, sparen jährlich ca. 10.000 Tonnen an CO_2-Ausstoß und den Verbrauch von 3,8 Mio. Litern Heizöl ein. Der Solvis Flachkollektor F 75 wurde im März 1995 von der Stiftung Warentest mit „sehr gut" bewertet.
Derzeit beteiligen sich ca. 300 KommanditistInnen mit insgesamt 4 Mio. DM an Solvis. Zur Zeit sucht das Unternehmen weitere GesellschafterInnen, um kurzfristige Kredite abzulösen und um neue Investitionen tätigen zu können. Die Mindestanlage beträgt 5.000 DM.

SOLVIS Energiesysteme GmbH & Co KG
SOLVIS Solarsysteme GmbH
Marienberger Str. 1
38122 Braunschweig
Energiesys. Telefon: 05 31 – 28 90 40
Solarsys. Telefon: 05 31 – 28 90 60
Energiesys. Fax: 05 31 – 2 89 04 44

8. taz, die tageszeitung Verlagsgenossenschaft e.G.

Die „links-alternative" Tageszeitung taz, berichtet seit 1983 engagiert über Themen, die in herkömmlichen Zeitungen oft nur am Rande oder gar nicht vorkommen. Die Zeitung berichtet über Wirtschaft und Umwelt, prangert Ausländerhatz an und setzt sich für die Menschenrechte ein. Für das Leben und die Sicherheit der Schriftsteller Salman Rushdie und Faradsch Sarkuhi hat die taz mit viel Energie Kampagnen geführt.

Die taz sucht weitere GenossInnen. Mindesteinlage ist 1.000 DM. Maximal kann einE GenossIn 50.000 DM zeichnen.

taz, die tageszeitung Verlagsgenossenschaft e.G.
Kochstr. 18
10969 Berlin
Telefon: 030 – 25 90 20
Fax: 030 – 2 51 50 28

9. WeiberWirtschaft e.G.

„Zweck der Genossenschaft ist die Förderung ihrer Mitglieder, die Verbesserung der Ausgangsbedingungen von Frauenbetrieben und -projekten durch die Bereitstellung von Gewerberäumen in einem Gründerinnenzentrum, die Schaffung und Sicherung von Arbeitsplätzen für Frauen sowie die Stärkung von Frauen auf wirtschaftlichem, sozialem und kulturellem Gebiet", heißt es in der Satzung der größten Frauengenossenschaft in der Bundesrepublik. Sie wurde 1989 gegründet und zählt über 1.000 Mitglieder. 1992 kaufte die Genossenschaft den alten Fabrikkomplex der Berlin Kosmetik GmbH und ein benachbartes 500 m² großes Neubaugrundstück, auf dem 13 Sozialwohnungen entstanden. Die alte Fabrik wurde unter Berücksichtigung baubiologischer Grundsätze renoviert und so gestaltet, daß möglichst viele und unterschiedliche Gewerbe zu günstigen Mieten darin Platz finden können. Heute arbeiten in dem Komplex 160 Frauen in der Weiterbildung, im Handwerk, in der Produktion und im Dienstleistungsbereich. Es gibt ein Kaffee und ein Tagungszentrum.

Die Genossenschaft sucht sowohl Unternehmerinnen, die die Gewerberäume im Gründerinnenzentrum mieten wollen, als auch Investorinnen, die Genossenschaftsanteile zur Erhöhung des Eigenkapitals erwerben. Die Mindesteinlage beträgt 200 DM.

WeiberWirtschaft e.G.
Anklamer Str. 38
10115 Berlin
Telefon: 030 – 44 84 896
Fax: 030 – 44 95 701

10. WRE AG Wasserkraft und Regenerative Energieentwicklung

Die WRE ist im Bereich Wasserkraftanlagen aktiv. Das erste Kraftwerk ist in Italien im Bau. Es wird voraussichtlich Ende 1998 14 Mio. kWh Strom produzieren. Ein zweites Projekt ist in Portugal angesiedelt. Dort wird ein Windpark gebaut, der bei Fertigstellung 7,7 Mio. kWh Strom liefern wird. Das Unternehmen sucht über Kapitalerhöhungen neue AktionärInnen. Die Mindesteinlage liegt bei 500 Aktien zu 6,50 DM.

WRE AG Wasserkraft und Regenerative Energieentwicklung
Am Hauptbahnhof 12
60329 Frankfurt am Main
Telefon: 069 – 27 10 02 49
Fax: 069 – 27 10 02 10

G. Beteiligungsgesellschaften

GKG Beteiligungsfonds der GLS-Gemeinschaftsbank
Oskar-Hoffmann-Str. 25
44789 Bochum
Telefon: 0234 – 30 79 30
Fax: 0234 – 30 79 333
Bei diesen Beteiligungsfonds der Gemeinschaftsbank steht die Beschaffung von Eigenkapital für größere Vorhaben im Vordergrund. Über die vier bestehenden Beteiligungsfonds werden vor allem Wind- und Wasserkraftprojekte finanziert, darunter auch die Elektrizitätswerke Schönau. (Siehe auch das Portrait der GLS-Gemeinschaftsbank im Abschnitt „Banken")

Ökologik AG[67]
Neumühle
91056 Erlangen
Telefon: 09131 – 750 750
Fax: 09131 – 750 75 75
Die ÖKOLOGIK AG ist ein Beteiligungsgesellschaft für ökologisch arbeitende Unternehmen. Unternehmen, an denen sich die Gesellschaft beteiligt,

---

[67] Die ÖKOLOGIK AG steht auf der graugrünen Liste des Öko-Invest, weil sie der Redaktion Informationen verweigert, die nötig wären, um das Angebot umfassend beurteilen zu können.

werden zunächst nach einer ÖKOLOGIK-Checklist überprüft, die einen ökologischen und einen ökonomischen Teil enthält. Der ökologische Teil der Checkliste untersucht die Unternehmen auf ihren Beitrag zur Reduzierung der Stoffströme hin. Überprüft werden der Energieaufwand, der Stoffverbrauch und die Emissionen in der Herstellungs-, Gebrauchs- und Entsorgungsphase. Verursacht ein Investitions-Projekt im Vergleich zu bisherigen Verfahren weniger Energie- und Stoffströme und geringere Emissionen, kommt es für eine Investition in Frage.

H. Ökologische Sparangebote konventioneller Banken

Banque et caisse d'epargne de l'etat, Luxembourg (Luxemburger Sparkasse)
Siège Central: 1 Place de Metz
L-2954 Luxembourg
in Zusammenarbeit mit: Initiativ fir Altenativ Finanzéierung
(ALTERFINANZ) asbl
29, rue Michel Welter
L-2730 Luxembourg
Telefon und Fax: 00 35 2 – 29 83 53
Die Luxemburger Sparkasse legte Anfang 1997 zusammen mit Organisationen der Dritten Welt und Umweltbewegungen einen Sparbrief auf, aus dem ökologisch und sozial sinnvolle Projekte vergünstigte Kredite erhalten.

Bregenzer Sparkasse
Landstraße 3
A-6971 Hard
Österreich
Telefon: 00 43 – 55 74 – 40 40
Die Sparkasse bietet das Öko-Sparbuch an, bei dem die/der AnlegerIn auf ein Prozent der Zinsen verzichtet. Mit diesem Geld werden Umweltvorhaben in der Region gefördert.

DGM Evangelische Darlehensgenossenschaft Münster
Friesenring 40, 48147 Münster
Telefon: 0251 – 20 20 10
Fax: 0251 – 20 20 118
Ansprechpartner: Martin Kolthof

Die Bank bietet den GFS-Sparbrief für Gerechtigkeit, Frieden und Bewahrung der Schöpfung an. Der Sparbrief zahlt an die AnlegerInnen wahlweise 0% oder 2% Zinsen aus. Aus den Einlagen werden zinsgünstige Kredite an soziale und ökologische Projekte in Westfalen und Lippe und dem westlichen Niedersachsen vergeben. Das Institut SÜDWIND überprüft die Projekte nach ethischen Kriterien.

Außerdem bietet die Bank zusammen mit der Landeskirchlichen Kreditgenossenschaft Sachsen e.G. den Solidaritätssparbrief „Eine Welt" an. Hier erhält der Sparer keine Zinsen auf seine Einlage. Diese werden statt dessen an die Vereinigte Evangelische Mission (VEM) gespendet, die die Gelder für ihre Projekte in Afrika und Asien einsetzt.

Raiffeisenbank Aspang Krumbach
Bahnstraße 3
A-2870 Aspang
Österreich
Telefon: 00 43 – 26 42 – 52 24 80
Die Bank bietet ein Umweltsparen an. Die/der AnlegerIn erhält 2,5% Zinsen, weitere 2,5% gehen an einen Fonds, aus dem Zuschüsse für Umweltschutzmaßnahmen wie z.B. der Bau von Solaranlagen finanziert werden.

VKB Bank
Rudigierstraße 5–7
A-4010 Linz
Telefon: 00 43 – 70 – 76 37 0
Die Bank bietet ein Umweltsparbuch an.

Zürcher Kantonalbank
Bahnhofstr. 9
CH-8010 Zürich
Telefon: 00411 – 22 03 120
Fax: 00411 – 21 23 240
Die Zürcher Kantonalbank bietet ein Umweltsparkonto mit leicht reduziertem Zinssatz an. Mit den Geldern werden günstige Kredite für ökologische Vorhaben vergeben.

I. Kritische Aktionäre

Dachverband Kritische Aktionärinnen und Aktionäre
Schlackstr. 16
50737 Köln
Telefon: 0221 – 59 95 647
Fax: 0221 – 59 91 024
Die kritischen Aktionäre sind bei folgenden Aktiengesellschaften aktiv. Die aktuellen Adressen und Ansprechpartner können über den Dachverband erfragt werden:
Altana AG, Badenwerk AG, BASF AG, Bayer AG, BEWAG, Blohm + Voss AG, Bremer Lagerhaus-Gesellschaft AG, Bayerische Motoren Werke BMW AG, Commerzbank AG, Daimler Benz AG, Degussa AG, Deutsche Bank AG, Dresdner Bank AG, FPB Holding AG, Gelsenwasser AG, Glunz AG, Hamburgische Elektricitäts-Werke AG (HEW), Hoechst AG, IG Farben AG iA, Isar-Amperwerke AG, Klöckner-Humboldt-Deutz AG (KHG), Krupp-Hoesch AG, Kleinwanzlebener Saatzucht AG (KWS), Preussag AG, Papierwerke Waldhof-Aschaffenburg AG (PWA), Metallgesellschaft AG, Schering AG, Thyssen AG, Thyssen Industrie AG, Siemens AG, Merck AG, RWE AG, VEBA AG, Vereinigte Elektrizitätswerke AG (VEW), VIAG, Volkswagen AG, WCM AG

Kritische AktionärInnen in Österreich
In Österreich sind kritische Aktionäre bei folgenden Gesellschaften aktiv: Austrain Airlines AG, Bank Austria AG, Creditanstalt-Bankverein AG, Energieversorgung Niederösterreich AG (EVN), Lenzing AG, Österreichische Mineralölverwaltung AG (ÖMV), Steyr-Daimler-Puch AG, Verbundgesellschaft AG, Vorarlberger Kraftwerke AG (VKW)
Adressen:

Initiative Steyr-Aktionäre für Umrüstung
Ebendorferstr. 8
A-1010 Wien

Kritische EVN-Aktionäre
Grüner Klub, Parlament
A-1017 Wien

Grüne Verbundaktionäre c/o Christoph Chorherr
Grüner Klub, Rathaus
A-1082 Wien

Kritische AktionärInnen in der Schweiz
In der Schweiz sind kritische Aktionäre bei folgenden Unternehmen aktiv:
Nestlé AG, Oerlikon-Bürle AG, Schweizerische Bankgesellschaft AG

Adressen:

CANES (Convention d'áctionaires Nestlé)
Postfach 20
CH-1261 Trélex

Verein Kritischer Aktionärinnen und Aktionäre der SBG
Postfach 330
CH-8027 Zürich

J. Adressen

1. Pensionsstiftungen in der Schweiz mit ethischer Ausrichtung

Stiftung Abendroth
Gerbergasse 14
Postfach: 953
CH-4051 Basel
Telefon: 00 41 – 61 – 2 61 61 16
Fax: 00 41 – 61 – 2 62 22 06

Anlagestiftung ethos
Rue des Falaises
CH-1205 Genf
Postfach 179
CH-1211 Genf 8

Nest Personalvorsorgestiftung
Limmatstr. 275
Postfach 412
CH-8037 Zürich
Telefon: 00411 – 44 45 757
Fax: 00411 – 27 12 088

2. FinanzdienstleisterInnen, die sich auf ethische Geldanlagen spezialisiert haben

alterra consult
Hans-Jürgen Gratz
Dorotheenstr. 44
61348 Bad Homburg vdH
Telefon: 06172 – 92 82 67
Fax: 06172 – 92 82 68

Bobikiewicz & Partner
Gesellschaft zur Betreuung und Finanzierung umweltorientierter Vorhaben mbH
Merzhauser Straße 150/7
79100 Freiburg i.Br.
Tel: 0761 – 40 98 046
Fax: 0761 – 40 98 032

Corinna Neubert
Bernhard-Letterhaus Str. 43
50670 Köln
Telefon: 0221 – 72 75 61
Fax: 0221 – 73 90 208

H + H Versicherungskontor Hamburg
Luruper Chaussee 125
22761 Hamburg
Telefon: 040 – 8 90 22 36

Konzept und Verantwortung
König-Wilhelm-Str. 29/II
Postfach 4032
89030 Ulm
Telefon: 0731 – 27 707
Fax: 0731 – 27 708

Ökologische Vermögensberatung
Michael Schäfftlein
Stift-Keppel-Weg 12
57271 Hilchenbach
Tel: 02733 – 85 70 und 25 25
Fax: 02733 – 79 12

Respons GmbH
Sachsenring 37–39
50677 Köln
Telefon: 02 21 – 3 36 04-33
Fax: 02 21 – 3 36 04-44

TRION Geldberatungsgenossenschaft e.G.
Gerberstr. 9
22767 Hamburg
Telefon: 040 – 38 70 60
Fax: 040 – 38 25 83

Wagner & Wildhagen W & WF
Louis-Seegelken-Str. 16
28717 Bremen
Telefon: 0421 – 69 30 224
Fax: 0421 – 69 30 225

3. Bundesweit arbeitende Vertriebe

Verbund der Fairsicherungsläden e.G.
Rembertistr. 31
28203 Bremen
Telefon: 0421 – 32 77 51
Fax: 0421 – 32 77 61

Versiko AG
Fichtenstr. 42
40233 Düsseldorf
Telefon: 0211 – 97 370
Fax: 0211 – 97 37 110
Die Niederlassungen können bei den Zentralen erfragt werden.

4. Publikationen

Deutsches Finanzdienstleistungs-Informationszentrum GmbH
Gerlach Report
Lincolnstr. 46
65183 Wiesbaden
Telefon: 0611 – 78 78 338
Fax: 0611 – 78 78 426

Environment Business Journal
Environmental Business Publishing Inc.
4452 Park Blvd.
Suite 306
USA – San Diego, CA 92116
Telefon: 0016 19 – 29 57 685
Fax: 0016 19 – 29 55 743

Environmental Europe
Environmental Financial Services
Dr. David Owen
19 Buckingham Street
GB – London WC2N 6EF
Telefon: 0044 71 – 83 95 944
Fax: 0044 71 – 93 09 714

Ethik & Aktie
Dachverband der kritischen Aktionäre
Dachverband Kritische Aktionärinnen und Aktionäre
Schlackstr. 16
50737 Köln
Telefon: 0221 – 59 95 647
Fax: 0221 – 59 91 024

oeco investment magazin
UZD Verlags- und Beratungs GmbH
Geschäftsführer: Jörg Weber
Weidenbohrweg 15
44269 Dortmund
Telefon: 02 31 – 4 94 83 32
Fax: 02 31 – 4 94 83 31
Die Zeitschrift ist im Internet unter:
www.oeco-investment.de zu erreichen.

Öko Invest Verlags GmbH
Chefredakteur: Max Deml
Schweizertalstr. 8–10/5/1
A-1130 Wien
Telefon: 00431 – 315696-0
Fax: 00431 – 315696-1

5. Institute

CENTRE INFO
Rue de Romont 2
CH-1700 Fribourg
Telefon: 0041 26 32 20 614
Fax: 0041 26 322 39 62

CEP – Council on Economic Priorities
30 Irving Place
USA – New York, NY 10003
Telefon: 0012 12 – 42 01 133
Fax: 0012 12 – 42 00 988

Eco Rating International
Ackersteinstr. 45
CH-8049 Zürich
Telefon: 00411 – 34 21 039
Fax: 00411 – 34 21 693

EIRIS – Ethical Investment Research and Information Service
504 Bondway Business Centre, 71 Bondway
GB – London SW8 1SQ
Telefon: 0044 71 – 73 51 351
Fax: 0044 71 – 73 55 323

FIFEGA
Schweizertalstr. 8–10/5/1
A-1130 Wien
Telefon: 00431 –315 696-0
Fax: 00431 – 315 696-1

HUI – Hamburger Umwelt Institut e.V.
Feldstr. 36
20357 Hamburg
Telefon: 040 – 43 92 091
Fax: 040 – 43 92 085

ICCR – Interfaith Center on Corporate Responsibility
475 Riverside Drive, Room 566
USA – New York, NY 10115-0050
Telefon: 0012 12 – 87 02 295

imug – Institut für Markt – Umwelt – Gesellschaft
Eschenstr. 23
30159 Hannover
Telefon: 0511 – 91 11 50
Fax: 0511 – 91 11 595

IRRC – Investor Responsibility Research Center
1350 Connecticut Ave
USA – N.W. Washington, DC 20 036-17 01
Telefon: 0012 02 – 83 30 700
Fax: 0012 02 – 83 33 555

ökom – Gesellschaft für ökologische Kommunikation mbH
Waltherstr. 29
80337 München
Telefon: 089 – 54 41 840
Fax: 089 – 54 41 84 99

SÜDWIND e.V. Institut für Ökonomie und Ökumene
Lindenstr. 58–60
53721 Siegburg
Telefon: 02241 – 53 617 und 67 801
Fax: 02241 – 51 308
E-Mail: suedwind.institut@t-online.de

6. Organisationen:

INAISE – International Association of the Investors in the Social Economy
Christophe Guene
rue d'Arlon 40
B-1000 Brüssel
Telefon: 00322 – 23 03 057
Fax: 00322 – 23 03 764
E-Mail: aries-inaise@geo2.popTelefon.org.uk

VfU – Verein für Umweltmanagement in Banken,
Sparkassen und Versicherungen
Wilhelmstr. 28
53111 Bonn
Telefon: 02 28 – 7 66 84 84

Literaturverzeichnis

Aristoteles: Politik, Zürich/Stuttgart 1955, 1971
Amnesty International: Jahresbericht 1996, Frankfurt am Main 1996
Bobikiewicz, Luc: Private Geldanlage in Sonne, Wind- und Wasserkraft, Ausgabe 93/94, Freiburg 1993, 1. Aufl.
Böhm, Gebhard/Hagelstein, Michael (Hrsg.): Der liebe Gott und das liebe Geld. Das Modell der ökumenischen Entwicklungsgesellschaft EDCS, Ostfildern 1996
BUND für Umwelt- und Naturschutz/Misereor (Hg.): Zukunftsfähiges Deutschland. Ein Beitrag zu einer global nachhaltigen Entwicklung, Basel 1996
Conrads, Jürgen: Geldanlage mit sozialer Verantwortung, Wiesbaden 1994
Creutz, Helmut: Das Geldsyndrom. Wege zu einer krisenfreien Marktwirtschaft, München 1993
Crüsemann, Marlene/Schottroff, Willi (Hrsg.): Schuld und Schulden. Biblische Traditionen in gegenwärtigen Konflikten, München 1992
Damann, Rüdiger/Strickstock, Frank (Hrsg.): Der Unternehmenstester. Die Lebensmittelbranche, Hamburg 1995
Deml, Max/Baumgarten, Jörg/Bobikiewick, Luc: Grünes Geld. Jahrbuch für ethisch-ökologische Geldanlagen 1995/96, Wien 1994, 2. Aufl.
Deml, Max/Gelbrich, Jutta/Prinz, Kirsten/Weber, Jörg: Rendite ohne Reue. Handbuch für die ethisch-ökologische Geldanlage, Frankfurt a.M. 1996
Deutsche Gesellschaft für die Vereinten Nationen e.V. (Hrsg.): Bericht über die menschliche Entwicklung, Bonn 1996
Diedrigkeit, Rüdiger: Atlas Geld und Wertpapiere, Wiesbaden 1991, 5. Aufl.
Domini, Amy L./Kinder, Peter D.: Ethical Investing. How to make profitable investments without sacrificing your principles, Massachusetts 1986
Duchrow, Ulrich: Alternativen zur kapitalistischen Weltwirtschaft. Biblische Erinnerung und politische Ansätze zur Überwindung einer lebensbedrohenden Ökonomie, Gütersloh/Mainz ²1997
Frankena, William K.: Analytische Ethik. Eine Einführung, München 1986, 4. Aufl.
Friesenbichler, Reinhard: Ethische Investmentfonds. Grundlagen, Marketing und empirische Erhebung, Graz 1996
Göbel, Nana/Rotthaus, Stephan: Die Gemeinschaftsbank. Zur Entwicklung eines neuen Umgangs mit Geld, Stuttgart 1994

Greenpeace (Hrsg.), Studie des Deutschen Instituts für Wirtschaftsforschung: Ökosteuer: Sackgasse oder Königsweg? Reihe Wirtschaft, Berlin 1994

Haller, Wilhelm: Ohne Macht und Mandat. Der messianische Weg in Wirtschaft und Sozialem, Wuppertal 1992

Hoffmann, Johannes/Ott, Konrad/Scherhorn, Gerhard (Hrsg.): Ethische Kriterien für die Bewertung von Unternehmen. Frankfurt-Hohenheimer Leitfaden, Frankfurt a.M. 1997

Kennedy, Margit: Geld ohne Zins und Inflation, München 1992

Kinder, Peter D./Lydenberg, Steyen D./Domini, Amy L.: The Social Investment Almanac. A comprehensive guide to responsible investing, New York 1992

Knörzer, Andreas: Ökologische Aspekte im Investment Research. Bedeutung und Anwendung, Bern 1996 (Publikation der Swiss Banking School, Zürich 137)

Küng, Hans: Projekt Weltethos, München 1996, 3. Aufl.

Kübler, Friedrich: Gesellschaftsrecht, Heidelberg 1994, 4. Aufl.

Lowry, Ritchie P.: Good Money. A guide to profitable social investing in the '90s, New York/London 1991

Mächtel, Thomas W.: Erfolgsfaktoren ökologisch ausgerichteter Anlagefonds im deutschsprachigen Raum, St. Gallen 1996

Martin, Hans-Peter/Schumann, Harald: Die Globalisierungsfalle. Der Angriff auf Demokratie und Wohlstand, Hamburg 1996, 10. Aufl.

Meeker-Lowry, Susan: Economics as if the Earth Really Matters. A catalyst guide to socially conscious investing, Philadelphia 1988

Pfeiffer, Hermannus: Grüne Anlagen. Geld anlegen mit ökologischer und sozialer Verantwortung, Köln 1995

Publik-Forum-Materialmappe, Kessler, Wolfgang (Hrsg.): Geld, Zins und Gewissen. Neue Formen im Umgang mit Geld, Oberursel 1993, 1. Aufl.

Roche, Peter/Hoffmann, Johannes/Homolka, Walter: Ethische Geldanlagen. Kapital auf neuen Wegen, Frankfurt am Main 1992

Schaltegger, Stefan/Sturm, Andreas: Öko-Effizienz durch Öko-Controling. Zur praktischen Umsetzung von EMAS und ISO 14,001, Stuttgart 1995

Schierenbeck, Henner/Seidel, Eberhard (Hrsg.): Banken und Ökologie. Konzepte für die Umwelt, Wiesbaden 1992

Schmitt, Klaus/Gesell, Silvio: Marx der Anarchisten? Berlin o.J.

Schuldenreport, Der neue, Institut für Finanzdienstleistungen e.V., Neuwied, Kriftel, Berlin 1995

Schweizer Nationalkommision Justitia et Pax (Hrsg.): Wie verantwortlich Geld anlegen? Anstöße zur Diskussion über kirchliche Geldanlagen, Bern 1993

SÜDWIND e.V. (Hrsg.): Die Kirche und ihr Geld. Vom Geld begeistert – vom Geist bewegt?, Materialien 2, Siegburg 1993

SÜDWIND e.V. (Hrsg.): Was mache ich nur mit meinem Geld? Alternativen im Umgang mit Geld als Beitrag zu weltwirtschaftlicher Gerechtigkeit, Siegburg 1993

Ward, Sue: Socially Responsible Investment. A guide for those concerned with the ethical and social implications of their investments, Verlag: Directing of Social Change, 1986

Wells, Phil/Jetter, Mandy: The Global Consumer. Best buys to help the third world, London 1991

Werner, Hans-Joachim: Geschichte der Freiwirtschaftsbewegung. 100 Jahre Kampf für die Marktwirtschft ohne Kapitalismus, Münster 1991

Wolff, Hendrik: Das Management von Umweltfonds, Frankfurt am Main 1995

World Business Council for Sustainable Development: Environmental Performance and Shareholder Value, Conches-Geneva

Worldwatch Institute Report: Zur Lage der Welt 1997. Daten für das Überleben unseres Planeten, Frankfurt am Main 1997

Wulf, Herbert: Waffenexport aus Deutschland. Geschäfte mit dem fernen Tod, Hamburg 1991

Sachregister

A

Aktien 19, 21, 23, 26, 34f, 42, 44–50, 52f, 55–60, 67f, 76, 78f, 88, 90, 97f, 103, 108, 115f, 121f, 124, 128–134, 139–144, 152–154, 160–164, 169, 174, 181, 188, 190–193, 196f, 199f, 203, 207, 213–216, 223, 226, 231

Aktienfonds 57, 59, 121, 124, 128–130, 132, 139–142, 144, 161, 188, 190–193, 197, 199f, 203

Aktiengesellschaften 21, 34, 45–50, 54–57, 97, 103, 108, 115, 122, 128f, 133f, 141, 154, 160, 213, 215, 226

Aktionäre 35, 43–45, 47, 49f, 52, 54, 88, 99f, 109, 122f, 160, 187, 216, 218, 223, 226f, 230

Alternativbanken 21, 23, 75, 126, 138

Anti-Apartheidbewegung 54, 89, 116

Arbeitslosigkeit 11, 29, 70–72

atypischer stiller Gesellschafter 63

Ausbildung 38, 69, 71, 78, 93, 147

Ausschlußkriterien 24, 31, 90, 92, 109f, 125, 148, 189–192, 194–197, 199f, 208, 210, 214f

B

Beteiligungsfonds 120f, 143, 223
Beteiligungskapital 75, 89, 111f, 120

Betrug 36, 144–147

Bewahrung der Schöpfung 86, 88f, 114, 176, 225

Börse 34f, 45, 46–48, 54f, 57, 59f, 67, 76, 97–99, 103, 115, 121–123, 128, 139, 141, 144, 146, 190

Bundesaufsichtsamt 121, 141, 144, 148, 209

Bundesbank 16, 20, 22, 24f, 126

D

Darlehen 22, 41, 64, 91, 114, 125, 137, 146, 166, 170, 174–177, 181–184, 186, 188, 203, 208f, 212f, 217f, 220, 224

Deckungsstock 66f, 152, 203, 208

Dienstleistungen 29, 31, 61, 72, 78, 94, 111f, 143, 148, 183, 195, 199, 218, 220, 222, 229

Direktbeteiligungen 59, 124, 141f, 165f, 168, 182, 217

Dividende 16, 44f, 47f, 126, 153, 159–161, 164f

E

Einlagensicherung 21, 138, 169, 170–178, 180–182, 184–187

Einlagensicherungsfonds 21, 138, 169–178, 180–182, 184–187

Entwicklungsländer 12, 15, 19, 25, 38f, 52, 58, 69–71, 91, 99–101, 107–109, 112, 122, 126f, 182, 211, 213f, 218f

Entwicklungsverträglichkeit 19, 47, 76, 106
Ethik 11, 15, 29–31, 43, 49, 79–86, 93, 97f, 100, 110, 116–120, 124, 128f, 148f, 154, 156f, 189–194, 196–200, 205, 207, 209–211, 230
Ethikfonds 110, 116–120, 128f, 149, 157, 192
Ethikkonzepte 84
Ethikleitsätze 31
ethische Geldanlage 13, 15f, 43, 46, 60, 75f, 84, 90–92, 94, 111f, 114, 119f, 124, 138, 143f, 149, 151, 153
ethische Kriterien 29, 32, 49, 88, 100, 129

F

Festgeld 20–22, 25, 29, 32f, 35, 43, 56, 124–126, 128, 138, 141, 143, 153f, 170–172, 174, 176f, 180, 182, 185f
festverzinsliche Wertpapiere 21, 32, 42, 163, 180, 207, 215
Fördercharakter 76, 126
Fördereffekt 75f, 92, 116
fördernde ethische Geldanlagen 75, 91, 94, 111f, 114, 153
Friedfertigkeit 88

G

Genossenschaft 21, 23, 30, 62, 77f, 91, 111, 114, 125f, 141, 144, 152, 158, 164, 168, 175, 177, 179, 180–183, 188, 201f, 211f, 216–218, 221f, 224f, 229
Gerechtigkeit 13, 15, 19, 46, 56, 81–84, 86–89, 114, 176, 219, 225
Gesellschaft bürgerlichen Rechts 60, 141
GmbH 27, 57–59, 61f, 67, 113, 141, 144, 152, 164, 173, 182, 186, 196, 203f, 210, 218–222, 229, 230
Großbanken 24f, 30, 110
Grundwerte 81f, 84, 86, 92, 97, 102

I

Index 69, 128f, 132–134
Institutionen 13, 23, 25, 30, 33, 36, 39f, 43, 52, 54, 67, 73, 76, 86, 106, 123, 151, 154–157, 167, 169–178, 180–182, 184–187, 212
Investitionen 19, 36, 42, 44, 48, 53, 55, 57–60, 68–74, 76, 80, 84, 88–93, 95, 98, 107f, 113, 120, 140, 142, 149, 153f, 156f, 169, 173, 184, 194, 197, 201, 209, 212f, 221, 224
Investmentfonds 16, 38, 52f, 57–59, 67, 75f, 78, 119, 121, 123, 129, 132, 139–141, 148f, 152, 161f, 173, 176, 180–182, 187f, 201, 205, 207, 211
Investmentzertifikate 16, 76

K

Kapital 11, 16–18, 25, 33–36, 39, 42f, 45, 46, 48, 50, 52, 56–70, 73–75, 77, 80f, 111f, 114, 116, 118–123, 126f, 137, 141–143, 145f, 152f, 157–167, 171, 179, 182, 190, 198, 204, 208–210, 212f, 218, 222f

Kapitallebensversicherung 65, 67, 204, 208
Kommanditgesellschaft 61f, 141, 144
Konsumentenbewegung 95, 119, 122
KonsumentInnen 18, 28, 52, 74, 89, 95f, 112, 116, 119, 122f
Konsumkredite 28f
Kredit 22–32, 36, 38–42, 48, 56, 64–70, 73–75, 78, 87–89, 91, 94f, 111–114, 118–122, 125f, 137, 141, 144, 148, 151, 153, 158f, 163, 167
kritische Aktionäre 88, 226f, 230
Kurs 19, 21, 35, 44, 45, 46, 47, 48, 49, 57, 58, 64, 80, 108, 115, 116, 117, 121f, 128, 132, 133, 134, 139, 140, 143f, 164, 167, 188

L
Lebensversicherungen 64–67, 75, 90, 93, 115, 117, 152, 165f

M
Militär 25, 36, 38, 42, 50, 79, 94, 97, 108f, 127, 132, 197, 214

N
Naturverträglichkeit 101f
Negativkriterien 76, 90, 92, 116, 148, 183
Neuemission 48, 115

O
Öko-Effizienz 15, 109f, 118, 188, 196, 199
Öko-Effizienz-Fonds 109f

Ökofonds 90, 92, 117f, 129, 132, 139f, 143, 148f, 170, 188, 203, 211
Ökologie 15, 19, 28, 40, 68, 108, 115, 117, 182
ökologisch verträglicher Landbau 41, 71, 91, 122, 136
Ökorating 103, 104
Ökosteuer 72
Ökosteuern 72

P
Partiarisches Darlehen 166
Pensionsfonds 11, 52–54, 119, 123, 129
Pfandbriefe 36, 42, 66f, 152, 155
Pflichtethik 82f, 97
Positivkriterien 76, 90, 92f, 148, 187, 189–192, 194–196, 198–200, 208, 210, 214, 216
Privatanleger 16, 18, 53, 151
private Geldvermögen 16, 18

R
Rendite 11, 13, 15, 17f, 20f, 33f, 43–46, 58, 65–67, 73, 75–77, 80, 91–93, 99, 110, 113f, 124, 126–131, 136–142, 144–148, 156, 180, 189,–197, 199f, 202, 212–215, 217
Renten 32–36, 42f, 58, 64–66, 75f, 96, 115, 118, 124, 127f, 131, 139, 143, 152, 154, 161, 163, 165, 173, 176, 182, 194, 196, 204, 206, 208–210
Rentenpapiere 32, 34–36, 42, 76, 124, 128, 131, 139, 152, 154, 196
Rentenversicherung 65f, 165,

182, 204, 206, 208–210
Risikolebensversicherung 65f
Rüstungsindustrie 89, 95, 187, 191, 210

S

Sicherheit 13, 17f, 20f, 32, 35f, 39, 41, 43–45, 58f, 64f, 67, 75f, 78, 80, 94, 107, 124, 137–140, 142, 148, 151–154, 156, 171, 177, 203, 213f, 216f, 221
Sparbrief 20–22, 25, 33, 114, 120, 124–126, 128, 138, 143, 163f, 170, 173, 176–178, 180–182, 184, 224f

Sparbuch 20, 25, 32, 33, 124, 125, 128, 138, 141, 143, 163, 170, 174, 177, 180, 185, 224f
Spendenfonds 162f, 175, 201
Staatsanleihen 24f, 36, 40, 66

T

typischer stiller Gesellschafter 63

U

Umweltschutz 40, 50, 52f, 70f, 76, 79, 90, 103–105, 148, 195, 197, 218, 225
Unternehmen 11–13, 16, 18, 23–28, 31, 33–36, 41–50, 52–59, 61, 63f, 66, 70–73, 75f, 78f, 86, 88–112, 114–124, 126f, 129, 132, 134, 138–144, 146, 148f, 152–155, 163–167, 169, 174, 179, 189–200, 203f, 208f, 212–214, 216, 218–221, 223f, 227
Utilitarismus 82

V

Verbraucherschutz 144, 149
Verfügbarkeit 17f, 20f, 33f, 44–46, 76, 80, 124, 152
vermeidende ethische Geldanlagen 75f, 76, 91f

W

Wahrhaftigkeit 84, 86, 89, 101
Weltethos 85f, 100
Wertpapiere 11, 21, 23f, 29, 32f, 35f, 40, 42, 46, 57, 66f, 115, 141, 151–153, 158, 163f, 167, 170, 176f, 180, 182, 184f, 194, 201–203, 205, 207–211, 213, 215
Windenergie 71, 203

Z

Zinsen 16, 18, 20–23, 29, 33–36, 39, 41, 43, 48, 55, 64f, 73, 75, 77f, 114, 120, 137, 139, 141, 143, 158f, 161, 163–167, 170, 173, 175, 180, 182f, 187, 203, 205–209, 211, 215f, 220, 224f
Zinsnahme 15, 55f
Zinssatz 20f, 33, 34f, 64, 139, 225
Zweckethik 82f